IL FAUT QUE JE VOUS PARLE D'ELLES

5 femmes, 5 destins, 1 siècle d'histoires

Margaux DIEBOLD

IL FAUT QUE JE VOUS PARLE D'ELLES

5 femmes, 5 destins, 1 siècle d'histoires

© éditions Sydney Laurent – Margaux DIEBOLD
ISBN : 979-10-326-1216-3

Le Code de la propriété intellectuelle n'autorisant, aux termes des paragraphes 2 et 3 de l'article L. 122-5, d'une part, que les "copies ou reproductions strictement réservées à l'usage privé du copiste et non destinées à une utilisation collective" et, d'autre part, sous réserve du nom de l'auteur et de la source, que les "analyses et les courtes citations justifiées par le caractère critique, polémique, pédagogique, scientifique ou d'information", toute représentation ou reproduction intégrale ou partielle, faite sans le consentement de l'auteur ou de ses ayants droit ou ayants cause, est illicite (article L. 122-4). Cette représentation ou reproduction, par quelque procédé que ce soit, constituerait donc une contrefaçon sanctionnée par les articles L. 335-2 et suivants du Code de la propriété intellectuelle.

« Il reste toujours quelque chose de l'enfance, toujours… »

(Marguerite DURAS)

D'après mes papiers, je suis née en novembre 1999 en Hollande, mais en fait, j'ai un mois de moins, j'ai vu le jour le 1er décembre.

J'ai pris le train avec mes frères et sœurs fin janvier 2000 à destination de la France pour y être adoptée. Arrivée à Paris, je me suis sentie très seule loin de mes parents et surtout de ma mère. Mon unique préoccupation était de pouvoir boire et manger, d'être nettoyée lorsque je faisais mes besoins et de trouver un peu de réconfort auprès des personnes chargées de s'occuper de moi.

La nuit, je rêvais d'être recueillie par un couple jeune et sympathique avec plein d'enfants, mais pas trop tout de même, de vivre dans une belle maison avec un grand jardin où je pourrais jouer, courir et m'épanouir.

Je n'avais pas à me plaindre du personnel de l'établissement où j'avais été placée, il était plutôt attentionné. Je recevais tous les soins nécessaires, mais le temps consacré à l'affection était le plus souvent très court, bien trop court à mon goût. J'en aurai bien voulu davantage. Aussi, à chaque fois que des personnes étrangères pénétraient dans mon univers minimaliste et aseptisé, mon cœur se mettait à battre la chamade. Je faisais alors tout, absolument tout, pour attirer leur attention. Je voulais impérativement qu'elles me choisissent moi plutôt qu'un autre.

Je me rappelle que cet après-midi-là, il faisait un « froid de canard » ; les vitres de la pièce où je me trouvais étaient toutes embuées. J'étais déprimée, car je commençais à désespérer de pouvoir partir un jour de cet endroit lugubre et confiné, lorsqu'une jeune femme apparut dans l'embrasure de la porte d'entrée comme le premier rayon de soleil du matin, timide, mais chaleureux tout de même.

Mon regard se fixa immédiatement sur cette jolie brune aux cheveux presque ébène, d'une trentaine d'années, vêtue d'un beau manteau noir en laine orné sur le col d'une fourrure ressemblant fort à celle d'un renard. Son cou fin et délicat était paré d'une écharpe noire, elle aussi, en mouton des landes ; j'aurais donné n'importe quoi pour pouvoir m'y blottir.

Ses magnifiques yeux, maquillés avec application, étaient d'une couleur peu commune oscillant entre le vert kaki et le marron clair. Leur grandeur était vraiment impressionnante.

Ils scrutaient chaque coin de la pièce avec attention et finirent par se poser sur la couche où j'étais littéralement vautrée. Si elle avait été vêtue de blanc, on aurait pu la prendre pour un ange.

Lorsqu'elle s'avança avec grâce et élégance dans ma

direction, ce fut, à ma grande déception, pour tendre ses longs bras vers ma sœur, placée juste à côté de moi et l'enlacer avec douceur et affection.

Un homme était entré lui aussi, juste après elle, sans que je le remarque. Il devait être son mari ou peut-être un ami. Il semblait vouloir rester à l'écart, regardant à droite puis à gauche comme s'il était perdu. Son visage ovale, mais extrêmement viril ne reflétait que peu d'expressions sinon celles qu'il aurait préféré être ailleurs, n'importe où, mais il prit tout de même le temps de parler un certain temps de nous avec la jeune femme. Elle tenait dans ses bras ma sœur qui semblait ravie. Une jalousie intense m'envahit soudain, moi qui l'aimais pourtant tellement. Je craignais chaque jour d'être séparée d'elle tout en espérant pouvoir partir le plus vite possible de cet endroit. Un sentiment contradictoire que je n'arrivais plus à maîtriser tant mon envie de quitter définitivement cet univers était intense.

À ma grande surprise, la jeune femme reposa délicatement le petit-être là où elle l'avait pris quelques instants plus tôt et partit comme elle était venue, avec son compagnon, nous laissant, toutes deux, à nouveau seules et désemparées.

Le lendemain matin, ma petite sœur chérie me quitta définitivement pour aller vivre avec un homme et une femme d'un âge certain, plutôt sympathiques et apparemment ravis de l'avoir trouvée. Heureusement, grâce au Ciel si toutefois le Ciel a quelque chose à voir avec mon destin, je n'eus pas le temps de m'apitoyer sur mon sort. Le soir même, la dame au manteau noir réapparue main dans la main avec cet homme qui m'avait semblé si dur et insensible la veille.

Je me pris à constater qu'ils formaient vraiment un joli

couple. Il était un peu plus grand qu'elle, mince, les cheveux courts et très foncés. Leur noirceur aurait pu lui durcir les traits, mais cette fois-ci, je pus remarquer qu'il avait de ravissantes petites pattes d'oies au coin de ses yeux qui les rendaient presque rieurs. En tous cas, elles lui donnaient un charme fou qui aurait pu me faire tourner la tête si j'avais été un peu moins polarisée sur mon devenir.

Je ne m'étais pas rendu compte non plus à quel point ils semblaient heureux ensemble, complices, amoureux. Ils faisaient plaisir à voir.

La veille, en rentrant chez eux, ils avaient dû reparler de nous dans leur voiture. Elle avait dû user de tous les arguments possibles et inimaginables, et Dieu sait qu'elle en avait, pour le convaincre de revenir le lendemain, juste après le travail malgré la fatigue, les embouteillages et la pluie battante. Une fois de plus, il avait capitulé de bonne grâce.

Pourtant, je fus très contrariée de la voir si déçue lorsqu'elle passa la porte et qu'elle constata que le petit-être qu'elle avait tenu dans ses bras avait disparu du paysage. Ma sœur n'étant plus là pour faire obstacle à mon bonheur, je décidais alors de sauter comme une vraie petite folle pour attirer son attention, n'hésitant pas à piétiner, sans aucune pitié ni aucun remords, mes autres frères et sœurs installées juste à côté de moi. Cette fois, il n'était pas question qu'ils repartent sans moi.

Soudain, comme dans un film passé au ralenti, la jeune femme tourna très lentement son corps élancé dans ma direction et tendit ses longs bras pour m'agripper avec ses mains minuscules dont chaque ongle était peint d'une couleur différente : un vrai feu d'artifice et surtout, pour moi, une vraie promesse de bonheur si j'arrivais à lui plaire.

Je me blottis alors immédiatement dans son cou. Mon opération séduction venait de commencer. Comme sa peau était douce ! Une couverture en mohair ne m'aurait pas fait autant d'effet. Comme elle sentait bon ! Un mélange de vanille et de caramel, encore plus appétissant qu'un gigot d'agneau cuit au four. « Je l'aurais bien mangée toute crue ». Comme elle paraissait gentille ! Me murmurant dans l'oreille des mots rassurants et me caressant lentement le dos de haut en bas comme pour me dire : « tu vois, dorénavant, c'est moi qui vais prendre soin de toi ».

Sans même m'en rendre compte, je me mis à téter la peau de son menton tout en prenant soin de ne pas lui faire mal. Le poil de son écharpe, dans lequel mon nez s'était enfoui au point de disparaître, me fit indubitablement penser à celui de ma mère. La nostalgie m'envahit.

De mon œil droit, j'observais en même temps, celui qui semblait partager sa vie et qui risquait d'entrer dans la mienne. Je lui jetais, par-dessus l'épaule de sa compagne, un regard langoureux, plein de douceur et d'affection. À ma grande désolation, il ne sembla guère réceptif ni conquis par tous les efforts que je fournissais pour le faire succomber. Je guettais obstinément un signe de sa part pouvant me laisser espérer que nous repartirions tous ensemble, mais son visage resta inexpressif presque figé. Pourtant, à mon grand étonnement, ce fut sa voix grave, mais sensuelle qui, résonnant tout à coup avec une force incroyable, fit mon bonheur. La phrase qu'il prononça resta graver dans ma mémoire de façon indélébile jusqu'à la fin de mes jours : « si c'est elle que tu veux, alors, prends-la ! ».

C'est ainsi que je devins la deuxième « fille » de cette famille et que je partis par cette pluvieuse et froide journée d'hiver blottie dans le superbe manteau de laine, doux et chaud, de celle qui était devenue ce jour-là ma nouvelle maman, Marie, accompagnée de son époux Denis.

Je n'étais plus seule, j'étais une petite chienne adoptée et heureuse par des gens formidables, des personnes qui vont marquer à jamais mon existence.

Il faut absolument que je vous parle d'eux.

« L'enfance a ses odeurs »

(Jean COCTEAU)

À peine âgée de trois mois, j'avais déjà vécu de nombreuses aventures : l'enlèvement à ma mère, l'insertion d'une puce électronique dans mon cou comme si celles que j'avais sur le corps ne me suffisaient pas, le trajet peu confortable vers un pays inconnu et enfin l'arrivée dans une « boîte à chiots » où je devais partager une cage de petite taille avec mes cinq frères et sœurs. Bref, on aurait pu rêver mieux pour commencer son existence. Mais ce que j'ignorais, c'est que je n'avais pas été choisie par hasard par ma famille d'adoption.

Un an auparavant, une petite chienne bâtarde, elle aussi, moitié épagneul breton, moitié cocker, avait connu le même parcours que le mien. Arrivée dans la même boutique, sur les Quais à Paris, elle avait été adoptée par ce gentil couple avec deux enfants, Thomas, l'aîné, un garçon aux cheveux noirs, à l'air un peu taciturne, âgé de 6 ans, et la petite Emma, une belle et radieuse blondinette aux yeux d'un bleu gris presque transparent, née 4 ans plus tôt et surnommée « Le soleil » en raison de sa joie de vivre évidente et communicative.

Cette petite bête avait été prénommée Duchesse en hommage à la chienne épagneul qu'avait eue autrefois le maître de la maison, Denis. Celle-ci, d'une gentillesse extrême, avait bercé de bonheur toute son enfance et son adolescence avant de s'éteindre tout doucement à l'âge canonique de presque vingt ans soit l'équivalent de cent vingt ans pour les humains.

Mais Duchesse n'avait pas eu la même chance que son aïeule. Tous les matins, comme j'allais le faire moi-même plus tard, la petite chienne partait dans l'Austin mini noire de son maître pour se rendre à son travail. Denis s'occupait, avec son père, Joël, homme très sympathique, à la stature et à la voix pourtant très impressionnantes, d'un club sportif dont le siège social se trouvait en rez-de-chaussée d'un immeuble d'habitation de la région parisienne. Ledit immeuble était très ancien et ressemblait à un petit hôtel particulier. Au rez-de-chaussée, une très grande pièce avec quelques bureaux en fer de couleur grise servait à accueillir les adhérents et les jeunes pratiquant ce sport qui allait me devenir très familier : le cyclisme. Après avoir franchi deux-trois marches, on accédait à gauche, au bureau de Joël, Président du Club depuis de nombreuses années déjà et à droite, à l'escalier menant au premier étage. Cette grande pièce bénéficiait d'une fenêtre rectangulaire de taille imposante donnant sur la rue qui laissait entrer toute la journée des rais de lumière et qui illuminait tout l'espace. Sur les murs d'un blanc immaculé, des photos d'anciens coureurs partageaient l'espace avec de vieux maillots de cyclistes célèbres préservés de l'usure du temps dans des cadres en bois du plus bel effet et des coupes gagnées au fil des années par Denis. Au 1er étage, bien qu'il me soit totalement interdit d'y aller, se trouvaient trois bureaux dont un dédié à la comptabilité, une petite cuisine dont les odeurs descendaient tous les midis jusqu'en bas pour atterrir jusqu'à mes délicates narines et enfin une grande salle de bains avec sanitaires, lieu où mon maître, Denis, passait des minutes interminables avec ses journaux ou ses livres.

Ce local leur convenait parfaitement à tous deux. Seul un espace pour garer leurs véhicules et stocker un peu de matériel manquait à leur bonheur, mais ils n'étaient pas très exigeants : quand on exerce ce type d'activité, bénévolement de plus est, il vaut mieux savoir se contenter de peu. En effet, l'association ne vivait que grâce aux subventions de la Mairie ou de certains organismes locaux et à la générosité d'éventuels sponsors ou donateurs. Autant dire que leur situation frôlait souvent la fragilité ou au pire la précarité.

Duchesse adorait cet endroit elle aussi, mais elle aimait encore plus aller se promener dans la rue pour regarder les enfants de l'école d'à côté jouer à la sortie des cours et faire connaissance avec les autres chiens du quartier. Un peu trop malheureusement, car cela lui fut fatal.

Ce fameux jour, alors que Joël parlait à un de ses fournisseurs, la porte entrebâillée, Duchesse en profita pour tromper sa vigilance et passa entre ses jambes pour pouvoir rejoindre deux affreux caniches blancs qui se trouvaient sur le trottoir d'en face et qui la narguaient impunément depuis déjà plusieurs semaines, à chaque fois qu'ils passaient avec leur maître dans le quartier. Une camionnette de livraison arriva alors à plus de cinquante kilomètres par heure devant le club, juste après avoir dépassé à vive allure l'école primaire. Duchesse n'eut pas le temps de traverser et fut touchée sur le flanc gauche avant d'atterrir brutalement dans le caniveau, de l'autre côté de la rue. Elle aurait été un enfant, le résultat aurait été le même. Le conducteur n'aurait jamais pu freiner à temps pour l'éviter. Ce fut la première réflexion que se fit Denis lorsque, sous un bruit de moteur infernal, il entendit l'engin heurter de plein fouet sa petite chienne à peine âgée d'un an ce qui la tua sur le coup.

Quand il appela sa femme, Marie, à son travail, pour lui annoncer la nouvelle, elle fondit en larmes. Son compagnon lui raconta l'accident en détail puis lui avoua que le livreur avait voulu leur offrir de l'argent en compensation, pour son « remplacement », comme si signer un chèque sur le capot de la voiture pouvait acheter toute l'affection perdue en un instant par leur famille tout entière. Le chauffeur fou eut à peine le temps de finir sa phrase, que le poing puissant du maître furieux vint s'écraser sur sa joue avec une force digne de celle d'un boxeur professionnel interrompant ainsi immédiatement toute volonté du fautif « d'arranger les choses ». Le livreur était donc reparti sans broncher, la « queue entre les jambes » et avec un œil au beurre noir, sous les regards accusateurs des passants qui avaient assisté à la terrible scène.

Joël fut très affecté par cet incident dont il se sentait responsable. Les yeux humides et le cœur gros, il avait alors pris le petit corps sans vie pour l'envelopper l'après-midi même dans un de ses pulls avant de le déposer dans une petite caisse confectionnée par lui avec quelques planches et des clous.

Ce fut la seule fois que ma maîtresse, Marie, vit pleurer son beau-père. Même lorsqu'il fut à l'agonie, quelques années plus tard, terrassé par un lymphome en quelques semaines à peine, il ne versa pas une larme et ne se plaignit jamais.

Joël emmena le petit cercueil le lendemain matin à la campagne, dans sa maison située à environ cent kilomètres de Paris, et l'enterra dans le jardin, à côté de sa magnifique allée de fleurs. Sentant « sa présence », j'allais plus tard, lors de nos nombreux week-ends et séjours, passer de longues heures allongées tout à côté, à l'ombre des hortensias, la tête sur sa sépulture. Leur petite fille, Emma, avait ressenti plus qu'aucun autre l'absence soudaine de ce petit chiot si doux, si affectueux avec elle, ce fut pour elle douloureux comme la perte d'un doudou que l'on aurait égaré dans un endroit dont on ne se rappelle plus.

Cette enfant, aussi blonde qu'une petite Suédoise, d'une beauté angélique, se mit à adopter une moue que rien ne semblait pouvoir faire disparaître. Son appétit était devenu celui d'un oisillon et elle réclamait tous les soirs à sa mère cette petite « léchouille » qui lui permettait de s'endormir sereinement et de ne pas faire de cauchemars.

Sa mère, Marie, se surprenait elle-même à guetter constamment le bruit des pattes de sa chienne sur le carrelage de l'appartement et n'arrivait pas à se résoudre à jeter ses gamelles installées juste à côté du réfrigérateur. Son père, Denis, lui, faisait mine d'être passé à autre chose et tentait d'ignorer ce petit pincement au cœur qu'il éprouvait chaque matin en regardant la laisse posée toujours au même endroit, à côté de ses classeurs, sur le secrétaire de son bureau.

Lorsqu'elle avait appris, en direct, par téléphone, la mort

accidentelle de Duchesse, Marie n'avait pu cacher son chagrin et avait éclaté en sanglots devant les yeux interloqués et interrogateurs de ses collègues de travail.

Elle était secrétaire de Direction depuis ses vingt-quatre ans dans ce que l'on appelle une PME-PMI (petite et moyenne entreprise), société qui allait devenir plus tard une véritable Holding internationale. Elle avait pour patron un homme d'une soixantaine d'années, Monsieur CHAVAIN. Grand, bedonnant, les cheveux blancs, les yeux bleus, il avait un air sévère et bourru qui cachait en réalité un cœur gros comme une montgolfière. Bon vivant, il aimait la bonne chair, les grands vins, son épouse et les femmes. Lorsqu'il revenait d'un repas d'affaires un peu trop arrosé, ce qui arrivait au moins deux fois par semaine, il était parfois tellement avide d'attention pour ne pas dire amoureux, que Marie ou ses collègues, suivant le goût du jour, blondes ou brunes, minces ou rondes, devaient aller se réfugier dans les sanitaires pour éviter ses débordements d'affection. Si elles avaient été malhonnêtes, elles auraient pu en profiter pour lui demander n'importe quoi, ou presque, comme une augmentation ou une prime conséquente par exemple. Dans ces moments-là, il était encore plus généreux qu'il ne l'était d'habitude. Il ne pouvait rien leur refuser. Mais, voilà, on ne se refait pas. Elles se contentaient simplement de déposer des cafés bien chauds sur son bureau, d'attendre patiemment que l'alcool se dilue dans son sang et qu'il retrouve enfin ses esprits ce qui prenait une petite heure en général.

Monsieur CHAVAIN partageait avec Marie en particulier un amour sans limites pour les animaux, ce qui allait servir mes intérêts quelques années plus tard.

Propriétaire d'une très belle propriété en Sologne, agrémentée d'une cinquantaine d'hectares, Monsieur CHAVIN ou plus exactement sa femme, entretenait une véritable ménagerie : perroquet, poules et canards, ânes et chevaux sans compter son fidèle compagnon, Rantanplan, un Golden crème à la stature aussi imposante que celle de son maître, mais à la gentillesse équivalente à la sienne.

Parfois, Monsieur CHAVIN venait avec Rantanplan au travail. L'énorme animal se vautrait alors sous son bureau avec délectation et ne bougeait pas d'un poil comme pour se faire oublier. Ces jours-là, une odeur de campagne envahissait tout le plateau pour le plaisir de certains et le malheur des autres. Il insistait souvent pour que Marie m'y amène aussi lorsqu'il n'y avait personne pour me garder la journée. En effet, mon maître partait souvent en déplacement, au grand désespoir de ma maîtresse, en province ou à l'étranger, invité par d'autres organisateurs de courses cyclistes ou pour essayer de trouver de nouvelles sources d'argent.

Monsieur CHAVIN refusait alors catégoriquement que l'on me laisse dans la voiture, dans le parking de la société, même avec un filet d'air grâce à la vitre entrouverte de la portière, même avec un peu d'eau et de nourriture posées sur le plancher à l'arrière du véhicule. « Marie, disait-il avec sa grosse voix, j'ai vu votre chienne dans votre Y10 verte en arrivant, vous n'allez tout de même pas la laisser là toute la journée, allez la chercher tout de suite ! »

Il n'était donc pas rare de retrouver de temps en temps un de ses collaborateurs, à quatre pattes, sous le bureau, en train de me caresser ou de jouer avec moi devant les yeux gênés et inquiets de ma maîtresse.

Monsieur CHAVIN aimait également inviter tout son personnel chez lui, en Sologne, pour passer une journée à manger, pécher, jouer aux boules, chanter, boire… histoire de souder définitivement une équipe qui l'était pourtant déjà. Très généreux, après chaque voyage, il pensait toujours à rapporter, à chacun, un petit souvenir ce qui faisait toujours plaisir. De même, lorsque la période de la chasse commençait, il ramenait souvent, dans le coffre de sa berline, de magnifiques faisans ou autres gibiers, qu'il distribuait à ses employés, carcasses que Marie avait toutes les peines du monde à déplumer et à vider, mais qu'elle acceptait avec bonheur et reconnaissance. Elle prenait à chaque fois une grande respiration avant d'éventrer les pauvres bêtes et ne manquait pas de fermer les yeux et de se pincer le nez avant de jeter leurs entrailles dans la poubelle de la cuisine, même si son odorat était peu développé : « deux précautions valent mieux qu'une » comme disait son grand-père maternel, André. Son patron lui donnait aussi, au moment des fêtes de fin d'année, des cuisses de sangliers ou des morceaux de biches qu'elle avait tout autant de mal à dépecer, car elle vouait un amour inconditionnel aux animaux, même sauvages. J'ai longtemps bénéficié des dons providentiels du patron de ma maîtresse, en fait, jusqu'à son départ à la retraite. Lorsque Marie ramenait « ses fameux cadeaux », j'étais au taquet et mes narines étaient en effervescence. Assise sur mon derrière, à côté de la table en vieux bois de style rustique de la cuisine, je guettais la moindre goutte de sang, le moindre petit morceau de viande ou de peau qui pourrait tomber le long de la toile cirée posée sous les pauvres animaux dont je n'enviais pas le sort.

Cela ne m'empêchait pas de me lécher les babines et de me délecter de ces délicieuses senteurs, car, rien qu'à l'idée d'y goûter, j'en tremblais d'avance. Ma queue, souvent au repos, n'arrêtait pas de s'agiter en tous sens et mes yeux revêtaient, en ces circonstances, un reflet tout particulier et particulièrement expressif.

Marie n'était pas une excellente cuisinière comme sa mère, Édith, qui elle, aurait pu, sans conteste, ouvrir un restaurant trois étoiles, mais elle se débrouillait tout de même très bien. Elle aimait les recettes peu compliquées, mais succulentes et avait surtout un don pour réaliser de véritables festins avec de simples restes. Sa devise : « Jamais de croquettes pour mes chiens ! » Moralité : du fromage blanc ou un yaourt avec des morceaux de biscottes le matin et le soir du riz ou des pattes agrémentés de légumes avec de la viande ou du poisson. Entre les deux, quelques petits écarts, encas glissés sous la table pour ma plus grande joie. Rien que des aliments sains et équilibrés prônés par Denis, mets qui répondaient également à un souci d'économie : « nos animaux mangent comme nous », disait-elle, « cela les rend heureux et en bonne santé, limite les courses et allège mon budget ». Un pur bénéfice : beaucoup de câlins et de tendresse en échange d'un « peu » de succulente nourriture. Le marché était raisonnable et équitable à n'en pas douter. Tout le monde y trouvait son compte.

Ces petits moments de vie, Marie aimait les raconter à celle qui était sa collègue depuis plusieurs années, Cloé.

Autant ma maîtresse était grande, mince, brune et avenante, autant Cloé était toute petite, maigre, blonde comme les blés, à l'air plutôt sévère. Elle était d'une efficacité impressionnante. Nerveuse, Cloé cachait derrière sa rudesse une sensibilité extrême. Mal mariée à un comptable qu'elle n'aimait plus depuis longtemps déjà, elle avait trois enfants à peu près du même âge que ceux de Marie. Elle ne supportait cet ours mal léché que pour préserver son foyer, mais vivait souvent un véritable calvaire qu'elle oubliait en faisant un métier qu'elle appréciait, qu'elle connaissait bien et en fréquentant, en dehors des heures de travail, un collègue plutôt mignon et large d'esprit. Comment lui en vouloir ? Le soir, lorsque son mari rentrait chez lui, dans ce bel appartement sans âme, où tout n'allait qu'à l'essentiel et que même la présence des enfants n'avait pas réussi à rendre chaleureux, il ne disait jamais « bonsoir », ne prenait même pas le temps d'embrasser sur la joue son épouse, ou sa progéniture s'ils se trouvaient dans la pièce. Après avoir déposé son blouson sur le portemanteau de l'entrée, il se dirigeait immanquablement vers son bureau et allumait son ordinateur. Sans un regard ni un mot, il se mettait alors à tapoter frénétiquement sur son clavier, chose qu'il avait pourtant déjà faite pendant des heures et des heures depuis le lever du soleil. Comme si la journée qu'il venait de passer devant son écran ne lui suffisait pas, comme un drogué, il restait ainsi à actionner sa souris, parfois un casque sur les oreilles, en attendant le moment du repas, dîner simple composé le plus souvent de mets décongelés ou de plats tout préparés.

Chez nous, rien de semblable. Notre appartement cosy, aux murs d'un blanc lumineux, est agrémenté de coussins, de tableaux, de couvertures aux couleurs chaudes et chatoyantes.

Des meubles rustiques se mélangent harmonieusement avec du mobilier moderne. Tout ici respire le bonheur et la sérénité. Pas de plafonniers, que de jolies lampes à pied, posées ici et là. Pas de lumières violentes, que des ombres tamisées, des bougies, des essences aux senteurs douces et légères.

Ma maîtresse, Marie, marquée par une enfance solitaire et peu joyeuse, n'aspirait qu'au bien-être et à la tranquillité pour elle et pour les siens. Fille unique et élevée principalement par son grand-père, André, elle ne supportait pas le silence absolu. Elle avait donc pris l'habitude, au fil des ans, une fois entrée et après m'avoir enlevé ma laisse bien entendu, de toujours, soit allumer la télévision soit brancher la chaîne HI-FI toutes deux installées dans le salon qui jouxtait la petite cuisine ouverte. Dans cette pièce tout en longueur, on aurait pu se croire dans un chalet suisse : des placards en pin clair vernis, du rouge, du blanc, un peu de bleu ciel, seule manquait la neige. Étroite, notre cuisine était pourtant fonctionnelle, mais j'avoue que plusieurs fois, mes petites pattes avaient fait les frais de ma curiosité et du manque de largeur de cet espace normalement réservé à ma maîtresse. Dans le salon-salle à manger, on pénètre dans un autre univers. Le canapé en cuir noir, trois personnes, a été agrémenté d'un plaid en laine d'une douceur incroyable. Je passe des heures à m'y vautrer, surtout lorsque mes maîtres sont absents, car normalement, je dis bien normalement, je dois me contenter de mon panier, du parquet ou du carrelage qui jonchent les sols de l'appartement. Deux fauteuils du même modèle, beaucoup moins confortables à mon goût, mais de facture correcte, encadrent une table de salon des années cinquante, en fer forgé noir, avec des carrés en céramiques dans les tons rouge-orangé du plus bel effet.

Il a été convenu, ou plutôt mes maîtres exigent que je dorme dans mon super panier en plastique bleu recouvert d'une couverture de plusieurs couleurs qu'ils ont achetée spécialement pour moi (je pense que c'est vrai, car je n'y trouve aucune odeur de Duchesse ou d'un quelconque autre chien). Celui-ci est installé juste à côté de l'entrée de l'appartement, en face du salon, à gauche de la salle à manger et de la cuisine. Une place stratégique pour moi.

Depuis que j'arrive à monter sur la banquette, et dès que Marie ne fait plus attention à moi, je trompe sa vigilance et me fonds dans cette douceur molletonnée en espérant qu'elle ne s'aperçoive de rien. Le plaid du canapé étant beige et moi blanche tachetée de paillettes de couleur marron (d'où mon nom), je tente donc à chaque fois, et souvent avec succès, un trompe-l'œil presque parfait.

En général, les soirées se passent ainsi : Marie, qui a renégocié ses horaires et accepté un poste moins intéressant pour pouvoir passer plus de temps avec ses enfants, passe les chercher à l'école aux alentours de dix-sept heures. Ainsi, elle peut s'installer avec eux dans la jolie salle à manger en pin pour prendre le goûter (moi aussi, par la même occasion). Il y a toujours un petit morceau de gâteau qui tombe par terre ou un peu de confiture restée collée sur leurs doigts que je m'empresse de lécher avec volupté : il faut bien se rendre utile et servir à quelque chose de temps en temps ! Par contre, interdiction formelle de manger du chocolat. Il paraît, bien que cela ait l'air tout à fait délicieux, que c'est un poison mortel pour moi. Ensuite ma maîtresse leur donne un bain : j'aime bien l'eau, mais j'évite soigneusement la salle de bains mansardée aux tons rafraîchissants vert pastel lorsque les deux petits monstres y sont, cela évite tout débordement (si j'ose dire).

Je n'aime pas sentir le chien mouillé et je déteste encore plus le bruit et la sensation de cette machine bruyante et malodorante appelée « sèche-cheveux supersonic 4 vitesses, à moteur numérique puissant ». Non, mais franchement ! « supersonic » ! On parle de quoi là ! D'un appareil électroménager ou d'un avion à réaction ! Il est vrai qu'avec une telle puissance et étant donné ma taille et mon poids, je pourrais presque m'envoler jusqu'au bout de la pièce si on le dirigeait dans ma direction ! Ensuite, l'heure du repas arrive très vite : menu équilibré pour les bambins et pour moi bien entendu.

Deuxième fournée en ce qui me concerne lorsque Marie sert le dîner à Denis qui rentre du travail en général entre 20h30 et 21h, lorsque la maisonnée est silencieuse.

Pendant qu'elle fait réchauffer le tout, en bon père, Denis va embrasser son fils et sa fille dans leurs chambres respectives, au rez-de-chaussée, juste à côté du salon. Parfois il prend le temps de leur lire une histoire, tout dépend de l'heure à laquelle il arrive, car Marie est intransigeante sur les dix heures de sommeil minimum nécessaires aux enfants pour pouvoir passer une bonne journée et être en pleine forme.

Plus tard, malgré toute l'affection dont j'ai été témoin, ces deux ingrats reprocheront à leur papa ses arrivées tardives, diront qu'il ne s'est jamais vraiment occupé d'eux et, paradoxe total, accuseront leur maman d'en avoir fait autant. Dommage que je ne puisse pas parler de tout ce que j'ai vu. À les entendre, ma maîtresse n'a toujours pensé qu'à elle et à son couple : quel manque de jugement et de reconnaissance ! C'est moi qui n'ai pourtant qu'une mémoire à court terme, pas eux !

Après avoir bordé sa progéniture, Denis se consacre entièrement à sa femme, l'embrasse, lui raconte sa journée, tantôt bonne, tantôt difficile. Quelques fois, le ton monte, c'est le plus souvent lorsqu'ils parlent de factures ou d'argent en général. J'ai mal à la tête. Je m'inquiète et cours me réfugier sous le buffet. Même s'ils se disputent violemment ou ne sont pas d'accord tout simplement sur tel ou tel sujet, la fin de la soirée est toujours la même : ils vont se coucher et parfois, pour ne pas dire le plus souvent, je dois mettre les pattes sur mes yeux et baisser mes oreilles pour ne pas être le témoin gênant de leur réconciliation, de leurs ébats. Lorsqu'ils s'agitent ou qu'ils chahutent, ce qui arrive souvent, je préfère rester à l'écart, ou, lorsque nous sommes à la campagne, je vais faire un tour dans le jardin jusqu'à ce qu'ils aient terminé. Leur chambre leur ressemble. À l'étage, un grand lit tout simple est posé à même le sol juste en haut de l'escalier qui mène à la mezzanine. C'est là qu'ils ont établi leur quartier pour abriter leur amour. Le mur séparant leur chambre du reste de l'appartement est agrémenté de photos de leur couple et du résultat de celui-ci : les enfants sont beaux et, eux, sont jeunes et épanouis. Des draps de couleurs chaudes ornés d'oreillers de couleurs similaires forment une harmonie parfaite. Quelques cadres avec des images qui témoignent de leur bonheur et de leur passé commun sont parsemées ici et là. Une jolie lampe ancienne des années trente, chinée lors d'une de leurs nombreuses brocantes, est posée sur la table de nuit à côté de plusieurs livres, des policiers ou des romans pour elle, des bouquins sur le sport ou la politique pour lui.

Pas de tapis, car Denis est asthmatique, pas de meubles superflus, juste une commode ancienne héritée de Madeleine, une personne chère au cœur de ma maîtresse, où trône une grande télévision nécessaire à son bien-être, indispensable à cette insomniaque éternelle pour pouvoir trouver le sommeil tant désiré.

Cet univers sera le mien pendant dix-sept ans et demi. À chaque déménagement, je vais retrouver le même confort, le même décor, mais aussi la même sérénité, la même joie de vivre grâce à eux.

Peu importe, où que je sois, la couleur des peintures ou des papiers, du moment que je sens leur présence ou leur odeur, je suis heureuse et rassurée. Leur vie est la mienne. Ils sont tout pour moi même si l'inverse n'est pas tout à fait vrai, du moins c'est ce que je pense.

L'essentiel est de traverser cette vie avec le moins d'embûches possibles, sans maltraitance ni abandon et surtout avec eux, ces maîtres presque parfaits (« presque » parce qu'il paraît que la perfection n'existe pas). Que pourrais-je demander de plus ? J'ai tout. Oui, finalement, en y réfléchissant bien « il ne me manque rien ».

« Le rire dans l'enfance est toujours près des larmes »

(Ernest LEGOUVE)

Il y a des personnes qui changent votre vie, qui vous marquent à jamais, qui rendent beaux ou cruels vos souvenirs et déterminent votre futur aussi : Marie, Édith et Madeleine font partie de ces gens-là. Trois histoires de femmes, trois destins différents.

Ma maîtresse, Marie, est née en juillet 1964. L'année de la première caméra invisible à la télévision, de l'attribution de la Palme d'or à Cannes aux Parapluies de CHERBOURG et de la condamnation à la prison à vie de Nelson MANDELA en Afrique du Sud.

Marie est très importante pour moi, pas seulement parce qu'elle me nourrit, joue avec moi, mais aussi parce qu'elle m'accorde des moments qui sont précieux à mon cœur. Plusieurs fois dans la semaine, elle prend le temps de faire un détour pour venir me chercher au club où j'ai passé toute la journée avec Denis ou Joël, le plus souvent avec les deux. Elle dit de moi que je suis son antistress, son antidépresseur. Pendant le trajet qui nous ramène chez nous, assise sur le siège avant de la voiture situé juste à côté d'elle, je ne bronche pas. Elle me caresse en conduisant (est-ce bien autorisé ?). Elle me surnomme « Poil de soie » à cause de la douceur de mon pelage crème et feu. Parfois, elle m'embrasse sur le museau lorsque nous nous arrêtons à un feu rouge.

Les autres jours, lorsque je dois rester à l'appartement, toute seule, rien qu'à la façon dont elle tourne la clé le soir dans la serrure, je devine comment s'est passé sa journée. Si elle le fait de manière énergique, se baisse pour me dire bonjour et vaque immédiatement à ses occupations de parfaite petite femme au foyer comme un papillon virevoltant à l'arrivée du printemps, c'est que tout est parfait dans le meilleur des mondes. Par contre, si elle me regarde à peine et va directement prendre un verre dans le placard de la cuisine après avoir déposé nonchalamment son manteau sur la chaise de la salle à manger, c'est plutôt mauvais signe. Je la regarde alors se verser lentement un liquide rouge qui ne sent pas bon du tout dans son verre, s'installer mollement sur le canapé en pestiférant parce qu'elle ne trouve pas la télécommande de la télévision et essuyer d'un revers de main son joli visage de poupée de porcelaine. Dans ces moments-là, pour ne pas la gêner, je me fais toute petite. Je m'assois sur mon postérieur juste à côté de son genou. Je ne m'appuie pas franchement. Je ne fais que le frôler, l'effleurer.

Parfois, de l'eau salée tombe sur son vêtement ou sur sa peau. Alors je me rapproche de plus en plus, lentement, patiemment, jusqu'à la toucher franchement. Je pose tout doucement mon museau sur sa jambe. Lorsque sa main vient se poser sur le haut de mon crâne, je sais qu'elle va déjà mieux. Je suis heureuse et je commence à remuer la queue.

Lorsque Denis arrive, deux ou trois heures plus tard, il ne s'aperçoit de rien. Ce n'est pas moi qui lui dirais quoi que ce soit : c'est notre secret à toutes les deux. En la voyant si calme, pensive, le visage fermé, il pensera simplement qu'elle est fatiguée, que les enfants ont été durs et qu'une bonne nuit de sommeil lui fera du bien.

Je suis heureuse que la maman de Marie, Édith, ait décidé de la mettre au monde malgré les critiques des uns et des autres, car, sans elle, je ne connaîtrais pas ce bonheur.

Elle aurait pu se rendre en Suisse pour avorter, mais elle n'y avait pas songé un seul instant, trop heureuse d'être enfin mère. À vingt-huit ans, dans les années soixante, c'est déjà tard pour une fille. Sa propre mère, Agathe, avait déjà eu deux enfants à son âge.

Édith espérait de tout cœur donner naissance à un garçon, car disait-elle : « ce monde n'est fait que pour les hommes » !

Elle était très déçue lorsque la sage-femme entra dans sa chambre, après un accouchement très difficile et douloureux de plusieurs heures, vingt-quatre exactement, pour lui présenter emmitouflée dans les langes roses, ce petit être tout frêle qui ne lui ressemblait en rien.

Malgré la présence rassurante de ses parents, Édith n'avait pu retenir ses larmes et sa déception. De rage, elle les avait chassés tous deux d'un mouvement du bras très explicite, les priant de bien vouloir revenir plus tard lorsque sa peine serait passée. Ce n'est qu'après nombres discussions et réconforts de toute part qu'elle avait réussi à prendre délicatement dans ses bras ce nouveau-né tout frais et innocent, avec des cheveux noirs ébouriffés et de longues jambes fines à l'extrême. La magie avait opérée. La déconvenue du moment disparut comme par magie. Marie n'était pas vraiment ce que l'on appelle un beau bébé, mais Édith avait surmonté tant d'obstacles, tant de moqueries durant sa grossesse, de personnes se revendiquant comme bonnes catholiques, bien pensantes et tolérantes, que le fait de tenir enfin cette petite chose fragile contre son cœur était devenu pour elle une belle victoire. C'était décidé, à défaut d'avoir un père, sa fille aurait une mère aimante et attentionnée. Édith aurait pu l'appeler Charlotte comme dans le manège enchanté tant la ressemblance était frappante avec ce personnage, ou Bénédicte comme elle l'avait décidé dès le début de sa grossesse. Mais, après réflexion et certainement par esprit de contradiction, elle avait décidé, au dernier moment, de lui donner le prénom de Marie, prénom qu'elle n'avait pourtant jamais évoqué auparavant avec ses proches.

Lorsqu'elle berçait ce petit ange en chantonnant une comptine, Édith était particulièrement émue. Quitté par le père de son enfant quelques mois avant sa naissance, après une dispute plus grave et explosive que d'habitude, elle avait dû affronter le regard plein de reproches et de dédains de la plupart des « amis » de la famille, voisins et commerçants du quartier. Mais, peu importait ce que pouvaient penser ou dire ces bonnes gens, à la moralité si parfaite, ce bébé était pour elle un véritable cadeau du ciel.

Rebelle dès l'enfance, Édith avait abandonné ses études à dix-sept ans, malgré la désapprobation de ses parents, pour postuler en tant qu'employée au service courrier d'une grande entreprise semi-publique.

À vingt-et-un ans, elle s'était inscrite sans rien dire à personne dans la petite auto-école située juste à côté de son travail pour passer son permis de conduire. Elle l'avait obtenu sans aucune difficulté et fut très fière de l'annoncer un soir à toute la famille qui resta complètement interloquée devant cette nouvelle si inattendue. Le champagne ramené par Édith coula à flots.

Dès le lendemain matin, le papier rose en poche, elle s'était précipitée chez le concessionnaire, conseillée par son frère, pour s'acheter avec le montant de ses économies une petite voiture blanche neuve de marque FIAT. Tous les autres véhicules qu'elle acheta par la suite, et ce, jusqu'à ses quatre-vingts ans, âge fatidique où elle décida qu'il serait inconscient de prendre le volant, furent de la même couleur. « On ne change pas une couleur qui vous porte bonheur », disait-elle.

Édith était ambitieuse. Elle voulait évoluer dans son travail et faisait tout pour y parvenir. Pouvoir se véhiculer était important pour elle, cela faisait partie de son projet de liberté et d'ascension sociale.

Même si ses parents s'aimaient énormément et si sa mère, Agathe, ne se plaignait jamais de son sort, Édith n'envisageait pas un seul instant avoir la même vie qu'elle. Celle d'une épouse modèle dévouée corps et âme à son mari, disant « amen » à toutes ses volontés, le servant, lui obéissant et étant constamment à sa disposition. Celle d'une femme dépendante physiquement, car elle ne savait pas conduire et financièrement car elle n'avait jamais travaillé.

Sa mère n'avait pour seules préoccupations que le bien-être de son époux et de ses deux enfants. Le sien passait en troisième. Édith ne pouvait pas se résoudre à ne vivre que pour sa famille et à n'effectuer que des tâches ménagères. Non décidément, elle n'était pas faite pour cela ! Sa vie ne pouvait pas se résumer à cela ! Pourtant Agathe semblait heureuse, très heureuse même, comment était-ce possible ? Édith n'arrivait pas à le comprendre.

À cette époque, commencer « en bas de l'échelle » pour gravir tous les échelons jusqu'au sommet, sans aucun diplôme ni piston, était encore du domaine du possible.

Une promotion inespérée et tant souhaitée fut annoncée à Édith par courrier avec les félicitations d'usage à peine deux jours après son accouchement : deux bonnes nouvelles en une seule semaine, que demander de plus ? Édith était comblée, enfin presque. Comme disait son père, André, « un bonheur n'arrive jamais seul ».

Avant sa maternité, pour se changer les idées et décompresser après une dure journée de travail, mais aussi par passion pour la musique, Édith allait très souvent dans les petits bals parisiens ou dans les « caves à la mode ». Elle dansait si bien qu'un soir, dans une boîte connue de Paris, Jean MARAIS, l'acteur ultra célèbre et adulé des femmes (de La Belle et la Bête entre autres), l'invitât à danser à plusieurs reprises. La bête fit virevolter la belle sur la piste devant les yeux médusés et jaloux des danseurs amateurs présents. Plutôt mignonne, même si elle n'en était pas consciente, Édith s'habillait de façon moderne et peu commune, mais avec un goût certain, ce qui la mettait en valeur et la rendait vraiment attirante.

Obèse enfant, elle en avait beaucoup voulu à ses parents de la forcer à manger pour « être en bonne santé », certainement une énième conséquence de la guerre de 39-45 qui avait traumatisé sa famille tout entière.

Grâce à un régime draconien qu'elle s'était infligé dès la fin de son adolescence, malgré la désapprobation de son père et surtout de sa mère, Édith s'était transformée en une ravissante jeune fille, ni trop maigre, ni trop forte, juste « bien fichue » comme disait son petit ami de l'époque, « avec ce qu'il faut, là où il faut ».

Édith se battra toute sa vie pour essayer de conserver cette silhouette qu'elle avait eu tant de mal à obtenir à ses dix-huit ans sans réel succès.

Finalement, la jeune femme réussissait assez bien à mener de front une vie personnelle riche en émotions et une vie professionnelle prometteuse malgré les aléas de la vie. À vingt-six ans, Édith avait rencontré le père de Marie et était persuadée avoir trouvé « le grand amour », celui qui dure toujours. Comme le mariage n'était pas une priorité pour elle, pour ne pas dire qu'elle était carrément contre, elle avait parfaitement assumé le fait d'être enceinte sans avoir convolé en justes noces. Mais, les disputes incessantes et sa détermination à n'accorder aucune concession à l'homme qu'elle aimait pourtant éperdument avaient eu raison de leur histoire. Après l'échec d'une ultime tentative de réconciliation, Édith avait dû se résigner à élever seule cette enfant peut-être pas vraiment programmée, mais finalement désirée puisqu'elle avait décidé de la garder coûte que coûte, quoi qu'en disent sa famille et le monde entier.

Son obésité passée lui avait appris à faire abstraction de l'opinion des autres. En ces circonstances, c'était décidé, elle ferait de même.

Soutenue malgré tout par ses parents, Agathe et André, et

par son frère Frédéric, de cinq ans son aîné, à cette époque où le mariage était une obligation lorsque l'on attendait un enfant et où les mères célibataires, peu nombreuses de ce fait, étaient montrées méchamment du doigt, elle envisageait l'avenir avec sérénité et espoirs.

Sa mère, Agathe, au visage poupin et à l'allure avenante, était une femme au foyer attentionnée envers son mari et toujours présente pour ses enfants. Quoi qu'ils fassent, elle les soutenait, les défendait, les aimait. Pour le principe, elle disputa tout d'abord sa fille pour n'avoir pas su attendre avant de succomber à ce beau brun d'origine bretonne, apparemment fort sympathique. Puis elle décida qu'il fallait se faire une raison et que cela ne servirait à rien de faire un drame d'un évènement qui finalement s'avérerait heureux dans le futur.

Agathe était très appréciée par ses proches et par les commerçants du quartier des six routes de cette ville ouvrière et maraîchère de l'Ile de France, là où ils habitaient avec André depuis plusieurs années.

Tout juste mariés, ils avaient rejoint, dans une petite copropriété composée de deux immeubles appartenant à l'un des frères d'André, Alexandre, divers membres de la famille. Une vie en communauté qui semblait satisfaire tout le monde. Une grille en fer forgé noire donnait accès à une allée en béton bordée de pelouse et de fleurs diverses menant à la copropriété. Les façades étaient toutes simples, en briques avec des fenêtres en bois. L'ensemble était propre et de bonne facture. Chaque étage était composé de deux appartements ce qui réduisait considérablement les nuisances sonores déjà importantes, les murs étant fins « comme du papier à cigarette » comme disait André. On pouvait entendre parfois la télévision de son voisin ou les discussions un peu « houleuses » lorsqu'elles se produisaient.

Les appartements n'étaient pas très grands, de type studio ou deux-pièces. Il n'y avait qu'une seule chambre, de belle taille certes, mais pas suffisante pour y accueillir plusieurs lits. Les enfants, comme Édith et Frédéric, devaient donc se résigner à dormir dans la salle à manger, soit sur le canapé soit dans un lit de coin dans le meilleur des cas. Il n'y avait ni eau chaude ni sanitaire, pas de chauffe-eau, ni salle d'eau, encore moins de salles de bains. Lorsque l'on avait envie de se soulager, il fallait se résoudre à descendre dans la cour, la journée, là où se trouvaient sur la droite, à disposition de tous, trois cabines avec des W.C. à la turque, ou bien la nuit, à utiliser un seau prévu à cet effet que l'on vidait consciencieusement le matin venu. À part cela, les logements étaient sains et très bien entretenus. Cette cour cimentée menait au deuxième immeuble composé seulement de deux étages, mais de structure identique au premier. À gauche, en face des sanitaires communs, un petit atelier était principalement utilisé par André qui aimait y ranger tous ses outils de bricolage et de jardinage. Celui-ci était ouvert en permanence, à disposition de tous. À cette époque, pas de crainte de cambriolages, pas de suspicions entre les gens, ni alarme ni porte blindée. En résumé, une totale confiance envers tous les membres de cette petite communauté, y compris les enfants qui avaient bien compris que ce lieu fort sombre pouvait cacher au mieux quelques souris, au pire quelques fantômes.

Quand je pense que mes maîtres feront plus tard plusieurs

kilomètres pour vérifier qu'ils ne sont pas partis de leur maison sans avoir fermé à double tour leur porte d'entrée principale. « Le monde change, c'est incontestable, ma ptite'dame ! » comme dirait André.

Dès les beaux jours, tous les membres de cette même famille aimaient se réunir, soit dans les couloirs frais du rez-de-chaussée ou dans la cave en cas de très fortes chaleurs, soit dans la cour lorsque le temps était clément, pour discuter sur des chaises pliantes, boire du thé ou des citronnades et manger des gâteaux.

Même s'ils n'étaient pas toujours d'accord sur tout (« le monde des Bisounours n'existe pas » comme dirait Marie), ils aimaient être ensemble, parler de tout et de rien, regarder les enfants jouer et se baigner tout nus ou presque dans le bac en laiton installé en plein soleil pour que l'eau soit à bonne température. Le bonheur incarné en quelque sorte.

Cette insouciance, cette douceur de vivre et cette harmonie, ils les avaient bien méritées depuis la fin de cette maudite guerre qui avait bouleversé tant de vies. Pourtant, ils les perdirent une nouvelle fois lorsqu'Agathe mourut à l'âge de cinquante-six ans, six mois après la naissance sa petite-fille, Marie, après une opération bénigne des varices.

Une page allait se tourner et le destin de chacun allait s'en trouver bouleversé.

Ce fut sa fille Édith qui la trouva inanimée dans la salle de bains de sa chambre d'hôpital. Folle de rage et de douleur, Édith voulut porter plainte contre le médecin pour négligence ; il n'aurait jamais dû autoriser Agathe à se lever si peu de temps après l'intervention mais celui-ci rejeta entièrement la faute sur la pauvre infirmière chargée de sa mère. Celle-ci, pourtant, n'avait fait qu'obéir à ses ordres comme elle le faisait toujours. Édith se résigna donc à abandonner les démarches entamées et resta seule avec le vide laissé par cette perte inestimable, sa révolte et son chagrin.

On ne peut rien contre le lobby des médecins et leurs pleins pouvoirs. Cette pauvre « subalterne » aurait « payé les pots cassés » pour ce grand ponte de l'hôpital. Pour Édith, il n'en était pas question ! Effondrée par cette injustice et ne trouvant aucun réconfort dans sa religion, Édith remit en cause ses croyances en Dieu et en l'église. Pourquoi avait-il enlevé cette personne si douce, si gentille et si irréprochable à sa famille qui l'aimait tant ? Qu'avait bien pu faire Agathe pour mériter une telle punition ? Pour mourir si jeune ?

Édith ne rentra plus jamais dans les édifices religieux sauf pour de très rares occasions comme les baptêmes de ses petits-enfants par exemple. Pourquoi les humains ont-ils toujours tendance à invoquer leur Dieu et à le rendre responsable de tous les maux ? Nous, les chiens, nous n'avons rien de ce genre : pas de super-toutou à honorer ou à accuser. D'ailleurs comment pourrions-nous le faire, quand et avec quoi ? Quelles offrandes lui donner ? À quels endroits et à quels moments pourrions-nous nous recueillir ? En plein milieu d'une promenade ? En hurlant, assis sur notre postérieur à la tombée de la nuit ou en volant des victuailles dans le réfrigérateur de nos maîtres pour pouvoir lui offrir ? Impensable ! Vous imaginez la tête de ma maîtresse si je lui disais un samedi matin, au lever du soleil : « il faut que l'on aille faire un tour, car je dois prier le Dieu des chiens. Il faut que l'on s'arrête dix minutes, je dois être impérativement dans un jardin, porter un manteau à carreaux et ne manger que du poisson à partir d'aujourd'hui, et cela pendant une semaine entière ». Elle me dirait : « C'est une plaisanterie, n'est-ce pas ? » Je pense que beaucoup de gens renonceraient de ce fait à adopter un animal domestique et « 50 millions d'amis » pourrait « mettre la clé sous la porte ». Et si, en plus, chaque race de chiens avait un dieu différent et que nous passions notre temps à nous entretuer dans la rue à cause de cela, la vie deviendrait invivable, pire ce serait un véritable enfer.

André, athée, n'a maudit personne, il s'est juste effondré devant ses enfants déjà meurtris par le chagrin, impuissant à compenser ce manque, cet être tant chéri et irremplaçable. Ce jeune veuf d'une cinquantaine d'années s'est tout simplement, tout doucement, arrêté de manger et s'est réfugié dans l'alcool et le silence. Il ne voulait plus voir ni parler à personne. Rien ne semblait le consoler. Il avait rencontré sa femme très jeune, alors qu'il était venu de la Nièvre, de Saisy plus exactement, à côté de Corbigny, pour travailler avec son frère aîné Alexandre. Agathe avait un an de plus que lui, mais ils en étaient certains, ils étaient faits l'un pour l'autre et ça durerait toute la vie. À quatorze ans, André avait quitté la petite fermette familiale, ses parents et ses quatre frères et sœurs, pour pouvoir gagner sa vie à Paris et leur envoyer un peu d'argent pour améliorer si possible leurs pauvres existences. Il avait pris pour la première fois le train avec une simple valise pour rejoindre son frère, parti quelques années plus tôt s'installer en banlieue parisienne.

Celui-ci avait épousé la très jolie Louise, la fille du plus gros maraîcher de la commune. Un mariage qui avait ravi tout le monde d'autant que le couple s'aimait profondément.

Il faut que je vous parle d'elles

Au début, ce fut très dur pour André de s'adapter à cette nouvelle vie, car, même si sa mère était une femme très dure, usée par la vie et les problèmes quotidiens, le « cocon » familial était précieux à ses yeux. Les soirées au coin du feu à parler des animaux et des récoltes, les jeux et les bagarres avec ses frères et sœurs lui manquaient terriblement. Être pauvre n'empêche pas d'être heureux. Entouré par la famille de sa belle-sœur, André travaillait dur, parfois, suivant les saisons et les récoltes, de quatre heures du matin jusqu'à tard le soir et ce, peu importait le temps. Qu'il fasse une chaleur torride ou qu'il pleuve, le travail devait être fait, mais les travaux de force ne lui faisaient pas peur. Une fois, enfant, à peine âgé de huit ans, il était parti chercher un cochon à Reconfort, une ville voisine, et s'était bêtement cassé le bras sur le chemin du retour. Pendant presque tout le trajet, il avait dû pousser la brouette où il avait installé le porcelet, uniquement avec son bras valide et l'aide de son petit frère Abel. Il avait ainsi parcouru plus de six kilomètres avant de ramener le précieux animal chez ses parents, le coude complètement déformé et gonflé par les efforts fournis.

Plus tard, il racontera cette histoire à ses enfants, Édith et Frédéric, et leur chantera la chanson apprise grâce à sa maîtresse d'école pour retenir facilement les communes environnantes : « le roi NERON, SAISY par la FIN, se RECONFORTa de VAUX et de POISSON ».

Dans cette petite école communale qui faisait aussi office de Mairie, les enfants des différentes classes et donc de différents niveaux se mélangeaient sans que cela pose le moindre problème. Ils préparaient tous avec entrain et bonne volonté le certificat d'études malgré les labeurs qui les attendaient le soir et le week-end à la maison. Après les cours, il fallait encore se partager les corvées de la ferme, coucher les poules pour que les renards ne les mangent pas, rentrer les vaches…

Tout cela devait être terminé avant de faire les devoirs et de pouvoir aspirer à un repos bien mérité dans la pièce commune avec tous les autres ou dans la grange, dans la mezzanine située au-dessus des animaux et accessible par une simple échelle en bois.

Les années de son enfance étaient passées très vite, trop vite ; celles vécues dans la région parisienne avec son frère et sa belle-sœur également. C'est à un bal où le couple l'avait emmené qu'André avait rencontré Agathe. Le coup de foudre avait été instantané pour ne pas dire fulgurant.

Agathe était originaire du nord de la France, de Clary, ville située à distance égale d'Amiens et de Lille. Ses parents étaient des gens simples et généreux. Ils acceptèrent tout de suite André comme un fils et furent d'accord pour organiser le mariage dès que possible. Heureusement, en fait, car Agathe, le jour de ses noces, était enceinte d'un bon mois. Comme disait André : « il fallait bien essayer La Chose avant, car si ça n'avait pas marché, cela aurait été fort ennuyeux ».

De cette union naquirent deux beaux enfants, d'abord Frédéric, puis 5 ans plus tard, en 1936, Édith. L'ironie de l'histoire fut que, dès le début de la guerre, André, devenu cheminot à la gare du Nord, décida de protéger ses enfants en les emmenant dans la Nièvre. Un retour aux sources en quelque sorte. On a beau fuir son passé, il vous rattrape toujours !

Les résistants étaient nombreux parmi le personnel des gares et les représailles des envahisseurs très dures tant pour ceux qui avaient osé porter atteinte au matériel militaire ou aux soldats allemands que pour leur famille.

André et Agathe, malgré le sacrifice demandé, n'avaient donc pas hésité une seule seconde à prendre cette décision et étaient partis avec la traction noire achetée récemment pour installer leurs enfants chéris, à la campagne, chez Victor et Odette, les parents d'André.

Même s'ils ne vivaient pas dans l'opulence, et même s'ils n'avaient pas fait un mariage d'amour, leurs parents respectifs ayant décrété que regrouper leurs terres pourrait être très bénéfique pour eux, tous deux avaient réussi à instaurer une certaine douceur de vivre dans leur foyer modeste.

Le père, Victor, était un homme courageux. Il partait tôt le matin pour travailler dans les champs et surveiller son bétail.

La mère, Odette s'occupait des poules et des lapins, du potager et du verger, de la maison et des enfants, faisait le pain, des gâteaux et des confitures, cousait des chemises et des torchons.

Édith devait sûrement se dire que la répartition des tâches était loin d'être équitable, mais n'était-ce pas le cas pour la plupart des femmes vivant à la campagne ou en ville ?

Cependant, cette autonomie leur permettait de pouvoir vivre dignement sans rien demander à personne. Une fois par semaine, Odette se rendait au lavoir, le plus souvent avec ses deux filles, Léonie et Léopoldine, à la sortie du village, pour faire sa lessive au savon de Marseille. Elle tenait absolument à ce que toute sa petite famille soit, dans la mesure du possible bien entendu, toujours propre et impeccable « comme un sou neuf », et cela, même si leurs vêtements étaient le plus souvent reprisés à plusieurs endroits.

En réalité, cette corvée lui permettait surtout de pouvoir parler de tout et de rien avec les autres femmes des villages voisins et de connaître les derniers potins.

Odette ne discutait jamais les décisions de son mari, les expressions de son visage exprimaient suffisamment clairement ce qu'elle en pensait. Lui n'intervenait que rarement dans l'éducation de ses enfants tant sa femme savait se faire obéir et respecter d'un seul regard. Quand la situation devenait grave et qu'elle se mettait à crier, il prenait une chaise et s'installait devant la maison pour fumer sa pipe ou un petit Cigarillo, son seul plaisir après la gnole ou l'eau de vie de prunes confectionnée sur place.

Lorsqu'une chaise libre était déposée devant la maison, cela voulait dire qu'un des membres de la famille était malade et que le médecin était nécessaire, lorsque celle-ci était occupée, cela signifiait simplement qu'un des membres de la famille avait besoin de prendre l'air. Il faut dire qu'avec six enfants, deux filles et quatre garçons, Lucien, Alexandre, André et enfin Abel, il fallait beaucoup de patience et une discipline de fer pour que ce ne soit pas l'anarchie dans les trente mètres carrés de la pièce occupée par tout ce petit monde.

Les filles, Léonie et Léopoldine, dormaient ensemble et deux des garçons, faute de place, avaient dû s'installer dans la mezzanine de la bergerie qui leur servait de chambre à coucher.

Odette aurait dû avoir onze enfants en tout si le destin et la dureté de la vie n'en avaient décidé autrement. En effet, une épouse n'avait pas le droit de se refuser à son mari lorsque celui-ci la sollicitait, qu'il soit sobre ou « saoul comme un cochon ».

À chaque fois qu'il le souhaitait, fatiguée ou pas, elle devait accomplir son devoir conjugal. La contraception étant pratiquement inexistante ou plutôt archaïque, surtout dans les campagnes, les pauvres femmes avaient, à chaque fois, de fortes « chances » de se retrouver à nouveau enceintes.

Sans compter le fait que la dureté de la vie et des travaux qui leur étaient confiés favorisaient les fausses couches qui étaient de ce fait très fréquentes. C'est donc le plus souvent avec philosophie et résignation qu'elles acceptaient la perte de cet enfant, désiré parfois, accepté avec résignation le plus souvent. Elles devaient oublier leur peine, jusqu'à la prochaine fois, ou assumer leur culpabilité lorsqu'elles considéraient cela comme un soulagement, pire une bénédiction. Ce fut souvent le cas pour Odette.

Lorsque la guerre fut déclarée, Victor et Odette ne virent aucun inconvénient à accueillir leurs petits-enfants pour plusieurs semaines voire, plusieurs mois. « Tout dépendrait de la durée de cette maudite guerre ! », « Quand il y en a pour un, il y en a pour dix », disait Odette avec l'approbation de son époux.

Ce changement de vie, si différente qu'à la ville, fut plus douloureux pour la petite Édith, âgée de quatre ans à peine, que pour Frédéric. Édith trouvait sa grand-mère paternelle très sévère et pas très belle, l'opposé en fait de sa mère et de son autre grand-mère de Clary. La fermette était beaucoup moins confortable que son douillet appartement de Paris et l'environnement beaucoup plus champêtre qu'elle ne l'aurait imaginé. Même s'il y avait, à cette époque, dans le jardin de la maison d'en face, occupée entre autres par la sœur d'André, Léonie surnommée « tata Cocottes », des poules, des moutons et des chèvres, le changement de vie dans la Nièvre était radical, un peu trop radical pour le bébé qu'elle était encore.

Agathe se consolait en pensant qu'au moins, chez Odette, Frédéric et Édith pourraient manger à leur faim. Et surtout, ils ne seraient pas perturbés par le bruit des bottes des envahisseurs sur le sol parisien ou par le vol des avions survolant la capitale.

En revenant une fois tous le deux ou trois mois, Agathe pourrait, en plus d'avoir le plaisir de revoir sa progéniture, en profiter pour se reposer et quitter pour un temps cette atmosphère parisienne pesante et inquiétante, à condition de pouvoir obtenir de l'essence et les papiers nécessaires bien entendu. En repartant, elle en profiterait pour remplir son esprit de merveilleux souvenirs avec ses enfants et ses valises de conserves, beurre, viande et autres denrées devenues introuvables sur la Métropole. Le tout caché à différents endroits aménagés à cet effet dans la traction.

La vie à Saisy n'était pourtant pas si tranquille qu'on aurait pu le supposer. Les Allemands avaient envahi toute la France et la région regorgeait de résistants. La petite épicerie située à la sortie du village leur servait de base de ravitaillement.

Un jour alors qu'Édith faisait une partie de cache-cache avec les nouveaux amis qu'elle s'était faits à l'école, elle dut assister à un évènement pour le moins inattendu et fort impressionnant pour une si petite fille. Penchée vers le sol pour tracer à la craie la direction du chemin qu'elle avait emprunté, elle vit apparaître, sous son nez, une paire de bottes en cuir fraîchement cirée dont l'odeur lui fit mal aux narines. Bouleversée, elle leva lentement la tête et aperçut un jeune officier allemand dont les dents et les épaulettes brillaient autant que ses chaussures. Les cheveux clairs, les yeux d'un bleu-vert presque translucide, il semblait avoir à peu près le même âge que son père, un peu plus svelte peut-être et surtout moins avenant. Il portait en bandoulière, un très gros fusil mitrailleur qu'il tenait fermement comme s'il délivrait le message suivant « n'approchez pas ou je vous tue ! ». Pourtant, il releva lentement la fillette pétrifiée avec douceur et prudence et lui murmura dans un très mauvais français « tu es très jolie, tu veux un bonbon ? ».

Édith aurait voulu lui écraser le pied avec son petit sabot en bois que lui avait donné sa grand-mère pour être plus à l'aise pour jouer ou le frapper avec ses petits points. Elle préféra prendre ses jambes à son coup sans mots dire, car elle voulait garder son souffle pour fuir le plus loin possible. Elle n'osa même pas refuser poliment, comme le lui avait appris sa mère, la friandise proposée que ce soit verbalement ou d'un simple mouvement de la tête. Terrifiée, elle tourna les talons et partit le plus vite qu'elle le pouvait pour se réfugier chez Odette et lui raconter, rouge écarlate, ce qui venait de lui arriver.

À sa grande surprise, au coin de la rue, elle aperçut son frère, Frédéric, qui courait à grandes enjambées en sens inverse. Derrière lui, le curé du village, en soutane marron attachée d'une simple corde nouée à la taille, essayait de le rattraper en brandissant d'un air menaçant un bâton en hêtre et en proférant des menaces qui auraient fait fuir un régiment tout entier :
— Espèce de petit garnement, tu vas voir ce que tu vas voir ! proférait-il d'un air furieux tout en courant à perdre haleine.

Arrivée un peu plus tard, tout essoufflée et les cheveux ébouriffés chez ses grands-parents, Édith retrouva le prêtre assis au coin du feu, là où cuisaient les pommes de terre préparées par Odette pour le repas du soir.

Il était en train d'expliquer à une Odette silencieuse et imperturbable que son chenapan de petit-fils avait, à l'aide d'un lance-pierre « fabrication maison », cassé plusieurs vitraux de la petite église si chère aux habitants du village.

Pendant ce temps, Frédéric avait trouvé refuge dans les bottes de foin stockées pour l'hiver dans la bergerie et attendait patiemment que l'ecclésiastique s'en aille retrouver ses ouailles.

La soirée fut compliquée pour lui : privé de souper, il dut aller se coucher dans le lit deux places situé au fond de la grande pièce unique, les fesses rougies par les deux ou trois coups de règle en fer assénés par « mémé », avec la bouillotte censée le réchauffer et le soulager. Il pleura un long moment en silence, caché sous le gros édredon, avant de finalement s'endormir tandis que tous riaient et racontaient leur journée tout près de la cheminée ou un bon feu crépitait et dont l'odeur embaumait la pièce tout entière.

Édith hésita donc à parler de sa mésaventure de l'après-midi, car elle avait peur de subir elle aussi les foudres d'Odette et Victor, quelque peu contrariés par les prouesses de son cher frère. Comme elle détestait cette petite règle couleur argent, de forme carrée et d'une longueur suffisamment importante pour pouvoir faire « un mal de chien », cet instrument démoniaque qui venait de faire connaissance avec le « derrière heureusement dodu » de Frédéric. C'était décidé, ils ne feraient pas de même avec le sien.

Pourquoi cette expression d'ailleurs : « un mal de chien » ?

Il faut que je vous parle d'elles

Moi, à part lorsque j'étais petite et que j'avais besoin de faire mes crocs, jamais je n'ai fait de mal à mes maîtres. Par contre, si quelqu'un s'était avisé de leur faire des misères, il aurait eu tout le loisir de vérifier la véracité de ce dicton.

Les institutrices, à l'époque, hésitaient entre l'utiliser sur le bout des doigts des enfants ou sur leurs postérieurs rebondis, mais le résultat était presque toujours le même, soit vous ne pouviez plus écrire, soit vous ne pouviez plus vous asseoir.

Odette, elle, a toujours préféré le « derrière » : ainsi elle ne voyait pas la souffrance sur nos visages ni les stigmates de ses punitions. Elle éprouvait donc moins de remords et pouvait mieux dormir « sur ses deux oreilles » comme disait André. C'était tout bénéfice.

Après avoir pesé le pour et le contre, Édith s'était finalement assise gentiment, sans rien dire de sa mésaventure de l'après-midi, sur le grand banc en bois installé devant la table familiale, où un repas simple, mais copieux avait été servi par la maîtresse de maison. Il était le plus souvent constitué de pain frais, de beurre fraîchement battu, de viande de porc provenant du cochon tué par le grand-père et les villageois, il y avait plusieurs jours et dont tous les morceaux avaient été soigneusement préparés pour être conservés et consommés pendant plusieurs semaines. Il y avait aussi du fromage de vache, des poires, des prunes ou des pommes du jardin suivant la saison, une carafe d'eau de source pour les femmes et du vin de la région pour le patriarche et ceux qui étaient en âge de boire un verre de ce breuvage fortement alcoolisé et sans grande saveur. Le tout était servi dans la vaisselle offerte par la famille et les invités le jour de leur mariage.

Finalement, ces années de guerre passèrent très vite pour

Édith et Frédéric malgré l'absence de leurs parents. Les pleurs des premiers jours avaient laissé place, peu à peu, à la joie et aux rires.

André et Agathe, bien qu'ayant fait peu d'études, maniaient paradoxalement très bien l'écriture et le verbe. Ils s'étaient évertués à envoyer, durant toute cette période et au moins une fois par semaine, des lettres à leurs enfants chéris. Le plus dur était de trouver de quoi leur raconter tant leur vie, malgré la guerre, était monotone sans eux. Ils leur manquaient terriblement et se demandaient souvent si l'inverse était réciproque.

C'est le plus souvent Léonie, la sœur cadette d'André, qui était chargée de lire à tous les fameux courriers tant attendus. Comme chaque frère et sœur de la tribu, Léonie avait été débaptisée par son aîné et surnommée affectueusement « tata Cocottes » parce que sa tâche principale était de s'occuper des poules. Ce surnom lui restera jusqu'à la fin de sa vie.

Un jour, à peine âgée de seize ans, Léonie décida de rejoindre André et Alexandre à Paris. Odette et Victor furent contrariés de laisser leur dernière fille, encore si jeune, partir pour « la Capitale », mais ils savaient que ses deux frères prendraient bien soin d'elle. André et sa sœur étaient très liés, presque fusionnels. Seulement un an les séparait. D'ailleurs, plus tard, la coïncidence voudra qu'ils habitent l'un en face de l'autre pendant de très nombreuses années.

Léonie adorait sa nièce et son neveu et, durant leur séjour dans la Nièvre, elle fut un peu comme une seconde mère pour eux, les consolant lorsqu'ils avaient du chagrin ou lorsqu'Odette avait été trop sévère et leur lisant une histoire le soir pour les rassurer avant de s'endormir.

Il faut que je vous parle d'elles

En partie grâce à elle, une fois adultes, Édith et Frédéric repenseront avec un petit pincement au cœur et avec regret à cette vie paysanne. Les bons repas confectionnés par Odette, l'odeur et le crépitement du feu dans la cheminée, les jeux avec les camarades comme les parties de marelle dans la cour de l'école, les oncles et tantes encore présents dans la ferme familiale avec leur complicité et leurs fréquentes petites bêtises, les colères de mémé devant les yeux révulsés et indignés de pépé. Mais aussi, cueillir des fleurs dans les champs, aider pour la naissance du petit veau en tirant le plus fort possible sur ses sabots, donner les graines aux poules, remplir le panier en osier d'œufs tout frais pour faire de succulents gâteaux, donner à manger au chien même s'il montre les crocs, allez chercher la faisselle chez la voisine et emmener les vaches dans les prés. Tous ces petits riens si simples et pourtant si précieux. De l'émotion pure pour ces enfants devenus des adultes urbains.

Quoi de plus important que l'enfance, plus exactement que l'innocence de l'enfance ?

Même si Édith ne vit et ne vécut que peu de choses de la Seconde Guerre mondiale, cette séparation de plusieurs années avec son père et sa mère lui laissa des traces indélébiles.

Frédéric, plus âgé, oublia difficilement ce manque qui ne l'avait pas quitté toutes ces années. Plus tard, père de famille et malade, il ne cessera d'appeler Agathe dans son délire comme lorsqu'il était petit, perdu sous l'édredon du grand-lit de cette grande pièce à son arrivée dans cette ferme pleine d'inconnus pour lui. Ces individus qu'il allait finalement aimer et côtoyer toute sa vie ou presque : sa famille.

> « L'avenir nous tourmente, le passe nous retient, c'est pour cela que le présent nous échappe »
>
> (Gustave FLAUBERT)

C'est en 1940, à la gare du Nord, qu'André fit la connaissance de Maurice. Il devint très vite ami avec cet homme d'apparence frêle, mais d'un courage sans faille. Honnête, prêt à tout pour défendre son pays, il consacrait tout son temps à son travail et à la résistance.

Célibataire, il était donc libre de jouer de sa vie comme bon lui semblait, mais il regrettait parfois de ne pas avoir trouvé l'âme sœur surtout lorsqu'il allait dîner chez Agathe et André qui avaient la gentillesse de l'inviter très souvent dans leur petit appartement déserté par les enfants, toujours réfugiés dans la Nièvre, chez les parents d'André. Il admirait cette complicité indéfectible qui unissait ces deux êtres et trouvait cela rare et touchant.

Il faut que je vous parle d'elles

À la fin de la guerre, fatigué et de santé fragile, Maurice décida de partir s'installer en province. Comme la plupart des gens, il avait besoin de changer d'air et d'oublier toutes ces choses qui avaient marqué à jamais son corps et son esprit. Comme il ne savait pas très bien écrire, il ne donna pas de ses nouvelles. Ce n'est que des années plus tard qu'André le rencontra par hasard dans les rues d'une commune voisine.

Maurice avait eu un revers de fortune et, avec le peu d'argent qu'il lui restait, il avait acheté un grand terrain en banlieue, avec pour seule habitation une toute petite cabane. Il proposa immédiatement à André de venir visiter ce qu'il appelait « son château ». Situé dans une impasse, son jardin, où cohabitaient harmonieusement fleurs et légumes, était d'une taille impressionnante. Derrière la grille, une longue allée centrale, en béton, menait à une construction moitié en dur, moitié en bois qui faisait office de maison ; juste derrière se trouvait : « La Cabane au fond du jardin » (à usage de sanitaires et d'engrais).

Maurice présenta à André sa compagne : Madeleine.

André fut impressionné par la grandeur et l'élégance de cette femme plus très jeune, mais d'une grâce infinie. On l'aurait davantage imaginée dans un château ou dans un hôtel particulier parisien que dans un simple petit préfabriqué. Élancée, elle était vêtue d'une robe toute simple, mais très longue en coton fleuri. Elle avait des yeux d'un bleu gris presque transparent, des cheveux châtain clair parsemés de gris retenus par un chignon légèrement sophistiqué maintenu par une épingle qui dévoilait une nuque incroyablement droite et fine. Elle marchait avec beaucoup de tenue et parlait de façon si raffinée qu'André en resta interloqué.

Maurice lui raconta qu'il avait rencontré Madeleine dans un restaurant. Elle était secrétaire de direction dans une société de transport à Paris dont le fondateur était mort dans son bureau, terrassé par une crise cardiaque, la laissant depuis sans emploi, dans une situation financière et morale quelque peu difficile.

Ce jour-là, ils avaient beaucoup parlé tout en buvant une bière pour lui et un café pour elle. Ils avaient fini par sympathiser et cet homme pratiquement illettré devint la providence de cette femme cultivée ayant connu l'opulence, mais aspirant maintenant à l'insouciance. Leur bonheur simple et tranquille, basé sur le strict nécessaire, aurait pu être sans ombrages, mais c'était sans compter sur la santé fragile de Maurice. Atteint par l'âge et les efforts surhumains du passé, Maurice tomba malade peu après ses retrouvailles avec André et c'est tout naturellement que celui-ci décida de leur apporter son aide. En réalité, André s'ennuyait un peu. Il venait de perdre quelques années plus tôt son épouse adorée, Agathe. Sa fille, Édith, venait d'avoir une belle promotion au sein de son entreprise, un poste de direction inespéré pour une femme à cette époque, ce qui avait d'ailleurs rendu ses parents très fiers, mais son frère Frédéric quelque peu jaloux.

Elle avait rendu André grand-père d'une deuxième petite fille, Marie, à peine âgée de six ans, débaptisée comme il se doit et surnommée « Sophie » (à cause du livre de la comtesse de Ségur « Les Malheurs de Sophie » et de toutes les bêtises qu'elle faisait à longueur de journée sans aucun remords d'ailleurs).

Certes, il devait s'occuper à plein temps de cette enfant turbulente, pourtant si mignonne, l'emmener à l'école, la faire manger le soir, la coucher parfois, la distraire le jeudi, jour de relâche, car sa fille était trop occupée par ce nouveau challenge, mais il lui manquait une distraction qui lui aurait permis de décompresser de ses responsabilités familiales et de cet emploi du temps contraignant.

André, qui avait subi plusieurs crises cardiaques ces dernières années, dont une plus grave que les autres quatre ans plus tôt, avait dû renoncer à travailler. Il avait fêté dignement son départ à la retraite anticipée avec ses camarades de la Gare de Nord dont il était très apprécié. Pour cette occasion, ils lui avaient offert une très belle montre et des outils pour le bricolage et le jardinage, un geste prémonitoire sans doute.

Il fut donc ravi de s'adonner à son premier métier et de revenir à ses anciennes amours. Ancien maraîcher, il n'avait rien oublié de toutes les astuces pour faire pousser de belles fleurs et de beaux légumes : « c'est comme le vélo » disait-il, « ça ne s'oublie pas !». « Et en plus, je fais une bonne action, que demande le peuple ? » disait-il souvent.

Non seulement il aidait ses amis à vivre plus dignement, mais, en plus, il leur permettait de pouvoir manger à leur faim. Ce que Maurice et Madeleine ne consommaient pas, André les vendait, soit aux habitants de l'impasse ou du quartier où ils habitaient, soit grâce aux bouches à oreille. Cette manne pécuniaire permettait au couple de parer aux diverses dépenses et à régler le peu de factures qu'ils avaient en définitive. André leur rendait visite plusieurs fois la semaine, après la sieste, devenue obligatoire depuis son dernier « incident », ou avant d'aller chercher Marie à l'école, en fonction des tâches à réaliser. Mais ces derniers temps,

Maurice avait de plus en plus de mal à marcher et à cultiver son jardin. Il restait le plus souvent assis dans sa chaise longue, sous l'auvent de sa petite cabane, à regarder le ciel et les oiseaux virevolter de façon féerique, presque surnaturelle. André s'inquiétait beaucoup pour son ami et se demandait ce qu'allait devenir cette femme si discrète et si fluette si son conjoint venait à disparaître.

L'été, ce mode de vie pouvait paraître fort agréable. Le jardin était abrité du vent par les pavillons environnants et les quelques arbres et arbustes laissés là par Maurice. L'abri était frais et ombragé. Mais l'hiver, c'était toute autre chose, surtout pour des personnes nées au siècle dernier et de santé fragile.

Durant cette période de soleil et forte chaleur, André ne faisait pas que travailler. Il s'asseyait souvent avec ses amis pour discuter de tout et de rien ou faire une partie de belote.

Il regardait ce couple, complètement atypique, évoluer devant ses yeux et pensait au fond de lui qu'il ne ressemblait en rien à celui qu'il formait avec Agathe : chez eux, trop de non-dits, de silences, peu ou pas de signes d'amour, juste de l'affection. C'était déjà bien, la plupart des gens n'ont même pas cela. Lorsqu'il le pouvait, André n'hésitait pas à revenir, après le dîner, pour arroser le jardin, une fois le soleil couché, et la chaleur estompée, et ce malgré la protestation et les récriminations de sa fille.

Souvent, il ramenait, dans les sacoches de son vélo, les fruits et légumes que lui avait donnés Maurice pour Édith et la petite Marie dont il entendait souvent parler. Les mésaventures de cette fillette espiègle l'amusaient beaucoup et il attendait avec impatience de pouvoir faire un jour sa connaissance.

Lorsque les grands froids arrivaient, André avait toujours

peur que son ami ne prenne froid. Il redoutait la neige et les températures en dessous de zéro, les bronchites et les pneumonies à répétition. Un bon poêle, installé dans le seul angle resté libre, chauffait toute la petite pièce occupée par un grand lit plaqué contre le mur situé en face de la porte. Un petit réchaud à gaz pour faire la cuisine se trouvait à gauche de l'entrée et à droite, un tout petit placard renfermait le peu de linge et de vaisselle que possédait le couple. Pas de superflu, juste l'essentiel. La plupart des gens aujourd'hui ne pourraient pas se contenter de si peu. Alors qu'André commençait à avoir le téléphone et la télévision noir et blanc chez lui, Maurice et Madeleine, eux n'étaient reliés aux évènements du monde que par leur petite radio et les journaux apportés par André.

Un jeudi après-midi, jour de repos pour les enfants en 1970, André arriva chez ses amis avec une surprise : sa petite-fille Marie, celle qui allait devenir ma maîtresse adorée. Impressionnée, l'enfant dit timidement bonjour de sa voix cristalline à ce petit homme, courbé par le poids des années et de sa souffrance récente, homme qu'elle connaîtra peu et dont le souvenir restera flou dans sa mémoire. Elle tendit ensuite très lentement sa petite main toute chaude à cette femme inconnue, si grande, ni belle, ni moche, mais au visage si rassurant, si plein de douceur. Rien à voir avec celui d'Édith souvent si tendu, si dur. Une amitié de dix ans venait de naître ; une amitié qui survivrait à la mort et à tout le reste. Madeleine fut fière de montrer ses roses à cette fillette âgée de six ans à peine, aux cheveux d'un noir ébène d'une longueur impressionnante, un peu fins, mais tellement brillants même sans la luminosité du soleil. Si j'avais fait partie de la vie de Marie à cette époque-là, j'aurais adoré essayer d'attraper des mèches de cette chevelure qui descendait jusqu'au bas de son dos plutôt que de tirer sur sa robe avec mes petites dents acérées pour jouer avec elle.

Madeleine admira la tenue de cette enfant au teint très clair et aux grands yeux couleur noisette qui dominaient son si joli visage aux pommettes saillantes.

D'ailleurs, un matin, en Bretagne, sa mère, Édith, impressionnée par les yeux de sa fille (on ne sait pas pourquoi, à un moment précis, une chose que l'on voit pourtant tous les jours, vous paraît plus belle, différente), lui avait dit d'un ton admiratif : « tu as des yeux tellement grands qu'ils te mangent tout ton visage ! ». Marie apeurée avait immédiatement posé ses petites mains potelées sur ses joues pour vérifier la véracité de cette déclaration. Édith avait alors éclaté de rire devant la cocasserie de la situation. Il était si mignon, son bébé, avec ses couettes et son air complètement ahuri.

Ce jeudi-là, Marie portait une robe rouge toute droite jusqu'aux genoux avec de petits motifs blancs. La forme de ce vêtement, acheté dans une boutique chic de Paris, était vraiment ravissante et le tissu assurément de très bonne qualité. Aux pieds, elle portait de belles chaussures blanches en vernis agrémentées de socquettes de la même couleur. Le tout n'était pas très adapté pour manipuler la terre ou un arrosoir. Madeleine prit donc l'initiative d'installer cette poupée vivante sur une chaise en osier, de lui attacher un grand torchon en lin autour du cou avant de lui offrir un morceau de gâteau qu'elle avait conservé au frais dans son petit placard et de lui raconter des histoires.

Cette scène, Marie la revivra bien souvent et pendant des années, le torchon en moins, cela va de soi. Plus tard, les deux complices ne se contenteront plus de rester toute l'après-midi dans le jardin. Elles prendront le bus ou le métro pour faire du shopping, iront boire une menthe à l'eau à la terrasse d'un café appelé « au bon vivant » tout en mangeant un Napolitain, succulent gâteau au chocolat acheté dans la petite supérette du coin.

Ironie de l'histoire : Madeleine née dans une famille provinciale bourgeoise et très riche se retrouvait maintenant à faire ses courses dans les supermarchés du 93 alors qu'Édith, née de parents paysans et ouvriers, fréquentait désormais les plus grandes enseignes des Champs Élysées et pouvait offrir à sa fille tout ce qu'elle désirait : la vie réserve bien des surprises ! Lorsque son compagnon mourut, Madeleine n'en parla presque pas. Elle se plaignit à peine. Rien ne devait changer dans ses habitudes de vie. Elle déclara simplement :
— Maintenant, je vais juste avoir un peu plus de travail, comme cela, je penserai moins, c'est aussi bien.

Tout continua donc comme avant. André venait aider Madeleine le plus souvent possible ; Marie accompagnait son grand-père tous les jeudis après l'école et, quelquefois, le samedi lorsque sa mère Édith avait du travail ou qu'elle n'y voyait pas d'inconvénients.

Marie avait le droit de faire du vélo dans l'impasse, peu fréquentée, et d'amener des jouets ou jeux de société pour ne pas s'ennuyer, ce qui n'arrivait jamais.

Madeleine, durant les dix années suivantes, accepta malgré la réserve qui la caractérisait de lui parler un peu de son enfance et de son parcours bien chaotique, mais si passionnant. Elle lui dévoila quelques secrets de sa vie et surtout elle trouvait toujours quelque chose à dire ou à faire pour amuser cette enfant qui était devenue le soleil de son existence.

Née en 1898, ce qui impressionnait toujours beaucoup Marie, Madeleine était la fille unique d'un couple de bourgeois du centre de la France. Ils vivaient en pleine campagne dans une très grande maison de maître dominée par une magnifique grille noire entourée de glycine. Composée de 3 étages accessibles par un magnifique escalier central orné de moulures, entourée d'un parc paysagé de plusieurs hectares, la demeure inspirait l'opulence. La mère de Madeleine n'avait pour seules tâches que de gérer les domestiques, organiser les réceptions envisagées par son époux et dompter sa fille Madeleine au caractère bien trempé et déjà très indépendant. Madeleine se serait très bien entendue avec Édith si celle-ci n'avait pas érigé au fil des ans une barrière entre elles et si elle ne s'était pas évertuée soigneusement à l'éviter. Toutes les pièces de la maison étaient raffinées et arrangées avec goût. Le personnel était chargé de veiller, à chaque instant, à ce que tout soit impeccable, propre, accueillant et prêt à recevoir comme il se doit n'importe quel individu amené à rendre visite à cette famille connue dans tout le comté.

À l'automne, le père de Madeleine organisait des parties de chasse réputées dans toute la région et la maison regorgeait de personnes plus riches les unes que les autres. Madeleine savait monter à cheval, mais n'aimait pas tuer les animaux. Elle ne chassait donc pas avec les convives, mais aimait parcourir la campagne avec ses chiens, soit sur sa jument, soit sur son vélo, acquisition de ses parents pour son anniversaire et dernier modèle mis en vente sur le marché. Rien n'était trop beau pour leur fille unique ni les robes et accessoires à la mode ni les dernières inventions prisées à Paris.

Pourtant, Madeleine avait des goûts simples. Contrairement à ce que pensaient son père et sa mère, elle aurait pu se contenter de peu, mais n'osait pas leur déplaire. Elle évitait de les contrarier, pas parce qu'ils étaient des parents sévères, ils étaient tout le contraire, mais parce qu'ils ne méritaient pas d'être déçus ni chagrinés par elle.

Grâce à une préceptrice à demeure, venue tout droit du Yorkshire, à l'est de l'Angleterre, chargée de son éducation et de sa scolarité, Madeleine était devenue, en plus d'être intelligente, une jeune fille très cultivée.

Le matin, après un petit déjeuner copieux, elles s'installaient toutes les deux dans un petit salon qui leur servait de salle de classe, fermé à clé pour n'être dérangées de personne. Le plus souvent, au bout de deux heures de cours, Madeleine commençait à ne plus pouvoir rester en place.

Mademoiselle Wendy, comme elle s'appelait, prenait alors la décision de varier ses cours en l'emmenant dans le jardin pour une leçon de botanique ou suivant le temps et après avoir demandé la permission à la cuisinière d'utiliser ses quartiers, l'installait dans la cuisine, pour confectionner un plat typique de son pays.

Autant vous dire que Madeleine priait à chaque fois avec ferveur pour que le ciel soit au beau fixe et lui épargne ce supplice.

Cette jeune anglaise, d'une vingtaine d'années, plutôt

quelconque, ne désespérait pas de séduire les habitants de cette maisonnée avec ses mets « so british » : tourte au bœuf, gelée au melon ou à la menthe suivant la saison, pudding… (Quelle horreur, moi, j'aurais préféré me réfugier sous le buffet de la salle à manger que d'ingurgiter pareille nourriture !).

Elle fut partie que personne n'avait prononcé la phrase tant espérée : « c'était vraiment délicieux, Wendy », ou plus exactement : « It's so delicious, Wendy ! ». Seuls les œufs brouillés au bacon et le crumble aux pommes du verger remportèrent un léger succès.

Madeleine garda toutefois un très bon souvenir de cette jeune femme élégante, raffinée, douce et surtout très patiente. Grâce à elle, elle avait appris, entre autres choses, à maîtriser cette langue si particulière qui allait lui permettre de pouvoir se débrouiller parfaitement, des années plus tard, partout dans le monde et notamment dans cette magnifique ville de Londres, chère à son cœur.

De son séjour dans cette capitale anglaise, Madeleine ne racontera pas grand-chose à Marie sinon que ce fut une période très heureuse de sa vie. Des coupures de journaux conservées précieusement dans une boîte en fer par André la révèlent effectivement très joyeuse et épanouie, en train de jouer au Volley, au golf ou au cricket. Hébergée chez l'habitant, Madeleine aimait leur confectionner de petits plats typiques français qu'ils affectionnaient tout particulièrement (rien d'étonnant) bien qu'elle ait souvent du mal à trouver les ingrédients nécessaires pour réaliser les fameuses recettes.

Ses hôtes furent très surpris de savoir que les dons culinaires de leur invitée ne s'arrêtaient pas à la cuisine de son pays d'origine, mais qu'elle connaissait également parfaitement « la tambouille » anglaise. Mille mercis donc à Mademoiselle Wendy qui permit à Madeleine une parfaite intégration dans ce pays étranger et «si étrange ». De ses autres voyages, Marie n'en sut pas davantage. Madeleine n'évoqua ni la peine qu'avaient ressentie ses parents à laisser partir leur unique enfant pour des contrées lointaines ni ses difficultés à s'adapter à d'autres univers que le sien.

Ce n'est que bien plus tard, lorsque Madeleine fut alitée par une grippe persistante, que Marie en sut plus sur le parcours de son amie qu'elle appelait « sa seconde mère », malgré les remontrances d'Édith.

Marie aurait tant aimé avoir un portable à cette époque pour pouvoir enregistrer les histoires contées par Madeleine et par son grand-père, André, mais les premiers magnétophones, accessibles pour tous, n'apparaîtront véritablement qu'en 1980. Madeleine quittera cette terre à l'automne de cette même année. André, lui, disparaîtra, dans sa quatre-vingt-neuvième année, peu après la naissance de son arrière-petit-fils.

Lorsque Marie acheta son premier caméscope, dans les années 90, elle n'arrêta pas de filmer André avec son fils. Des images touchantes, pleines d'émotions qui resteront au chaud, soigneusement stockées dans un carton qui la suivra au gré de ses nombreux déménagements.

Impossible pour elle de regarder ces souvenirs qui vous blessent comme des lames de rasoir et qui vous font venir les larmes aux yeux. Marie était lâche, elle le savait. Peu importe, André était dans son cœur. Il était incontestablement une partie d'elle-même et il en serait ainsi jusqu'à la fin de ses jours.

Tous deux, avec Madeleine, avaient écrit une page de son histoire, vécu à des périodes qui lui paraissaient tellement lointaines et pourtant si proches à la fois. De tout cela, il ne resterait rien ou presque, que son amour inconditionnel pour ces deux êtres.

Quand on est jeune, on ne s'intéresse pas à ce que peuvent raconter les personnes plus âgées. On trouve cela « ringard ». On préfère s'attarder sur le présent : « c'est plus in ». On se dit qu'ils finiront par nous les dire à nouveau, plus tard sauf que plus tard c'est souvent trop tard. Alors, on fait des efforts pour se souvenir, mais rien ne vient ou peu de choses. Et l'on regrette. On regrette tellement cette mémoire perdue à jamais. Ne restent que des photos noir et blanc qui en savent long, mais qui resteront muettes pour toujours.

Madeleine avait conservé peu de photographies de son enfance et de son adolescence. Elle n'en montra que quelques-unes à Marie qu'elle garda gravée dans sa mémoire : une de la maison familiale avec son beau vélo tout neuf posé devant le perron, une de son équipe de Volley à Londres, une d'elle à son bureau dans son entreprise à Paris, et enfin une photographie d'une fillette assez jeune, vêtue d'une jolie robe blanche en dentelle sur laquelle son amie resta très évasive. Était-ce une sœur qui n'aurait pas survécu à une maladie infantile, une enfant qu'elle aurait eue avec son mari ?

L'hiver 1978 fut particulièrement dur. Marie se dirigeait à grands pas vers l'adolescence. Elle se rendait maintenant parfaitement compte qu'il devenait inhumain, voire impossible, de laisser une personne de plus de quatre-vingts ans dans une cabane chauffée uniquement par un vieux poêle.

André et la jeune fille se relayaient pour lui faire ses courses et le médecin était déjà venu deux fois cette année-là : Madeleine ne guérissait pas. Ces derniers temps, son amie avait changé : elle s'ennuyait et guettait avec de plus en plus d'impatience la moindre visite.

À cette époque, Marie vivait une belle et intense histoire avec son premier amour, Rémi, de trois ans et demi son aîné, ce qui n'était pas pour plaire à Édith, loin de là.

Madeleine avait beau dire à Marie qu'elle ferait mieux de passer son temps libre avec son petit ami plutôt qu'avec une vieille dame fatiguée et aigrie, c'est avec anxiété et tristesse qu'elle appréhendait le moment de la voir partir.

Un matin, André annonça à Marie, qu'une décision venait d'être prise : Madeleine irait vivre, dès ce jour et tous les prochains hivers, dans un appartement qu'elle possédait à Paris, dans le 9ème arrondissement, rue Papillon. Ce fut une vraie surprise pour Marie, qui pensait connaître l'essentiel de la vie de Madeleine, de découvrir que son grand-père, finalement, savait davantage de choses sur son amie qu'il ne le laissait paraître. Marie ignorait tout de l'existence de cet appartement.

Lorsque Madeleine alla un peu mieux, Marie décida de lui rendre visite. Elle prit donc le métro un début d'après-midi jusqu'à la station « Poissonnière ». Elle traversa ensuite la rue de Paradis (était-ce un signe ?), parsemée de magnifiques boutiques de vaisselles où aimaient venir les futurs mariés pour y déposer leur liste de mariage, puis arriva enfin jusqu'à la rue où habitait dorénavant son amie.

Bien après le décès de Madeleine et après la vente de cet appartement, Marie y retourna à deux reprises : une fois pour y accompagner sa mère qui voulait absolument acheter un beau service en porcelaine bleue pour ses repas familiaux, une autre fois pour accompagner son fils Thomas a une audition dans une société de casting installée dans la même rue.

La rue Papillon quant à elle était une toute petite rue avec de nombreux magasins de tous types : un boulanger à l'angle, un marchand de vêtements, un minuscule café pour les habitués du quartier et plus loin encore une boutique de décoration. En résumé, ce que l'on appelle communément une voie commerçante.

L'immeuble sur rue était typiquement parisien. Composé de quatre « vrais étages » et d'un cinquième destiné aux chambres de bonnes, il donnait sur une cour minuscule, pavée, menant à un deuxième bâtiment, plus petit, occupé par un laboratoire d'analyses médicales et par un professeur de violon et de piano au premier étage ce qui donnait un charme tout particulier à cette copropriété.

Quand Madeleine avait acheté l'appartement, dans les années quarante, il y avait au rez-de-chaussée sur rue un boucher qui accrochait ses quartiers de viande au plafond afin que les rats ne puissent pas les dévorer. Cette boutique aurait été, pour moi, l'équivalent de ce qu'était une boutique de déstockage de chaussures pour ma maîtresse, en résumé « Le rêve ». Madeleine expliqua à Marie que, malgré cela, ces maudites bestioles réputées pour être particulièrement intelligentes, arrivaient tout de même à y grimper pour se nourrir : « quelle horreur ! ». Une gardienne d'origine portugaise habitait dans une minuscule loge constituée d'une seule pièce. Celle-ci veillait avec beaucoup de dextérité sur tous les habitants et leurs biens propres. Pas question de laisser un papier par terre, de mal refermer les poubelles ou la porte d'entrée sinon elle mordait, aussi fort qu'un pitbull. Malgré leur amour pour les animaux et sa dévotion presque excessive, les occupants lui auraient bien mis parfois une muselière.

Madeleine habitait donc maintenant son petit appartement, type F2 situé au troisième étage du premier immeuble. On le découvrait grâce à une petite entrée qui permettait d'isoler la pièce principale du bruit de l'escalier.

Plus tard, lorsqu'elle en héritera et avant d'y emménager, Marie changera la porte en bois d'origine par une magnifique porte blindée dernier cri, le modèle le plus sophistiqué existant pour l'époque, avec ornières et points d'ancrage dans les murs, payée une véritable petite fortune, et offerte gentiment par son grand-père André : « INVIOLABLE » d'après le vendeur ! Sauf que les voleurs, eux, ne le savaient pas. Fervents adeptes du salon du bricolage, ils n'auront visiblement aucun mal à la forcer en plein jour, à trois reprises, en l'espace de quatre années. La première fois, la porte sécurisée fut fracturée grâce à un minuscule petit parapluie de quatre centimètres environ, achetable dans n'importe quelle droguerie. Il suffisait simplement de l'introduire délicatement dans la serrure et de le tourner légèrement dans le sens des aiguilles d'une montre pour déverrouiller le système de fermeture. Ce simple geste délicat et ce petit ustensile endommagent définitivement et irrémédiablement la serrure qui est donc à changer entièrement après la visite de ces petits malins très informés des nouvelles technologies. On ne devrait plus les surnommer « Voleurs ou cambrioleurs », mais plutôt « Techniciens du vol ou spécialistes du cambriolage » ce serait plus noble et plus juste. Au vingt et unième siècle, on aime bien donner des noms recherchés : on ne dit donc plus femme de ménage, mais « Technicienne de surfaces », on ne dit plus secrétaire, mais « Assistante » … « comme si cela changeait quelque chose à la réalité des choses » comme dirait André. La dernière fois qu'elle se présenta au commissariat, Marie ne fut pas étonnée lorsque le policier qui la reçut à son bureau la reconnut de suite et l'appela par son nom. Il avait l'air bien brave et sympathique, mais semblait complètement désabusé.

— En général, les gens viennent porter plainte pour vol à l'arrachée ou cambriolage dès le début de la troisième semaine du mois, car les drogués du quartier n'ont plus d'argent et sont aux abois à ce moment-là. Vous devez être encore plus vigilante pendant cette période ! lui conseilla-t-il.

C'était un peu comme s'il lui disait : « Aujourd'hui, il va faire très beau, vous allez pouvoir faire une longue promenade avec votre chien » sauf que là, ce n'était pas vraiment une partie de plaisir. Si bien que trois ans après son installation, il n'y avait plus rien à voler dans l'appartement de Marie. Les seuls objets de valeur, deux magnifiques vases chinois blanc et bleu ciel ainsi que l'argenterie, hérités de Madeleine, avaient disparu lors de la première effraction.

Les accrocs aux drogues diverses, à l'origine de nombreux larcins dans cet arrondissement de Paris, recherchaient surtout soit des bijoux, soit de l'argent, au pire des objets pouvant être revendus facilement. Marie ne laissa donc plus rien de tout cela « à disposition ». Il ne restait que le minimum pour vivre décemment, rien de plus, rien de moins.

Elle redoutait cependant que, par déception, et faute d'avoir trouvé de quoi se payer leurs doses quotidiennes, ils ne saccagent entièrement les meubles ou objets divers comme cela était très souvent le cas malheureusement. Elle aimait tant cet appartement. Il lui rappelait tellement Madeleine, son amie, sa confidente.

Dans la salle à manger, très lumineuse grâce à deux grandes fenêtres donnant sur la cour, se trouvaient uniquement une table rectangulaire et quatre chaises en hêtre massif avec assise en paille paysanne, un énorme buffet et une ravissante vitrine du dix-huitième siècle avec des moulures dorées. Le papier peint vieillot, certes, mais encore en bon état, donnait un côté cosy à l'ensemble. Pas de cadres, ni autres décorations quelconques (miroirs, étagères…) rien de tout cela. À gauche, une ouverture laissait entrevoir une petite cuisine carrée avec tout au fond une cheminée imposante, qui occupait à peu près un tiers de la pièce. Là aussi, un minimum de meubles pour un maximum de fonctionnalité. Les murs étaient d'un beige très clair et le buffet, peint de la même teinte, semblait se fondre littéralement dans le décor, comme un trompe-l'œil.

À droite, une autre porte menait à la chambre à coucher dont le parquet penchait légèrement à force d'avoir travaillé avec le temps. Un grand lit, deux petites tables de nuit et une immense armoire joliment sculptée occupaient l'espace. Un cadre avec la photo des parents de Madeleine trônait au-dessus de la tête de lit, un plafonnier année 30, en verre tinté beige-jaune et métal, illuminait la pièce assombrie par tant de meubles de couleur foncée. Pour se laver, un tout petit espace avait été créé à côté de la cuisine, juste de quoi mettre des sanitaires et un évier blanc de forme octogonale en céramique. Par les fenêtres entrebâillées, on pouvait entendre le son d'un violon ou d'un piano qui exprimait sa tristesse d'être manipulé par une personne novice.

Marie allait plus tard, lorsqu'elle occuperait à plein temps ce logement, soit profiter de grands moments de grâce, soit se boucher les oreilles avec ses mains avant de courir à toute vitesse pour fermer les carreaux du salon.

Lors de sa première visite, Marie trouva Madeleine plutôt reposée et fut très contente de la retrouver ainsi. La dernière fois qu'elle l'avait vue remontait à environ un mois. C'était dans son jardin, et son amie avait alors une triste mine. L'hiver semblait plus supportable pour elle ici que dans sa jolie petite baraque, même si elle la regrettait amèrement. Elle ne savait pas encore qu'elle ne pourrait y retourner qu'un seul été, sa santé déclinant de mois en mois.

Malgré le soleil qui irradiait d'une lumière intense son terrain et la tiédeur d'une saison qui s'annonçait très agréable, elle semblait lasse, tourmentée comme si vieillir était devenu un luxe qu'elle ne pouvait plus se permettre.

Un matin du mois de juillet, André avait trouvé Madeleine en robe de chambre, les cheveux hirsutes et complètement paniquée dans le potager. Elle n'avait pas dormi de toute la nuit, car elle avait entendu, disait-elle, des bruits étranges près du cabanon. Ce n'était pas la première fois qu'elle avait peur la nuit, mais là, c'était différent. André dut appeler le docteur qui lui fit immédiatement une piqûre pour la calmer. Il conseilla à André de la ramener sur Paris où son amie, Madame Yvonne RUTY, qui habitait dans son immeuble, pourrait veiller sur elle chaque jour.

De toute façon, Madeleine ne voulait plus rester dans son jardin, car elle pensait qu'on la surveillait, pire qu'on l'espionnait et qu'on voulait la tuer. André en était convaincu, cette peur panique ne partirait pas, il fallait donc prendre rapidement les dispositions nécessaires. Elle ne revint plus jamais chez elle.

Madame RUTY habitait un cinq pièces, somptueux, de plus de cent vingt mètres carrés qui occupait tout le premier étage de la rue Papillon. Elle était à peine plus jeune que Madeleine, mais, contrairement à elle, était en parfaite santé et ne faisait pas du tout son âge.

C'est elle qui avait permis à Madeleine de pouvoir acheter son deux pièces peu avant la fin de la guerre, à son retour de Suisse (un véritable exploit), et c'est elle aussi qui avait aidé sa propre fille, célèbre critique gastronomique, à acquérir tout le dernier niveau de l'immeuble, à un prix défiant toute concurrence. Pas de doute, elle était douée en affaire. Si elle avait travaillé au lieu d'être une mère au foyer bourgeoise, elle aurait fait une belle carrière, à n'en pas douter.

Elle était heureuse que Madeleine vienne s'installer définitivement à Paris, car sa fille était très souvent en déplacement. Ainsi, les deux copines pourraient se tenir compagnie, se changer les idées, sortir, faire les boutiques ou aller au cinéma, si la santé de Madeleine le permettait bien entendu.

Lorsque Marie venait rendre visite à Madeleine, environ une fois tous les quinze jours, quand ses études ou son copain ne l'accaparaient pas trop, elle avait pris pour habitude de s'arrêter d'abord au premier étage. Mme RUTY lui offrait toujours un café avec des petits gâteaux secs et lui racontait ensuite comment allait leur amie commune ce qu'elle avait fait durant son absence et parfois, lui parlait de leur passé. C'était devenu un rituel qui était loin de déplaire à la jeune fille.

Mme RUTY, elle aussi, avait peu d'éléments concernant l'enfance de Madeleine. Elle l'avait rencontrée lorsqu'elles étaient toutes jeunes, à son retour de Londres, dans une boutique du 17ème arrondissement où elles avaient craqué toutes deux pour la même robe, signe d'une amitié qui allait durer environ un demi-siècle.

Elles avaient fréquenté les mêmes bals, les mêmes garçons et étaient devenues très complices dès cette époque, dans les années vingt puis trente. Une amitié sans faille qui perdurerait jusqu'au décès de Madeleine. Marie resta en contact avec Madame RUTY jusqu'à ce qu'elle s'éteigne à son tour.

Une page de son enfance et de son adolescence se referma alors. Il fallut bien se faire à cette idée : les humains naissent, vivent, aiment, souffrent et meurent un jour, c'est malheureusement la dure réalité de la vie. Leur seule chance de survie est celle de rester dans la mémoire de ceux qui les ont aimés.

« Tout est incertain dans la vie ; il n'y a de certain que la mort »

(Alexander POPE)

On pense toujours que les êtres que l'on aime sont éternels. On n'imagine pas qu'ils puissent nous quitter un jour, comme ça, sans rien dire, surtout en le décidant, tout simplement.

Lorsqu'André avait dit à Marie un samedi soir, à 89 ans, peu de temps avant sa mort :

— Je suis fatigué de vivre, je voudrais mourir ! Elle n'avait pas compris comment cet homme si heureux d'être arrière-grand-père, si attentionné avec son fils, si entouré par ses enfants pouvait parler ainsi. Elle n'avait pas cherché à en discuter avec lui, surtout pas. Marie détestait affronter la réalité, pire, elle la fuyait. Elle l'avait simplement grondé comme elle le faisait avec moi lorsque, chiot, j'avais fait une grosse bêtise, comme manger sa paire de chaussures préférée par exemple (sacrilège suprême). En fait, elle préférait se voiler la face et ne pas penser à l'inévitable qu'elle imaginait encore lointain. Des explications l'auraient mise face au miroir, reflet de son futur désarroi. Il n'en était pas question d'autant que quelques années plus tôt, elle avait vécu une situation presque semblable : Madeleine l'avait quittée soudainement, alors qu'elle pensait que tout allait bien, qu'elle allait mieux. Ce décès soudain et « souhaité » allait la marquer à jamais.

Sa seule expérience avec la mort, Marie l'avait vécue avec le conjoint de sa grand-tante, la sœur cadette d'André, lorsqu'elle n'avait que quatre ans et demi.

Léonie, baptisée « tata Cocottes » par son grand-père lorsqu'elle était enfant, avait rejoint ses frères André et Alexandre pour travailler chez un maraîcher concurrent, Monsieur GREVOT. Celui-ci était marié et père d'une fille prénommée Victoire.

D'après ce qu'André avait raconté à Marie, cet homme n'aimait plus sa femme depuis longtemps (si toutefois, il l'avait aimée un jour) et il s'était très vite épris de cette jeune employée nivernaise, sérieuse, grande et de stature imposante, aux cheveux châtain clair et aux yeux d'un bleu couleur ciel. Sa femme avait si bien accepté la situation, que les deux tourtereaux s'étaient installés dans la chambre du premier étage tandis que l'épouse légitime avait emménagé dans celle du rez-de-chaussée de la maison familiale afin de ne pas déranger leur intimité (et la sienne par la même occasion). Tout ce petit monde cohabitait en parfaite harmonie et intelligence, sans animosité aucune, ni jalousie. C'est donc tout naturellement que Marie allait leur rendre visite régulièrement avec son grand-père, André, qui habitait juste en face de leur maison.

Quand Monsieur GREVOT mourut, il fut installé en bas, dans la chambre de sa femme, et allongé sur le lit dans l'unique costume qu'il possédait.

La petite Marie, qui l'aimait bien, insista pour le voir une dernière fois et lui faire un bisou d'adieu. André, las d'entendre ses supplications, finit par capituler. Lorsqu'elle pénétra en silence dans la pièce, elle demanda à son grand-père pourquoi il dormait tout habillé et pourquoi il était si froid ? Elle ne comprenait pas pourquoi il n'était pas en pyjama ! André lui raconta qu'il devait s'en aller pour un très long voyage et qu'elle ne le reverrait jamais, du moins pas sur cette terre. Il devait être beau pour se présenter devant Dieu et accéder au paradis, là où vivent les anges. Il lui expliqua ensuite que, lorsque l'on était très sage (cela commença à l'inquiéter un peu, moi, j'aurais déjà fait « profil bas » et mis mon museau entre mes pattes), le bon Dieu nous accueillait les bras ouverts et nous invitait à retrouver toutes les personnes que l'on avait aimées, y compris les animaux (cela devait en faire du monde !). Légèrement rassurée, avant de partir, elle effleura furtivement la main du mort sans qu'André ne s'en aperçoive, comme pour s'assurer qu'il était vraiment parti. Ce fut le cas.

Quelques semaines plus tard, la fillette fut très surprise de trouver dans la salle à manger de leur maison deux grands lits installés de part et d'autre de la pièce. Sa grand-tante Léonie et mémé GREVOT, devenues « veuves », âgées et de santé fragile, avaient décidé de parer à toutes les difficultés en facilitant au mieux leur cohabitation. Elles pourraient ainsi se mouvoir plus facilement, parler à loisir et se tenir compagnie.

Marie venait souvent les voir, quand elle n'avait pas école ou le soir avant d'aller dîner, car elle n'avait qu'à traverser la rue.

Elle jouait à côté d'elles, les peignait, leur faisait leurs chignons, leur nettoyait le visage avec un gant de toilette et du savon qui sentait bon la lavande. Quand elle était en forme, tata Cocottes lui préparait des pommes au four pour le goûter, plat délicieux et simple à préparer pour cette femme déjà bien fatiguée.

Ce fut elle qui partit la première rejoindre son amoureux dans le ciel. Elle avait fait un malaise un soir et Victoire, la fille de madame GREVOT, était venue chercher André en catastrophe. Le médecin était arrivé rapidement, mais il n'y avait déjà plus rien à faire. Les tentures de deuil en velours noir furent posées sur le portail de la maison : Léonie était partie en voyage sans doute rejoindre ses poules et Marie ne la reverrait plus jamais.

Mémé GREVOT ne survécut que quelques jours à celle qui était devenue une présence indispensable. Les tentures noires furent à nouveau installées sur la porte.

Tous les biens appartenant aux deux femmes furent triés et distribués aux membres de leur famille désireux de garder des souvenirs d'elles.

La petite fille fut fascinée par tous ces objets, vêtements et morceaux de tissus (draps, serviettes, nappes…), accumulés durant toute une vie, qu'il fallut trier et mettre dans des cartons. Pendant quelques heures, elle s'imagina être une marchande dont la boutique regorgeait de véritables trésors sans pour autant exprimer le moindre signe de son bonheur intérieur. Dans la cave, André retrouva, empaillés et poussiéreux, tous les chiens qui avaient vécu à un moment donné dans cette famille. Un héritage impressionnant dont

Victoire GREVOT ne savait que faire. Édith refusa tout net que son père les ramène à la maison : elle les aurait sans doute pris s'ils avaient été vivants, mais là, il n'en était pas question ! Des photos d'Édith petite avec les chiots de la dernière portée furent confiées à André ainsi que d'autres images du terrain lorsque les vaches et les moutons broutaient encore dans le champ jouxtant la maison.

Dans les années soixante-dix, la ville était en pleine mutation, les maraîchers furent expulsés et la maison d'André fut préemptée, tout cela pour laisser place à des HLM de dix-huit ou vingt étages, logements, quoiqu'on en dise, fort confortables et bien conçus, mais totalement inaptes à la socialisation et à la communication entre les êtres.

Marie avait à peine neuf ans, une page heureuse de sa vie allait se tourner inexorablement, mais elle ne le savait pas encore. Elle ne demanda jamais à son grand-père si ses parents étaient au courant de la vie « dissolue », ou plus exactement peu commune, de leur fille cadette, Léonie. Ni s'ils étaient au courant que sa grand-mère, Agathe, était enceinte d'un mois le jour de son mariage avec lui ?

André était ce qu'on appelle un homme bon et ouvert d'esprit. Marie ne fut donc pas étonnée qu'il toléra le choix de vie de sa sœur préférée avec autant de légèreté et de naturel. Il avait bien accepté que sa propre fille soit mère célibataire sans penser une seconde à la bannir et à la mettre à la porte de chez lui. Durant toutes les années passées à ses côtés, elle ne l'entendit jamais dire du mal de qui que ce soit. Il lui arrivait parfois de se lâcher et de faire quelques petites remarques légèrement sarcastiques à propos d'une situation particulière ou sur certaines personnes, mais elles étaient toujours drôles, jamais méchantes. Dans ces moments-là, elle aimait voir son magnifique sourire plein de charme qui dévoilait ses très belles dents, fausses certes, mais belles tout de même.

Quand il n'aimait pas quelqu'un, il préférait rester silencieux : était-ce mieux ? Était-ce pire ? En tous cas, pour Marie, cela était significatif de sa grande intelligence et de son immense bonté. Son dicton préféré était : « ne fais pas aux autres, ce que tu n'aimerais pas qu'ils te fassent ! ». Plus tard, celui-ci sera repris à de nombreuses reprises par sa petite fille et par sa progéniture.

Bien après la mort de Léonie, Édith et Marie continuèrent à fréquenter de façon assidue Victoire GREVOT, son mari et leurs quatre enfants, qu'ils considéraient véritablement comme des membres de la famille, des cousins en quelque sorte.

Édith était la marraine de leur fils aîné et Marie celle du petit dernier (peu importe les liens du sang, c'est l'amour et l'affection qui comptent. Moi, je n'ai bien qu'une famille : mes maîtres, même s'ils ne sont pas à l'origine de mon existence).

Après réflexion, Marie aurait bien aimé que Madeleine lui parle, comme André avait tenté de le faire avant de tenter l'irréparable. Elle aurait voulu qu'elle prenne le temps de lui expliquer pourquoi, ce jour-là précisément, elle avait décidé d'en finir avec la vie ? Était-elle plus fatiguée, plus déprimée que les autres jours ? Qu'est-ce qui avait bien pu la décider à passer à l'acte ? Et pourquoi de cette façon : en s'ouvrant les veines ? Comme si le sang écoulé sur le carrelage de la cuisine pouvait enlever tout le mauvais, tout ce qui vous torture, tout ce qui vous détruit semaine après semaine, heure après heure, seconde après seconde tout à l'intérieur. Pourquoi, en se levant ce matin-là, a-t-elle décidé qu'elle ne mangerait plus ce qu'elle aime tant, qu'elle ne verrait plus les oiseaux voler dans le ciel bleu azur ni les couleurs de l'automne dans les arbres, qu'elle n'entendrait plus le chant du violon du professeur d'en face pleurer une mélodie à vous couper le souffle ni les dernières nouvelles à la radio ? Pourquoi est-ce soudain devenu trop dur de vivre, de respirer, d'aimer, de haïr, de lutter ? C'est tellement injuste et douloureux pour ceux qui restent. Marie n'arrivait pas à enlever toutes ces questions de sa tête. Tout était arrivé de façon si inattendue à moins qu'André ne lui ait pas tout dit.

Ce fut lors de ses vacances d'automne, dans la Nièvre, avec sa mère et son grand-père, qu'un télégramme de Madame RUTY les avait informés de ce qui venait d'arriver. Elle avait trouvé Madeleine allongée, sur le sol, en fin de matinée. Elle était encore en chemise de nuit, les cheveux lâchés, et avait un couteau dans sa main droite. Elle respirait à peine. Yvonne RUTY avait immédiatement appelé les pompiers qui l'avaient transportée sans délai à l'hôpital le plus proche, toujours inconsciente. Après avoir lu le papier jaune, Édith n'avait pas hésité une seconde devant le désarroi de sa fille et la stupeur de son père à interrompre ses congés pour rentrer sur Paris. Le temps de faire les valises et de prévenir les amis qui les hébergeaient et tout le monde monta dans la voiture pour faire le trajet en sens inverse.

Il était trop tard pour aller voir Madeleine lorsqu'ils arrivèrent à la maison et c'est morte d'inquiétude que Marie passa la nuit qui la séparait de son amie. Sa mère lui avait promis qu'elle les conduirait à Lariboisière, dans le 10ème arrondissement, là où était hospitalisée Madeleine, dès le lendemain matin. Elle tint parole. Dans la nouvelle Peugeot d'Édith, personne ne prononça un seul mot. L'atmosphère était pesante et les minutes interminables. Arrivée rue Ambroise-paré où se trouvait le vieil établissement de l'Assistance Publique du XIXe siècle, Marie fut impressionnée par ce bâtiment inscrit depuis 1975 « Monument Historique », d'aspect typiquement haussmannien. La façade, ornée de trois statues représentant les vertus théologales : la Foi, la Charité et l'Espérance, était parsemée de grandes fenêtres qui laissaient supposer que le tout était clair et lumineux. Il n'en était rien.

Tout parut lugubre, triste et délabré à cette jeune fille de quinze ans, amoureuse et dans la force de l'âge, qui se serait bien volontiers imaginée ailleurs en cette belle journée du mois de novembre. La foi était présente, l'espérance ardente, mais la charité accordée ne ressembla en rien à l'idée que s'en faisait Marie. André rencontra, d'abord seul, le médecin chargé de soigner Madeleine. Celui-ci lui résuma la situation à savoir que Madeleine avait attenté à ses jours avec la ferme intention de mourir et qu'elle ne pouvait désormais plus vivre seule, les « chances » de récidives étant trop importantes. Il fallait donc soit envisager un hébergement dans un environnement familial, ce qui était impossible puisqu'elle n'avait ni enfants ni frères et sœurs, soit un placement dans une maison de retraite, ce qui n'était guère plus envisageable étant donné sa situation financière plus que précaire.

À ces mots, André se sentit devenir tout blanc. Le sol sembla s'effondrer sous ses pieds. Comment allait-il annoncer à Marie la terrible nouvelle ? Quelle décision fallait-il prendre ?

Laisser Madeleine, ici jusqu'à ce qu'ils la mettent dehors ? Chercher avec les services sociaux un mouroir où elle attendrait patiemment la fin d'une vie riche et utile pour ceux qui l'aimaient ou l'appréciaient ? Il fut sauvé de sa torpeur par le docteur qui appela une infirmière afin de lui demander de les conduire tous trois jusqu'à l'endroit où se trouvait leur amie. Ils la suivirent donc silencieusement dans un immense couloir jusqu'à une porte qui parut gigantesque à Marie. Comme si, juste derrière, se trouvait la plus affreuse des révélations, le plus grand des cratères, la plus crue des vérités.

L'obstacle franchi, et malgré une grande inspiration, Marie fut prise de malaise. Elle lança un regard désespéré à sa mère qui fut incapable de prononcer la moindre parole réconfortante. Édith ne put que lui murmurer à l'oreille :

— Ne pleure pas, surtout ne pleure pas, il ne faut pas qu'elle te voie triste !

Devant eux se trouvait une pièce rectangulaire d'une longueur impressionnante, comme si, ici, tout était démesuré, même le chagrin, avec de chaque côté d'une allée centrale une dizaine de lits où gisaient des individus, disons-le, pour la plupart, très très âgés, pour ne pas dire d'un âge canonique. Dans l'ensemble, ils devaient avoir plus de quatre-vingts ans ou alors, étaient si usés par la vie, qu'ils paraissaient beaucoup plus vieux qu'en réalité. Certains dormaient, d'autres gémissaient. L'odeur était pestilentielle, mélange de sueur, de sang, de parfums de mauvaise qualité et de médicaments. Le tout était peu éclairé, semblait hors du temps, coupé du monde comme si ces êtres allongés-là ne devaient plus jamais être vus de personne.

Madeleine apparut soudain, au bout de l'allée, allongée et

livide, tout à gauche, à proximité d'une fenêtre à petits carreaux. Son lit paraissait minuscule. Ses draps étaient salis par de multiples tâches rouge bordeaux. À côté d'elle, un grand sac en papier couleur coquille d'œuf renfermait les quelques affaires que les pompiers avaient pu prendre dans sa chambre à coucher juste avant de partir pour l'hôpital.

Marie eut à peine le temps de se cacher derrière André avant d'éclater le plus silencieusement possible en sanglots, la main devant la bouche, les yeux inondés de larmes, emmitouflée dans son écharpe en laine. Elle avait envie de vomir et priait en son for intérieur pour que Madeleine ne s'aperçoive de rien. Une douleur aiguë indescriptible commença à broyer son cœur et son estomac ; cette souffrance, elle la ressentirait malheureusement bien plus tard et à plusieurs reprises, avec la même intensité. L'adolescente réussit tout de même à sculpter un léger sourire sur son visage lorsque Madeleine lui tendit ses bras décharnés dont les deux poignets étaient recouverts de bandages d'une couleur indéterminée, oscillant entre l'orange et le marron foncé. Sa peau était d'une froideur impressionnante, son teint blême et ses cheveux mal coiffés lorsque Marie l'enlaça précautionneusement et avec amour. Un instant, elle se remémora le moment où enfant, elle avait frôlé la main de papi GREVOT qui était parti rejoindre les siens dans le ciel comme lui avait alors expliqué André avec toutes les précautions d'un grand-père attentionné, soucieux de ne pas perturber cette enfant si fragile qu'elle était alors.

Madeleine pleurait. Elle n'arrêtait pas de lui dire tout en soulevant frénétiquement son pauvre corps meurtri et en l'agrippant par la main :

— Je les entends parler de moi, la nuit, la journée, tout le temps. Ils m'ont pris mon passeport, je ne peux plus partir à Genève. Ils vont venir m'arrêter ; ils veulent me tuer, emmène-moi loin d'ici s'il te plaît, emmène-moi loin d'ici, je t'en prie !

Folle de rage, Marie s'était délicatement libérée de l'étreinte de son amie pour se diriger vers l'infirmière qui avait assisté, silencieuse, à la scène.

Du haut de ses quinze ans, elle lui dit le plus calmement, mais le plus fermement du monde :

— Je veux revoir le médecin qui la suit ! Comment peut-on la laisser ainsi dans des draps si crasseux avec des pansements si sales ? Ce n'est pas parce qu'elle est vieille qu'il faut la traiter ainsi, c'est un être humain pas un animal. En ce qui me concerne, je m'occupe mieux de mon chien (je confirme !) que vous ne vous occupez d'elle. C'est inadmissible ! Je veux revoir le docteur tout de suite ! »

Personne ne dit mot, ni la pauvre aide-soignante émue sincèrement par la détermination et la peine de cette jolie adolescente si juvénile et pourtant si mature ni les malades ni les rares amis ou parents venus leur rendre visite.

André dut attendre un bon quart d'heure avant d'être reçu à nouveau par le médecin. Celui-ci lui proposa dans un premier temps de déplacer Madeleine dans une annexe qu'ils avaient juste à côté de l'hôpital, et ensuite de rencontrer sa secrétaire qui lui indiquerait toutes les démarches à réaliser pour lui trouver, au plus vite, un bon établissement où elle pourrait se remettre sur pied.

C'est le cœur serré, après l'avoir rassurée, peignée et nettoyée le mieux possible, que Marie avait laissé son amie dans les mains d'un infirmier qui lui paraissait plus sympathique, plus compatissant, plus efficace.

Quelques jours plus tard, c'est bien dans un autre bâtiment, dans une chambre individuelle et impeccable, que Marie retrouva une Madeleine métamorphosée. Édith lui avait acheté une jolie chemise de nuit à fleurs et Marie des friandises afin qu'elle puisse reprendre rapidement une apparence digne de ce nom et emmagasiner les forces nécessaires pour pouvoir sortir rapidement de cet endroit. Madeleine ne semblait plus inquiète et ne parlait plus de « gens méchants », ni de partir à l'étranger : tout semblait être rentré dans l'ordre. Elle tint la main de Marie dans la sienne tout le temps de sa visite et observa longuement la belle adolescente avec amour et admiration comme si elle était sa propre progéniture. Il y avait du soleil, son visage avait repris un peu de couleur et Marie replaça avec une épingle une petite mèche rebelle du chignon qu'elle avait réussi tant bien que mal à faire après la toilette de son amie. Mais Marie restait inquiète.

Son grand-père, une fois rentré de l'hôpital, avait demandé à lui parler dans la cuisine : l'heure était donc grave. Il lui avait avoué que Madeleine avait déjà eu plusieurs crises précédemment. Elle lui avait avoué avoir quitté la Suisse alémanique peu avant la fin de la guerre, sans le sou ou presque. Elle n'avait pu emporter que ses bijoux : des diamants et pierres précieuses, des perles fines et quelques actions que Marie conservera plus tard précieusement. Elle avait été mariée à un grand bijoutier suisse-allemand dont les agissements n'étaient pas « conformes aux valeurs que lui avaient inculquées ses parents et Mademoiselle Wendy, sa préceptrice ». Madeleine restait persuadée qu'elle risquait des représailles suite aux mauvais agissements de son époux bien qu'elle n'ait rien à se reprocher personnellement. Elle avait sa conscience pour elle. Malgré cela, elle se sentait persécutée, traquée.

C'était profondément injuste. Pendant des années, elle avait essayé, à plusieurs reprises, de partir pour rentrer en France, mais à chaque fois, un évènement imprévu avait contrarié ses plans. À force de persévérances, elle avait fini par obtenir les papiers nécessaires et avait pu quitter cet enfer pour rejoindre la capitale française. Cela faisait déjà plusieurs mois que Madeleine entendait des voix, d'abord dans son jardin la nuit, puis à travers la cloison qui la séparait de l'appartement voisin à Paris.

Mme RUTY confirmera à Marie, quelques jours plus tard, ces informations sans lui en dévoiler davantage. Elle fit juste allusion à une petite fille que Madeleine n'aurait pas pu emmener avec elle et qu'elle avait dû laisser là-bas, en Suisse, entre les mains d'un mari dont elle ne voulait plus entendre parler.

Un portrait, une photo en noir et blanc un peu effacée, cachée dans une petite broche en argent que Marie récupéra après le décès de son amie semblait confirmer ses dires. Pas de prénom, pas de papiers à son nom ni de souvenirs quelconques, juste une image héritée du passé d'une enfant ressemblant à une femme familière, aimée, mais finalement presque inconnue. Tout ce que Marie savait c'est que Madeleine avait débarqué un beau jour, chez son amie Yvonne RUTY, à Paris, en pleine occupation allemande, avec juste une valise de taille moyenne et un peu d'argent qu'elle avait pu commencer à mettre de côté lorsqu'elle avait vu le comportement de son riche époux changer inexorablement jour après jour. Elle avait été visionnaire, mais n'avait pourtant pas pu aller au bout de son projet : un départ, précipité, pour une raison inconnue, l'avait obligé à laisser derrière elle son bien le plus précieux. Sans doute, Marie, lui rappelait-elle cette fille chérie, perdue à jamais.

Madeleine avait d'abord vécu quelques mois chez son amie Yvonne. Puis, grâce à elle, à la somme qu'elle avait pu épargner et à une partie de ses bons du Trésor, elle avait pu investir dans ce petit appartement, une véritable aubaine, qui lui permettrait au moins de ne pas être à la rue et de ne dépendre de personne. Après cet achat, il fallait absolument qu'elle ne tarde pas à trouver un travail, car elle pouvait très vite se retrouver sans argent. Même en faisant attention, ce qui n'était pas difficile en cette période de conflit international et de grande restriction, le peu qui lui restait pouvait fondre comme neige au soleil. Grâce à sa détermination et à son allure, elle avait fini par remporter cet emploi de secrétaire de direction dans une société d'import-export malgré la présence de nombreuses postulantes. Son élégance naturelle et le fait qu'elle parlait couramment plusieurs langues : l'anglais, l'allemand bien entendu, mais aussi l'espagnol et un peu l'italien, avaient fait la différence. Au début, ça n'avait pas été facile, car elle n'avait jamais véritablement occupé de postes à temps plein, mais une véritable relation de travail et une grande complicité s'étaient instaurées entre elle et ce patron, à peine plus âgé qu'elle, marié avec trois enfants. Les cheveux grisonnants, un peu bedonnant, d'une taille dépassant le mètre quatre-vingts, il aurait pu impressionner n'importe qui même le plus agressif des soldats du Reich. Mais derrière ce physique de gladiateur, se cachait en réalité un homme au grand cœur qui avait bien compris, par certains indices, la nécessité pour cette femme de bonne famille et sans véritables expériences professionnelles de trouver dans les plus brefs délais une source de revenus même si celle-ci était bien inférieure à ce qu'elle avait connu par le passé.

Grâce à lui, elle avait non seulement pu vivre décemment pendant la fin de la guerre, mais par la suite, durant plusieurs années, elle avait aussi connu une vie de rêve.

Avec cet emploi, elle avait eu la chance de pouvoir voyager dans de nombreux pays qu'elle ne connaissait pas et de descendre dans les plus grands hôtels. Avec lui, elle mangeait dans les restaurants les plus réputés de l'époque et se rendait dans les boutiques les plus luxueuses pour lui acheter ses costumes et se vêtir par la même occasion. Une existence riche et passionnante agrémentée d'une histoire d'amour certes cachée, mais reposante et rassurante à bien des égards pour cette femme qui avait tout vécu, tant perdu.

Pourtant, tout à une fin et elle n'imaginait pas le moins du monde que cela pourrait arriver un jour. Un matin comme les autres, en arrivant dans le bureau, elle l'avait trouvé étendu sur le sol. Malgré ses efforts effrénés et désespérés, elle n'avait pas réussi à le ranimer. Son cœur avait cessé de battre et avec lui s'étaient envolés presque vingt ans d'amour et de complicité. Sa femme avait décidé de vendre l'entreprise et de se séparer de tout ce qui en faisait partie. Madeleine fut donc remerciée avec une indemnité dont le montant laissait supposer que celle-ci n'était pas tout à fait dans l'ignorance de la relation qu'entretenait son mari avec sa secrétaire (pardon : « son assistante »).

C'est à ce moment-là que Madeleine rencontra Maurice, dans un café, alors qu'elle attendait qu'une société ouvre ses portes pour pouvoir passer un entretien d'embauche.

Son existence prit alors un tout autre tournant.

André lui aussi entra dans son quotidien, quelques années plus tard, et, lorsqu'elle se retrouva à nouveau seule, c'est lui qui se bâtit comme un diable pour lui trouver une structure adaptée afin qu'elle puisse guérir et vieillir dans les meilleures conditions.

Marie ne l'avait vu ni écrire ni téléphoner pour effectuer les démarches nécessaires au placement de son amie. Il faut dire qu'entre ses études et son petit ami, Rémi, l'emploi du temps de l'adolescente était bien rempli. Pourtant un soir, en rentrant du lycée, André lui annonça qu'il avait trouvé une maison de santé vers Joigny, dans la Nièvre, et que Madeleine pourrait y être transférée dès la fin de la semaine. Comment avait-il pu obtenir une place si rapidement ? Avait-il des relations que Marie ignorait ? Qui allait payer tous les frais inhérents à ce voyage et à ce séjour prolongé, peut-être même définitif ? André n'en parla jamais et cela resta un grand mystère, même après sa mort.

Il n'était jamais venu à l'idée de Marie que son grand-père puisse avoir entretenu, un jour, une relation autre qu'amicale avec Madeleine, même si sa mère, une fois, avait tenté d'y faire allusion. Marie l'avait stoppée net dans son élan affirmant que cela ne l'intéressait pas et que l'amour d'André pour sa grand-mère lui semblait toujours aussi intense qu'au premier jour. Il était donc impensable qu'il puisse y avoir dans son cœur une place pour une autre femme. Chaque date anniversaire du décès de sa chère Agathe, André restait enfermé pratiquement toute la journée dans sa chambre, sans dire un mot. Il réapparaissait le lendemain presque comme si de rien n'était, mais avec les yeux rougis par le chagrin.

Il ne fallait donc pas détruire cela.

Marie, en pleine histoire d'amour torride avec son musicien, Rémi, rêvait de romantisme et de passion éternelle. Elle ne voulait surtout pas que l'on brise ses illusions. Elle ne put aller qu'une seule fois dans la Nièvre rendre visite à Madeleine, mais, dans la voiture, avec sa mère, elle l'ignorait encore. Elle avait emmené avec elle son nouveau petit cocker, acheté en juillet après la mort, suite à un cancer, de son très cher Uto qu'elle avait eu lorsqu'elle n'était encore qu'une petite fille et qui avait comblé de bonheur son enfance solitaire. Elle était heureuse et fière avec ce petit être dans les bras de retrouver celle qu'elle n'avait pas vue depuis plusieurs semaines, mais à qui elle avait écrit de longues lettres et téléphoné plusieurs fois. Arrivée sur place, elle aperçut un parc gigantesque et splendide avec ses couleurs d'automne magnifiques. Tout au fonds de l'allée centrale, la bâtisse semblait irréelle avec ses dizaines de fenêtres et ses dépendances de chaque côté. Il faisait un temps superbe et Marie était complètement exaltée à l'idée de revoir enfin son amie si chère à son cœur. Il battait si fort qu'elle avait peur qu'il ne succombe la laissant là, sur place, affalée de tout son long sur la pelouse sentant bon la rosée et recouverte d'un tapis composé de feuilles jaunes et orangées. Ce lieu était vraiment magique. Il s'agissait apparemment d'un ancien château entièrement réaménagé pour accueillir des personnes de santé fragile. Comment André avait-il pu trouver un tel endroit ?

L'accueil, où Marie et Édith s'étaient présentées pour

demander à voir Madeleine, était constitué de boiseries et d'immenses glaces apparemment usées par le temps, dont les reliefs étaient quelque peu vacillants si bien qu'on ne savait plus très bien si c'était les personnes ou leurs reflets qui étaient complètement biscornus.

Marie se trouva affreuse en se regardant dans un de ces miroirs. Elle semblait avoir pris une vingtaine de kilos et ressemblait à un Alien qui aurait été torturé plusieurs heures par des humains. Par contre, de jolis fauteuils encerclaient des banquettes de couleurs jaune, orange et marron ce qui donnait un côté « cosy », style années cinquante, à l'ensemble. Le plafond d'une hauteur impressionnante, presque inaccessible, était agrémenté de grands lustres en cristal ce qui faisait complètement oublier que l'on se trouvait dans un établissement médicosocial public. Ici, tout respirait le bien-être, le calme et même le luxe.

Marie et sa mère durent attendre un long moment avant d'apercevoir Madeleine franchir le seuil de la porte principale, accompagnée d'une jeune infirmière en blouse blanche. Elle semblait en bonne forme, reposée, apaisée. Elle était bien coiffée, avait une jolie robe à rayures de couleur pastel, et son visage était illuminé d'un large sourire. En ce début d'après-midi, le soleil brillait tellement qu'on se serait presque cru en plein été ou en vacances. Seules les feuilles ocre parsemant l'herbe du parc laissaient suggérer que nous nous rapprochions à grands pas de l'hiver. Il faisait bon sur le banc où Marie et sa mère s'étaient assises pour parler de tout et de rien avec cette femme raccordée au monde uniquement grâce à son petit poste de radio posé soigneusement sur la table de nuit de sa chambre.

Édith était partie chercher le chiot dans sa voiture et Madeleine en avait profité pour parler de Rémi avec Marie. Elle savait à quel point sa mère n'appréciait pas ce garçon, majeur et, qui plus est, guitariste d'un groupe punk qui faisait de la musique dans la cave d'un immeuble avec quelques copains tout aussi étranges que lui. Elles parlèrent également d'André qui continuait à bien entretenir son jardin, d'Yvonne, son amie et de son éventuel retour dans son appartement de la rue Papillon.

Édith revenue avec l'adorable petit animal dans les bras, le confia à Madeleine qui fut émue par ce garnement plein de vie qui ne pensait qu'à jouer et à lui mordiller l'oreille (un peu comme moi, en quelque sorte. Filou donc. Décidément, ma maîtresse avait le don pour choisir ses chiots). Une fois posé par terre, le petit garnement s'allongea sur le dos et se roula de joie dans les feuilles, bougeant frénétiquement de droite à gauche dans l'herbe tout en scrutant le moindre papillon ou insecte qui pourrait remettre en question ce bonheur indescriptible (moi aussi j'adore faire cela surtout lorsqu'il n'y a plus de rosée et que le sol est craquant à souhait).

Le froid venant, les trois femmes se dirigèrent vers une des dépendances où se trouvait la chambre de Madeleine, espace qu'elle occupait avec une autre dame, à peu près du même âge, qui avait l'air plutôt sympathique au premier abord. La pièce n'était pas très grande, mais le tout était fonctionnel et incroyablement propre et très clair. C'est donc complètement rassurée que Marie put dire au revoir à son amie en toute fin d'après-midi, juste après que Madeleine fut priée de rejoindre la salle à manger pour le dîner.

Elle savait maintenant qu'elle était entre de bonnes mains et elle n'avait plus à s'inquiéter pour elle. Madeleine lui fit un signe de la main et lui envoya un baiser sur le pas de la porte tandis que la voiture d'Édith s'éloignait dans la longue allée bordée d'arbres. Marie pourrait désormais l'imaginer dans son large fauteuil, le soir, son poste de radio collé à son oreille et conversant avec sa voisine de lit.

Sagement assise dans le véhicule, l'adolescente tenait serré tout contre son cœur le coffret en bois, de la taille d'une boîte à chaussure, que Madeleine lui avait donné au moment de partir. Elle lui avait demandé de ne pas l'ouvrir tout de suite, d'attendre d'être arrivée chez elle pour le faire. Marie s'exécuta. Elle n'avait aucune idée de ce qu'il pouvait y avoir à l'intérieur et était encore tout imprégnée du bonheur de cette magnifique journée. Elle avait hâte de revenir dans un mois maximum, Édith le lui ayant promis.

Marie remua la boîte dans tous les sens, mais avec précaution tout de même. On aurait dit qu'elle était remplie d'une multitude de bonbons ce qui n'était pas pour lui déplaire, car elle avait beau avoir quatorze ans, elle n'en restait pas moins une enfant sur certains côtés (moi, j'aurais plutôt pensé qu'il s'agissait de croquettes). Elle adorait les surprises, mais aimait aussi ÉNORMÉMENT les friandises (et moi donc !). Toute la durée du voyage, la fille et la mère s'amusèrent à en deviner le contenu ce qui rendit le trajet moins long et plus agréable.

Une fois arrivée, lorsque Marie se décida enfin à l'ouvrir, elle découvrit les fameux bijoux dont Yvonne RUTY lui avait parlé : des bagues avec des diamants, des saphirs, des boucles d'oreilles et des broches en pierres précieuses, des bracelets et des pendentifs en or, une magnifique montre ancienne avec des émaux et plusieurs colliers de perles fines. C'était presque comme si elle avait remporté une chasse au trésor, mais en mieux.

Marie n'avait jamais rien vu d'aussi beau. Édith en resta, elle, aussi bouche bée et hésita entre joie et inquiétude. Que ferait sa fille encore adolescente de tous ces bijoux anciens d'une valeur certaine ? Pour Marie, c'était une évidence : les conserver précieusement bien entendu. C'est à elle que Madeleine les avait confiés et à personne d'autre. Elle serait tellement déçue que Marie envisage, ne serait-ce qu'une seconde, de s'en débarrasser.

Elle demanda gentiment à sa mère si elle désirait conserver un ou plusieurs objets, mais elle refusa. Édith n'aimait pas beaucoup les bijoux et n'en mettait que très peu et très rarement, juste des bracelets fantaisies en argent, parfois l'été, histoire de faire ressortir davantage son bronzage, et encore. De toute sa vie, elle ne s'était offerte que deux bagues de belles factures préférant les beaux meubles et les antiquités. Elle portait tous les jours à la main gauche un saphir très clair monté sur or blanc et serti de deux petits diamants de chaque côté qu'elle avait acheté pour ses quarante ans à Morlaix, en Bretagne. À sa main droite, elle avait de temps en temps, lorsqu'elle sortait ou recevait des invités, une magnifique émeraude carrée, elle aussi sertie d'une multitude de petits diamants qui brillaient de mille feux lorsqu'elle bougeait. Le reste du temps, elle la laissait dans le tiroir de la commode de sa chambre.

Madeleine n'avait que très peu d'argent sur son compte, mais malgré les aléas de la vie, elle avait pu conserver ces vestiges de son passé. En les léguant à Marie, elle se libérait de tout ce qui l'avait meurtri toutes ces années. Elle ne voulait rien laisser derrière elle, même pas son corps qu'elle avait décidé de donner aux Hôpitaux de Paris.

Elle était consciente que ce serait plus difficile pour Marie, sans enterrement, de faire son deuil lorsqu'elle partirait, mais elle ne voulait pas l'ennuyer, elle ou André, avec des formalités contraignantes et douloureuses.

Madeleine était maintenant libre. Libre de partir.

Quinze jours à peine, après ce bel après-midi dans la Nièvre avec son amie, Marie était en train de faire ses devoirs sur son secrétaire, dans sa jolie chambre au papier peint fleuri dans les tons blancs, bleu ciel et rose pâle, lorsqu'elle entendit André monter les escaliers, ce qui n'arrivait pratiquement jamais.

Tout alla très vite dans sa tête. Elle se remémora la sonnerie du téléphone peut-être cinq minutes plus tôt avant qu'elle n'entende les pas d'André craquer sur les marches en bois, son dernier appel passé à Madeleine ce samedi où elle lui avait avoué être un peu fatiguée et son inquiétude lorsqu'elle avait raccroché le combiné. Aussi, lorsqu'André franchit sa porte après avoir frappé tout doucement, les mains crispées, le visage livide et qu'il lui annonça :

— Madeleine est morte hier pendant son sommeil, il n'y aura pas d'enterrement, elle a donné son corps à la science. Je suis désolé, vraiment désolé ma chérie.

Elle ne fut nullement surprise. Elle le regarda quelques secondes comme s'il était devenu totalement transparent. C'était comme si elle s'était noyée dans ses pensées, comme si son âme avait quitté son enveloppe corporelle, comme si elle n'était plus dans la pièce, mais partie rejoindre sa chère et tendre amie. André l'observa quelques instants, inquiet avant de s'éclipser tout doucement et de redescendre dans la cuisine d'un pas très lent, presque au ralenti, là où l'attendait Édith avec impatience. Elle savait que sa fille aurait beaucoup de peine et elle s'inquiétait de savoir comment elle allait réagir.

À sa grande surprise, Marie ne pleura pas. Elle, pourtant si émotive d'habitude, si à fleur de peau, si écorchée vive, n'arrivait pas à faire sortir les larmes de ses yeux, la peine de son corps, son chagrin de son cœur. Elle ressentait juste cette fameuse douleur aiguë, déjà apparue une fois par le passé et qui grandissait maintenant en elle comme un haricot géant arrosé par un immense vide. Marie trouva juste la force de mettre un disque vinyle sur sa chaîne hi-fi dernier cri offerte pour son dernier Noël par Édith et se laissa bercer par l'air AVALON de ROXY MUSIC.

Allongée sur son lit, des images de Rémi l'envahirent tout doucement : il était bon de penser à quelque chose de beau, de doux, de rassurant, en ce moment si difficile, si intense émotionnellement. Le disque passa en boucle un long moment : peu importe, demain sera un autre jour, elle écoutera un disque différent, peut-être du Bruce SPRINGSTEEN, cela lui donnera « la pêche ». Elle descendit dîner à 19H30 précises, comme chaque soir, comme l'exigeait sa mère et surtout comme si rien de particulier n'était arrivé, sous les regards interrogateurs d'Édith et d'André. Elle ne fit que grignoter : elle n'avait décidément pas faim. Une boule énorme lui nouait la gorge et l'estomac. Ils passèrent la soirée à regarder la télévision puis chacun alla se coucher après le baiser rituel obligatoire, dans sa chambre au rez-de-chaussée, pour André, à l'étage pour Édith et Marie.

Fuir la réalité, c'est de cette façon que Marie comptait

affronter cette situation pénible pour ne pas dire dramatique pour elle. Elle en fera de même tout au long de sa vie. Se protéger à tout prix pour ne pas craquer, pour ne pas couler. Pour survivre tout simplement. « Ce qui ne me tue pas me rend plus fort » comme disait Nietzsche ! Marie, pourtant, faillit mourir plusieurs fois.

Elle décida donc de ne parler à personne de sa peine, même pas à Rémi, l'homme de sa vie, et encore moins à sa mère. Elle ne voulait pas qu'elle sache à quel point Madeleine était importante pour elle, qu'elle était comme une mère, mieux qu'une mère, qu'elle venait de perdre en fait une partie d'elle-même. Elle refusait d'admettre que rien ne serait jamais plus comme avant, qu'une nouvelle fois, une page du livre de sa vie venait de se tourner.

Finies les longues discussions sur ses disputes avec Rémi ou ses crises de jalousie lorsqu'une fille lui tournait autour, sur ses chagrins lorsque sa mère lui parlait mal ou lui disait des mots blessants, sur sa complicité avec André et l'évolution de son jardin. Bref, sur ces petites choses que l'on raconte à une amie, à une confidente, à une sœur.

Avec Édith, Marie ne pouvait parler que de banalités, et encore. Elle faisait toujours attention à ne pas dire le mot qu'il ne fallait pas, le mot qui aurait pu lui déplaire. Les réactions d'Édith étaient tellement imprévisibles. Une belle journée pouvait très vite se terminer en véritable cauchemar. Lorsque sa mère était fatiguée ou de mauvaise humeur, Marie préférait se réfugier à l'étage, dans sa chambre, et ne redescendait que pour les repas. Il lui arrivait souvent de se remémorer des scènes pénibles de son enfance par exemple lorsque Édith lui faisait réciter les tables de multiplication ou ses récitations :

cela finissait toujours par des cris et des menaces avec le fouet acheté à l'origine pour le chien tant sa mère manquait de patience. Ce fameux fouet, ma maîtresse le ressortira plus tard du placard lorsque j'aurai oublié de lui obéir.

Elles se lançaient alors toutes deux dans une danse infernale autour de la table de la cuisine, Marie voulant absolument échapper aux foudres de cette mère exaspérée, Édith finissant toujours par la rattraper pour lui administrer une fessée ou un coup sur les fesses. Parfois, pour éviter ses colères, Marie se réfugiait avec son cocker dans le petit cagibi au fond de l'appartement qui servait de débarras et qui sera plus tard transformé en sanitaires. Son fidèle compagnon n'hésitait pas à risquer les représailles d'Édith en faisant barrage de son corps et en montrant ses crocs menaçants, d'un blanc éclatant. Du coup, sa mère était souvent plus conciliante avec son animal qu'avec sa fille et capitulait plus facilement.

Les seuls moments de complicité que Marie avait avec Édith étaient lorsqu'elles regardaient un film ensemble dans le salon ou au cinéma, ou bien quand elles partaient faire des courses ensemble dans les grands magasins, à Paris, en général et presque toujours le samedi matin.

La vie d'Édith était emplie d'habitudes et elle planifiait même ses contraintes : courses le vendredi soir, ménage le samedi après-midi, paperasse personnelle le dimanche matin, déjeuner à 12H, dîner à 19H30… Côté vestimentaire, elle avait beau être très sévère, cela ne l'empêchait pas, pour autant, de ne rien refuser à sa fille (ou presque) : il fallait juste que ce ne soit ni vulgaire, ni osé, ni contraire aux règles et usages de « la reine mère ». Édith n'achetait pour elle que des vêtements de marque BURBERRY ou LACOSTE, que des sacs LOUIS

VUITTON et des produits de beauté GUERLAIN, dans leur magnifique boutique sur la plus belle avenue du monde, Les Champs Élysées, boutique dans laquelle Marie avait l'impression de pénétrer dans un autre monde. Tout y était cristallin, luxueux. Le mobilier, les mosaïques murales, l'éclairage renforçaient cette impression d'opulence, de richesse, d'argent. Les vendeuses ressemblaient à des hôtesses de l'air, marchant à pas feutrés, bougeant de façon aérienne et parlant comme si elles étaient des religieuses vivant dans un monastère. Dans les vitrines installées à droite et à gauche de l'entrée, de très beaux flacons brillaient de mille feux. Celui de la crème de jour d'Édith était de couleur bleu marine recouvert d'un couvercle couleur argent très finement ciselé. Une fois revenue à la maison avec tous ses paquets, Marie adorait ouvrir la jolie boîte renfermant le précieux élixir qui était censé entretenir la jeunesse du visage de sa mère, qui pourtant n'avait aucune ride malgré ses quarante ans passés. Marie aimait toucher la texture de cette crème onctueuse, respirer son parfum et s'enivrer de ses senteurs.

Tout ce qui n'était pas « de marque » était qualifié de « quelconque » par Édith. Sa fille l'avait appris à ses dépens un soir de Noël. Marie avait craqué pour un ravissant sac, peu commun, de forme ronde, mais tout en cuir cela va de soi, Édith n'aurait pas aimé qu'il en soit autrement. L'adolescente était persuadée que sa mère l'adorerait même s'il avait été acheté chez un simple artisan travaillant le cuir de manière remarquable. Malheureusement, il n'en fut rien. Lorsque Marie lui offrit fièrement, devant André et l'immense sapin de Noël qui trônait dans la salle à manger, le visage d'Édith se décomposa en ouvrant le paquet donné affectueusement par sa fille. Édith tendit rageusement l'objet et son emballage vers Marie, visiblement contrariée, pour ne pas dire très agacée, et lui dit d'un ton sec :

— Tu n'as qu'à le prendre, toi, il t'ira mieux qu'à moi !

Sur ces mots, Édith tourna les talons et partit vers la cuisine laissant derrière elle une adolescente complètement interloquée, en pleurs, serrant très fort contre son cœur l'objet à l'origine d'une nouvelle souffrance, d'une nouvelle déception.

Avec Madeleine, aucune réserve ni « douche froide », aucune inquiétude ni appréhension ne venaient entraver leur relation. Tout était simple, fluide, léger. Son amie était son valium, son calme après la tempête, sa joie après les larmes, son soleil après la glace.

Lorsque Édith annonça à Marie que Madeleine avait fait d'elle son unique héritière, l'adolescente n'en crut pas ses oreilles et redouta immédiatement la jalousie de sa mère. Mais il n'en fut rien, bien au contraire, Édith se déclara très heureuse pour sa fille et l'embrassa affectueusement sur la joue pour la féliciter.

Ce ne fut pas tout à fait le cas d'André.

Marie avait toujours pensé que Madeleine coucherait son grand-père sur son testament étant donné les liens particuliers qu'ils avaient entretenus tout au long de ces années et en récompense de toute l'aide qu'il lui avait apportée à elle et à son mari, Maurice. Contre toute attente, André parut surpris, et même légèrement contrarié en apprenant la nouvelle. Il semblait déçu de n'être que le tuteur de sa petite-fille. Mais la surprise passée, la désillusion d'André disparut en un éclair. Il l'accompagna chez le notaire, la conseilla de vendre le terrain avec la petite cabane pour pouvoir payer les droits exorbitants de succession et garder l'appartement de Paris. C'était un homme sage et réfléchi : si ses relations se détérioraient avec Édith, Marie pourrait ainsi s'y installer.

L'adolescente avait du mal à comprendre comment l'état pouvait exiger soixante pour cent d'un héritage laissé délibérément par une personne à une autre bien que celle-ci ait travaillé toute sa vie ou presque et donc payé des impôts et taxes jusqu'à son dernier souffle ? Pourquoi un être cher devrait-il payer davantage de frais de succession qu'un parent certes proche, mais pas forcément gentil et attentionné ?

Peu importe finalement, l'important était de pouvoir conserver quelques traces de cette personne si particulière qui avait traversé ces deux siècles en ne laissant que de beaux souvenirs.

Par politesse et reconnaissance, Marie demanda à Yvonne RUTY si elle souhaitait conserver quelque chose de son amie : elle choisit la ravissante vitrine style Louis XV. Marie aurait bien aimé la conserver, car c'était le seul meuble qui avait réellement de la valeur et une beauté esthétique certaine, mais elle ne pouvait refuser ce cadeau à cette femme qui avait tant fait pour Madeleine. Marie garda tout le reste ou presque, mais fit refaire tous les papiers et toutes les peintures de l'appartement pour non seulement donner « un coup de peps et de jeune » à ces deux pièces destinées à une jeune fille de seize ans à peine, mais aussi pour changer cet environnement qui lui rappelait tant de moments joyeux, mais aussi douloureux. La plaie avait du mal à se cicatriser. Cette « remise en état » était sans aucun doute sa façon à elle de faire son deuil.

La peine est sournoise. Elle peut rester cachée tout au fond du cœur et se développer au rythme de ses battements, blottie, bien au chaud pendant des mois, voire plusieurs années.

On pense toujours qu'elle va ressurgir un jour où le temps est gris ou pluvieux, un jour où rien ne va, où tout s'écroule. Eh bien non, ce jour-là, il y avait un magnifique soleil et Marie était radieuse, resplendissante, heureuse. Elle venait d'avoir son baccalauréat. Édith aurait voulu qu'elle fasse un bac scientifique plutôt qu'économique, plus adapté selon elle pour intégrer une faculté de droit. Elle la voyait déjà avocate ou juriste dans un grand groupe, mais sa fille, elle, rêvait de toute autre chose. Édith avait même demandé aux professeurs de Marie de la convoquer pour lui expliquer qu'étant donné ses notes, bien au-dessus de la moyenne, opter pour un BTS de Secrétaire de Direction plutôt que pour une maîtrise ou une licence en droit était une grossière erreur.

Mais contre toute attente, sa fille tint bon. Lors de cette convocation, elle expliqua à tous, très calmement, qu'elle ne souhaitait pas poursuivre de longues études, qu'elle avait un petit ami et qu'elle voulait construire un avenir sûr à court terme. Faire de longues études ne l'intéressait pas et le droit encore moins. Il ne s'agissait pas d'une rébellion vis-à-vis de sa mère, mais simplement d'une décision personnelle qui n'appartenait qu'à elle. Ils se devaient de la respecter. Les projets d'Édith n'étaient pas les siens, il fallait bien qu'elle se fasse une raison. Marie ne voulait pas refaire le parcours de sa mère, c'est-à-dire privilégier son travail au détriment de sa vie privée, de son mari, de ses enfants, car elle comptait bien en avoir, même si c'était aux dépens de son salaire, de son « statut social ». Marie, elle, voulait à tout prix réussir sa vie de femme. Édith fut d'autant plus chagrinée, car sa fille obtint son Baccalauréat B avec mention, « assez bien » certes, mais mention tout de même !

Elle se consola en apprenant qu'elle avait finalement réussi à intégrer une des plus grandes écoles de commerce de Paris qui préparaient même les élèves les plus brillants pour leur entrée aux plus hautes écoles comme H.E.C.

Fraîchement promue et vêtue d'une combinaison blanche comme celles que portent les pilotes de formule un et qui moulait avantageusement son corps frêle d'adolescente, elle se baladait dans la ville la main de Rémi serrée précieusement dans la sienne. C'était une journée merveilleuse, comme elle aimerait en avoir souvent : elle était belle, jeune, amoureuse et tout lui souriait. Autour d'eux, tous ceux qui avaient eu le bonheur d'avoir leur examen fêtaient l'évènement dans l'euphorie pour ne pas dire l'hystérie. Les jeunes criaient dans la rue et laissaient éclater leur joie devant les yeux effrayés des passants. Les voitures des professeurs étaient recouvertes de mousse à raser, de papier toilette, de confettis, de serpentins ou parfois des quatre à la fois. Des bouteilles d'eau vides jonchaient le sol glissant, inondé d'eau, d'œufs et de farine. Des filles criaient : « pas les cheveux ! », d'autres : « pas les vêtements » ou parfois les deux. Marie passa miraculeusement entre les gouttes : était-ce la présence protectrice de Rémi (1m80, 21 ans, bâti et musclé comme un camion) qui se voulait dissuasive ou la couleur de sa combinaison, d'un blanc éclatant, qui déclencha la pitié des assaillants ?

Elle n'eut droit qu'à un beau petit rat, d'un blanc jaune pisseux et à la queue grise, posé sur le haut de son épaule par un élève, juste de quoi lui déclencher un cri strident malgré le regard apeuré de l'animal et le sourire amusé de son compagnon. La fête devait durer toute l'après-midi, mais les amoureux préférèrent rejoindre l'appartement de Rémi, Aux Lilas, où des amis devaient les rejoindre. C'est à ce moment-là précisément que cette douleur sournoise remonta d'un coup de son estomac jusqu'à sa gorge, tout à coup, sans prévenir, sans qu'il y ait eu le moindre signe avant-coureur. Une peine immense, insupportable, presque insoutenable, à lui couper le souffle, l'envahit si fort, si intensément qu'elle ne put s'empêcher d'éclater en sanglots sous les yeux effrayés de Rémi.

Ils étaient au milieu de la rue, elle ne pouvait plus respirer et elle criait de douleur. Le temps se figea. Elle se tourna alors vers lui, plongea son regard embué et apeuré dans le sien puis, lentement, se serra très fort contre son torse rassurant pour cracher avec force, comme pour se libérer d'un poids trop lourd pour elle, ces mots enfouis en elle depuis si longtemps : « Madeleine est morte ».

Rémi l'enveloppa alors de ses bras rassurants et la berça tout doucement jusqu'à ce qu'elle surmonte ce trop-plein de souvenirs et de nostalgie. Le ciel s'assombrit comme pour compatir à sa douleur. Elle allait enfin pouvoir faire son deuil.

« Un petit chez-soi vaut mieux qu'un grand chez les autres »

(Proverbe français souvent repris par André)

Marie pensait que la perte de Madeleine la rapprocherait peut-être de sa mère, mais ce ne fut pas le cas. Édith était souvent absente. Elle travaillait beaucoup : ce n'était pas sa faute, c'était une nécessité.
Une obligation pour elle de bien gagner sa vie pour pouvoir offrir à sa fille une existence plus que correcte, une obligation de réussir ce challenge, cette mission qu'on lui avait confiée : gérer un service de presque cinquante personnes, uniquement secondée par deux adjoints super diplômés qui pourtant, sans elle, n'arriveraient pas à mener à bien leurs tâches. Elle était la mémoire de la société. Elle en connaissait tous les dossiers et toutes les ficelles. Rien ne lui échappait.
D'abord basée près du Parc Monceau à Paris, son entreprise avait ensuite décidé de s'installer dans des locaux tout neufs à St Quentin En Yvelines (78).

André, conscient de l'éloignement de son travail par rapport à son domicile situé au nord de Paris, et de la fatigue qui en découlerait, avait essayé de persuader Édith de déménager et d'acheter un pavillon à proximité de sa nouvelle implantation.

Bien sûr, il serait peiné de quitter cette ville où il avait ses souvenirs, ses amis, ses habitudes et surtout son jardin, mais il savait les sacrifices faits par sa fille depuis des années pour s'occuper de lui. Il ne voulait pas être un ingrat. Édith n'avait rien voulu savoir :

— Nous resterons ici. Fin de la discussion ! Sauf qu'il n'y avait jamais eu de discussion en fait, elle s'était juste contentée d'imposer sa volonté, comme toujours.

Pour éviter les embouteillages et le stress, Édith devait se lever à six heures du matin pour pouvoir arriver à son travail une heure et demie plus tard. Le soir, elle repartait, le plus souvent vers seize heures trente, ce qui lui permettait d'être à la maison à dix-huit heures. Elle détestait être en retard et donc les gens qui n'étaient pas ponctuels. Elle fixait les heures des repas et parfois même le planning de journées entières comme si sa fille et son père étaient ses propres employés.

Par exemple, le samedi, c'était pratiquement toujours le même programme, le même rituel : ménage ou magasins le matin, déjeuner à douze heures, l'après-midi : soit cinéma, soit ballade dans la forêt de Senlis ou Chantilly, villes qu'elle affectionnait tout particulièrement et enfin, dîner à dix-neuf heures trente pétantes. Idem, pour les vacances : l'été un mois dans sa Bretagne chérie, à la Toussaint et à Pâques, une semaine dans la maison de la Nièvre (retour aux sources), en février, une semaine en Savoie pour skier et Noël, toujours à Paris avec la famille, pas les amis, car elle n'en avait pas ou très peu.

Édith disait toujours :

— J'ai des relations, mais pas d'amis et je peux les compter sur les doigts d'une seule main.

Il faut dire qu'une vie réglée comme une horloge suisse, le coucou en moins (car pour elle l'oiseau n'avait aucune raison de chanter), ne favorisait pas des relations épanouies et constructives.

Son exigence envers les autres et envers elle-même avait de quoi décourager les personnes les plus déterminées. Elle ne pardonnait rien, détestait les hommes hormis son père et peut-être son frère, et exigeait des autres ce qu'elle s'imposait à elle-même.

Sa fille était sans aucun doute son bien le plus précieux, mais elle l'aimait trop, donc mal. Marie se demandait souvent si elle savait ce que voulait dire : « aimer quelqu'un ». Marie était fière d'être l'opposé de sa mère. Elle débordait d'amour envers les gens qui l'entouraient : sa famille, ses maîtresses (Mademoiselle GALLEAZI), ses amies (dont Madeleine), ses animaux (chiens et poissons : je le découvrirai moi-même, plus tard) et ses voisins.

Déjà à la maternelle, elle avait un petit ami, Eric et une petite copine Sylvie avec qui elle faisait les quatre cents coups. Combien de fois avait-elle enfilé ses bottes en caoutchouc bleu marine et blanc achetées l'été dernier à la coopérative de Plougasnou en Bretagne sans mettre de chaussettes ? Si bien qu'un jour André avait dû prendre une paire de cisailles pour pouvoir l'en libérer, la sueur ayant empêché toute extraction de ses jambes pourtant minuscules en épaisseur, mais d'une longueur impressionnante. Combien de fois avait-elle enterré son poisson rouge dans le bac à sable installé dans la cour pour cacher qu'elle l'avait laissé mourir alors que son grand-père lui en avait confié la responsabilité ? Elle ne supportait pas l'idée de le décevoir, elle l'aimait trop pour cela. Sans parler de la claque qu'elle avait reçue du cousin de sa mère, Daniel, qui habitait à l'époque dans l'appartement juste en dessous du leur. Tellement exaspéré par les chants et les coups de talons incessants de la fillette, il avait fini par monter pour gronder copieusement Marie puis avait commis le geste impardonnable. Cela provoqua dans un premier temps une dispute mémorable entre les deux parents puis engendra une rancœur tenace qui dura des années, Édith n'étant pas femme à pardonner facilement surtout un acte aussi inacceptable vis-à-vis d'une enfant, la sienne qui plus est.

Un soir de printemps, Édith était exceptionnellement venue chercher sa fille à la maternelle. Mais à peine arrivée dans la cour de la petite école, elle avait entendu le cri strident de Mademoiselle GALLEAZI, la maîtresse de sa fille depuis deux ans, la sommant, ainsi que Sylvie, de revenir immédiatement dans la classe pour s'expliquer sur une nouvelle bêtise faite quelques minutes auparavant, ce qu'elles firent immédiatement en apercevant Édith. S'il fallait choisir entre l'enclume et le marteau, elles préféraient l'enclume.

Marie n'était pas particulièrement jolie à cet âge. Elle était très fine, avait les traits souvent tirés comme si elle n'avait pas dormi deux nuits entières alors que sa mère insistait tous les soirs pour qu'elle aille se coucher à vingt heures trente sonnantes et pas une seconde de plus, week-end compris. Elle était toujours bien habillée sous son tablier obligatoire et devait chaque matin attacher ses longs cheveux noirs qui descendaient jusqu'au bas de ses reins, soit par des nattes soit par une queue de cheval haute, pour ne pas être importunée par ses camarades, mais aussi pour avoir moins chaud l'été.

Le samedi et le dimanche, la fillette s'angoissait à l'idée que ce soit Édith qui lui brosse sa chevelure et non son grand-père, car elle finissait toujours par s'énerver, avec un peigne en corne, sur ses cheveux fins qui s'obstinaient à s'enchevêtrer les uns autour des autres. Marie considérait cette pratique comme un moment de torture et non comme un moment de complicité avec sa mère, car, la plupart du temps, cela finissait par des larmes et des cris.

— Reste donc un peu tranquille, non d'une pipe. Je vais finir par vraiment te faire mal ! hurlait Édith d'un ton exaspéré.

De temps en temps, le jeudi après-midi, après l'école, Mademoiselle GALLEAZI emmenait Marie et Sylvie en voiture jusqu'à son appartement situé à Champigny-sur-Marne. Elles y passaient leur temps à jouer ou à s'adonner à diverses activités éducatives. Après le goûter, elles faisaient le plus souvent des dessins ou de la pâte à modeler. Marie adorait ces moments particuliers, surtout lorsque Sylvie était repartie avec sa mère et qu'elle se retrouvait seule avec sa maîtresse. Elle redoutait le moment où Édith viendrait la chercher après le travail. Dans la voiture, sa mère lui demandait toujours comment s'était passé son après-midi et ce qu'elles avaient fait de beau. Elle s'intéressait sincèrement aux progrès réalisés par sa fille et voulait toujours savoir à quoi elle occupait son temps lorsqu'elles n'étaient pas ensemble. Ne pas avoir de patience et être lunatique ne signifie pas forcément que l'on est une mauvaise mère ou une mère peu attentionnée.

Les autres jeudis, avant sa rencontre avec Madeleine, Marie restait soit chez la tante Léonie, soit des heures entières dans l'appartement du rez-de-chaussée déserté par Daniel, parti peu de temps après son altercation avec sa cousine, suite à une mutation en province, à Grenoble, région dont était originaire sa femme.

Les deux pièces avaient donc été réaménagées rien que pour elle après leur départ. Elle profitait ainsi d'une cuisine, où il n'y avait plus qu'une table, deux chaises et un évier, où elle s'amusait à faire la dînette et d'une ancienne salle à manger transformée en salle de jeux. Des étagères contenaient tous ses livres et ses jeux de société ; ici et là, ses poupées et ses nombreuses peluches étaient négligemment couchées sur le sol. Sa mère avait conservé la chambre pour y stocker tout un tas de cartons avec ses affaires : valises pour les vacances, vêtements devenus trop petits, vieux jouets…

Sachant que les deux petits immeubles où habitaient sa mère, son oncle, son grand-père étaient la propriété de son grand-oncle, Alexandre, Marie se prenait à rêver que tous les appartements étaient vides et qu'ils lui appartenaient. Elle devenait ainsi la reine de ce royaume, la reine de sa solitude. Elle s'inventait de nombreuses histoires et les vivait comme si elles étaient réelles.

Lorsque André avait fait sa première crise cardiaque, elle avait tout juste fait trois ans. Suite au décès de sa chère épouse, il refusait désormais de se rendre à l'hôpital quelle que soit la raison. Aussi, il avait fallu trouver une solution pour le soigner à domicile. Heureusement, Victoire GREVOT, la petite fille du compagnon de sa sœur Léonie était devenue infirmière et fit immédiatement le nécessaire auprès du médecin d'André pour pouvoir s'occuper de lui à domicile.

Elle lui faisait toutes les piqûres prescrites, passait le voir matin et soir, et plus si nécessaire. Elle le soigna comme s'il était son propre oncle.

Marie, du haut de son jeune âge, avait insisté pour rester auprès de son grand-père chéri, soit allongée près de lui lorsqu'il s'endormait soit installée à son petit bureau, dans un coin de la chambre. Édith n'avait pas osé provoquer une scène en interdisant à sa fille d'entrer dans la pièce, cela aurait pu fatiguer davantage son père et le contrarier, ce qu'il fallait absolument éviter. Elle n'eut pas à regretter cette décision. La présence de la fillette semblait lui faire beaucoup de bien d'autant que Marie pouvait rester des heures à surveiller, sage et silencieuse, les battements de cœur de son grand-père sans jamais le déranger. Elle s'amusait seule dans cette pièce dont les volets étaient presque tout le temps fermés, en se déguisant avec des vêtements d'André et d'Agathe, sa grand-mère qu'elle n'avait pas eu la chance de connaître. Elle parlait à voix très basse comme si elle s'adressait à des fantômes et bougeait avec légèreté, sans faire aucun bruit, comme si elle était une petite plume. « C'est vraiment un ange », se disait Édith en son for intérieur. Dans la pénombre, elle surveillait les moindres mouvements d'André qui somnolait la plupart du temps. Elle dessinait parfois de jolis dessins (qu'il garderait plus tard précieusement scotchés sur le réfrigérateur de la cuisine) et mettait un doigt sur sa jolie bouche à chaque fois qu'une personne entrait dans la chambre, pour lui signifier qu'ici, le silence était de rigueur. Pour le dîner, Édith devait lui installer son bol de soupe, ses couverts et son verre d'eau sur le petit bureau. Marie allait ensuite se coucher docilement après avoir posé un léger baiser sur le front humide de son pépé encore bien malade.

Un jour, la petite fille osa demander à son grand-père :

— Tu sais, je déteste vraiment la soupe. Quand pourrais-je arrêter d'en manger ?

Attendri, André lui avait alors répondu très sérieusement :

— La soupe, c'est très bon pour la santé. Tu es trop maigre, tu ressembles à une asperge, on dirait que tu es malade ! Quand tu auras douze ans, si tu es en pleine forme, je ne t'en ferrai plus.

Neuf ans plus tard, le lendemain de son anniversaire, Marie lui demanda :

— Qu'est ce qu'on mange ce soir ?

André lui répondit alors toujours très sérieusement :

— Tout sauf de la soupe, je sais ! ce sera donc une salade de tomates, du poulet et des petits-pois pommes de terre, pour mademoiselle, et après, le gâteau d'anniversaire avec les bougies.

Marie ne consomma plus jamais ce mets qu'elle chassa à tout jamais de son vocabulaire. Elle n'en mangea même pas sous forme de bouillabaisse dans le midi de la France, même pas vers la cinquantaine pour perdre les quelques kilos accumulés au fil des ans par les soucis et ses deux grossesses. Même pas pour donner l'exemple à ses propres enfants et les aider à grandir correctement. Édith n'aurait pas pu changer cet état de fait, même par la force, ayant ressenti exactement la même aversion pour un autre ingrédient, les navets, servis pratiquement à tous les repas pendant la guerre et qu'elle avait définitivement bannis à tout jamais elle aussi de son vocabulaire.

Quand à neuf ans, André expliqua à Marie qu'ils étaient expropriés, car le nouveau président de la République, Monsieur POMPIDOU, souhaitait urbaniser certaines villes, dont la leur, elle ne comprit pas tout de suite ce que cela allait impliquer pour elle et les siens.

Le carrefour des six routes, au bout de sa rue, allait être démoli ainsi que le parking en plein air, juste à côté de la maison de tata Cocottes, lieu où elle avait appris à faire du vélo avec sa cousine, Julie. Elle ne pourrait plus aller acheter, comme tous les soirs en rentrant de l'école, sa petite guimauve enrobée de chocolat chez son boulanger préféré ni dire bonsoir au teinturier qui occupait la maison juste à côté de chez elle. Fini les courses chez les commerçants du quartier ! Elle s'inquiétait de savoir où elle irait vivre dorénavant, comment serait sa nouvelle école ? Arriverait-elle à se faire de nouveaux amis ? Tant d'inquiétudes à gérer pour une si jeune enfant. Elle ne pensait pas que ce serait si douloureux de voir partir les deux locataires du premier bâtiment, celui du rez-de-chaussée, tout d'abord, un couple avec une petite fille, Maryline, qui était devenue une compagne de jeux, puis celui du premier étage, une veuve d'un certain âge qui avait perdu 3 doigts dans un grave accident de voiture ce qui avait toujours intrigué Marie. Comment arrivait-elle à couper sa viande ? Comment faisait-elle pour attacher les boutons de sa robe ? Elle lui aurait bien proposé son aide, mais elle se demandait si cela ne la vexerait pas.

Pendant plusieurs mois, il ne resta que son oncle Frédéric et sa tante au premier, son grand-père au deuxième et dernier étage, sa mère et elle dans l'immeuble de la cour.

Marie ressentit encore plus intensément sa solitude de fille unique. Son cocker, UTO, mourut au même moment, à l'âge de trois ans et demi, à croire qu'une catastrophe n'arrive jamais seule et qu'il préféra s'éclipser que de changer d'univers.

À force de dévaler chaque soir les deux étages à grande vitesse pour aller accueillir Édith, après une dure journée de labeur, il s'était abîmé de façon irrémédiable la colonne vertébrale. Édith avait dû se résoudre à le faire piquer afin de lui éviter d'insupportables douleurs et un probable handicap. Il faut bien que nous, braves bêtes, amies des hommes, ayons un avantage sur vous, humains, qui devez supporter votre souffrance jusqu'à ce que votre cœur ait pitié de votre pauvre corps et accepte de ne plus vous maintenir en vie.

Son oncle, Frédéric, et sa tante, Violaine partirent à leur tour pour vivre dans une tour de dix-huit étages, toute neuve, avec ascenseurs, située juste derrière la maison du frère d'André, Alexandre. Tout y était immense : le hall d'entrée avec ses gigantesques glaces sur tous les murs et ses rangées de boîtes aux lettres à n'en plus finir, les bacs à fleurs posés à même le sol où de nombreuses plantes vertes essayaient de s'épanouir et d'apporter un peu de chaleur à cet espace aseptisé et sans aucun style particulier, sinon peut-être celui nommé : « bienvenue dans le vingt-quatrième siècle ».

Marie se demandait comment tous ses occupants pourraient habiter au même endroit, sympathiser, se parler, se réunir pour manger des gâteaux et boire une citronnade comme ses voisins le faisaient avant, dans son ancienne maison. Cela lui paraissait vraiment compliqué, voire impossible à imaginer. Ils devaient être des centaines.

L'appartement de son oncle lui aussi était d'une grandeur

impressionnante : une petite entrée ouverte donnait accès à une jolie cuisine, tout en longueur, avec plein de meubles de rangement de part et d'autre. Le salon-salle à manger se terminait par un très grand balcon, mais pas très large, accessible par des baies vitrées qui laissaient pénétrer la lumière dans toute la pièce. Un escalier central, agrémenté d'une jolie rampe en fer ciselé, permettait d'accéder à l'étage composé à gauche d'un placard à cinq portes occupant toute la surface du mur (il fallait bien cela pour y ranger tous les vêtements de sa tante et de sa cousine Julie), et à droite de deux belles chambres qui bénéficiaient, elles aussi, de nombreux espaces de rangements. Seule la salle de bains était relativement exiguë, mais semblait très fonctionnelle. Certes, elle n'avait pas de fenêtre, mais possédait un beau miroir entouré de nombreuses ampoules, le tout posé juste au-dessus d'un lavabo en porcelaine émaillée d'un blanc éclatant. La baignoire était spacieuse et de la même couleur : Marie en fut toute impressionnée. La seule baignoire qu'elle avait connue auparavant était celle en laiton que sa mère installait tous les étés, dans la cour de la copropriété, pour qu'elle puisse jouer et se rafraîchir avec sa copine Maryline ou avec ses cousins. Cela n'avait vraiment rien à voir. Elle se prit à imaginer sa cousine Julie allongée dans une eau tiède pleine de mousse soyeuse et odorante, les pieds en éventail, s'imaginant une vue dégagée sur le ciel ou sur la mer. Peut-être pourrait-elle le faire elle aussi lorsqu'elle aurait emménagé dans son nouvel appartement ?

Marie savait qu'elle ne verrait plus aussi souvent sa cousine que lorsqu'elles habitaient ensemble. Cette adolescente de cinq ans son aînée était d'une beauté et d'une grandeur incroyable, 1m78 sans talons, ce qui était peu courant pour l'époque. Malgré les années qui les séparaient, Julie restait très présente pour cette enfant dont elle avait pourtant été très jalouse lorsqu'elle était plus jeune.

À la naissance de Marie, Julie avait cessé d'être la seule petite-fille d'André et sa tristesse pouvait se remarquer sur certaines photographies familiales où apparaissait la nouvelle venue. Le décès soudain de sa grand-mère chérie n'avait rien arrangé. Pourtant, même s'il devait s'occuper à plein temps de Marie, André s'évertuait à ne marquer aucune différence entre elles deux. Elles avaient toujours la même somme d'argent pour Noël ou pour les anniversaires. S'il achetait un jouet à l'une, il donnait l'équivalent à l'autre pour qu'elle ne soit pas lésée, et inversement. Il avait toujours agi ainsi pour ses enfants, il en serait de même pour les générations suivantes.

Marie, elle, était pleine d'admiration pour cette « grande sœur » dont tout le monde vantait le charme et la prestance. Elle adorait se promener dans la rue à ses côtés, mais détestait les sifflements ou remarques parfois osées de certains hommes rencontrés sur leur passage. Elles étaient devenues inséparables. Curieusement, Julie ressemblait davantage à Édith que sa propre fille qui avait pris tous les traits de son lâche de père, c'est du moins ce que lui avaient raconté des personnes qui avaient eu la chance de le rencontrer. Elle était certaine que ce qui lui manquerait le plus, lorsqu'elle aurait déménagé, ce serait les discussions interminables avec sa cousine et les Noël passés chez son oncle Frédéric avec toute la famille. Une fois installé autour de la table de la salle à manger, plus personne ne pouvait bouger tellement la pièce était petite, mais il y régnait une telle chaleur, une telle bonne humeur que nul ne s'en plaignait.

Être bien logé à cette époque était un luxe pour ne pas dire un privilège : ils n'avaient donc pas le droit de se plaindre !

Ces jours-là, il y avait tellement à manger qu'Uto n'avait pas le droit à sa gamelle du matin. Il devait donc attendre patiemment le dîner avant de pouvoir se régaler.

Édith et Marie (et parfois les autres invités) avaient pris l'habitude de lui donner, à cette occasion uniquement, et de façon très discrète, un peu de chaque plat sous la table. Il restait des minutes pour ne pas dire des heures entières à attendre patiemment le bon vouloir des convives. Édith n'aurait jamais supporté que son chien se comporte mal et réclame de la nourriture : le simple fait de prendre le fouet sur le buffet réussissait à le dissuader définitivement d'intervenir de quelque façon que ce soit. Lorsque cela arrivait, et cela arrivait souvent, il attendait patiemment, le plus souvent sous la table de la cuisine, que l'orage passe. Ceci dit, la plupart du temps, un simple regard de sa maîtresse suffisait à le persuader de rester tranquille et de « se faire tout petit ». Sage, gentiment assis sur son postérieur, il faisait « ses yeux de cocker » pour amadouer les membres de la famille (moi aussi, je faisais « mes yeux d'épagneul » et cela marchait tout aussi bien). Pourtant Édith avait échoué avec lui sur un point : impossible de l'empêcher d'attaquer le facteur lorsque celui-ci voulait traverser la cour pour lui apporter son courrier. Rien n'y faisait, ni les changements « d'uniformes », fréquents à l'époque dans cette administration ni l'enfermement du fauve dans l'entrée du petit immeuble. Lorsque le facteur arrivait, Uto, soudain prit d'hystérie, se mettait à aboyer frénétiquement et à faire des bonds impressionnants pour apercevoir par le carreau de la porte celui qu'il détestait tant qu'il rêvait de le dévorer tout cru. Durant toutes ces années, le postier, trop effrayé, n'a jamais osé s'approcher suffisamment près de celle-ci, car il savait pertinemment que le monstre aux crocs acérés attendait patiemment (ou pas) son départ pour pouvoir reprendre le cours normal et paisible de sa vie de chien. Cet animal infernal ne cédait pas un centimètre de son territoire et préférait risquer d'être sévèrement réprimandé plutôt que de lui accorder la moindre concession. Il se contenta donc de rentrer uniquement dans la cour principale et de déposer le courrier dans le hall du premier bâtiment. Uto avait gagné !

Malgré la petitesse des pièces, on trouvait toujours de la place pour installer un sapin de Noël. Généralement, c'était dans la salle à manger, que ce soit chez André, Frédéric ou Édith, chargés à tour de rôle d'organiser les festivités.

Marie et Julie attendaient avec impatience le 15 décembre, moment où elles pourraient enfin décorer avec soins le conifère. La touche finale consistait, en l'absence de guirlandes électriques, à allumer les petites bougies accrochées sur des pinces en forme de pommes de pins, de couleur rouge ou verte, et à éteindre les lumières pour se rendre compte de leur plus bel effet. La tradition voulait également qu'il y ait toujours, au milieu des branches, un camembert, mets préféré de Julie, et un saucisson sec pour Marie, accrochés soigneusement et cachés avec soin par Édith ou son frère. Le jeu consistait, le lendemain du réveillon, à chercher et à trouver le plus vite possible les objets tant convoités (le but étant surtout de les trouver avant Uto bien entendu. Moi, je l'aurais fait en un temps record tant mon odorat est développé. Dommage que ma maîtresse n'ait pas perpétué cette tradition-là).

Pendant toute cette période, les deux immeubles étaient décorés par les guirlandes, en papier crépon, confectionnées depuis début décembre par les deux cousines : de grandes bandes de la même largeur, de deux ou plusieurs couleurs différentes, s'entremêlaient joyeusement. Marie adorait les fêtes de fin d'année. Les villes n'étaient plus aussi tristes lorsque les grands froids arrivaient. Le carrefour des six routes brillait de mille feux. Édith rajoutait de grandes couvertures en laine épaisse et bien moelleuse aux couleurs et aux motifs de Noël, pour que les fillettes n'attrapent pas froid, mais aussi pour décorer l'appartement. À la télévision, des tas d'émissions et de dessins animés, diffusés en noir et blanc, parlaient du père Noël, de Jésus et du Nouvel An. Dès le mois de novembre, Édith adorait acheter des clémentines qui embaumaient toute la cuisine : « ça sent Noël », disait alors Marie de sa petite voix d'enfant émerveillée.

Le soir du réveillon, Marie et Julie se dépêchaient de manger pour aller jouer dans la chambre à coucher. Ce soir-là, elles avaient le droit de veiller toute la nuit jusqu'à ce que le reste de la famille aille se coucher ce qui arrivait en général aux alentours de quatre ou cinq heures du matin. Exceptionnellement, les deux fillettes pouvaient aussi parler avec les grandes personnes même si on les installait, généralement et pratiquement toujours, en bout de table. En principe, il fallait attendre d'avoir quatorze ou quinze ans pour quitter la table des petits et rejoindre celles des adultes : un vrai privilège.

Les premières années, avant son décès, la mère d'André

faisait le voyage de sa Nièvre natale, pour passer les fêtes de fin d'année avec ses enfants. Veuve, depuis plusieurs années, Victor étant mort d'un « problème au foie » (un cancer en fait, car, à l'époque, on n'appelait pas cela ainsi), elle s'ennuyait de plus en plus dans sa petite maison de Saisy devenue vide.

Elle prenait toujours un immense plaisir à annoncer à ses voisins quelques jours avant son départ :

— Je compte sur vous pour nourrir mes poules, car, pour Noël, je monte à Paris. Je vais voir mes gosses.

Marie ne garda d'elle qu'un très vague souvenir immortalisé par quelques rares photos où elle paraissait bien vieille et peu souriante à son goût. Le 25 décembre, tout le monde se réunissait pour le petit déjeuner et pour découvrir les cadeaux apportés dans la nuit par le père Noël. Les gâteaux déposés devant la cheminée, qui n'avait pas fonctionné depuis des années, étaient émiettés dans la coupelle et le lait avait été à moitié bu par les rennes (bien entendu). Uto ne devait se contenter que des restes c'est du moins ce que pensaient les deux cousines.

Marie, une fois mère, perdurera cette tradition pour le plus grand plaisir de ses chiens (dont moi) et de ses enfants.

Elle y ajoutera cependant un rituel supplémentaire qui lui avait manqué durant toute son enfance, Édith étant trop fatiguée après le travail pour s'adonner à cette activité.

Marie s'évertuait à lire, chaque soir, un compte de Noël, avant que ses enfants ne dorment, du premier décembre jusqu'à la nuit du 31 décembre, histoire d'entretenir la magie de cette fête. Lorsqu'elle était enfant, la tradition voulait aussi que chacun n'ait qu'une boîte de chocolats et qu'un seul cadeau, et pas un de plus, ceci afin que les différences de statut social ou de revenus des uns et des autres ne soient pas visibles. Le nom de tous les membres de la famille était joliment indiqué sur de petites cartes confectionnées avec amour depuis plusieurs jours par les deux fillettes. Uto ne dérogeait pas à la règle. Il pouvait rester des heures devant le papier qui contenait le sien (et pas un autre), et ce, jusqu'à ce que le feu vert soit donné pour la distribution. Le museau coincé entre ses deux pattes, il regardait tristement sa maîtresse puis se mettait à tournoyer sur lui-même pour marquer son impatience, mais finissait par reprendre sa position initiale devant l'indifférence totale de celle-ci et des autres personnes présentes. Il devait attendre COMME TOUT LE MONDE ! Marie, elle, avait compris depuis bien longtemps qu'il était inutile d'insister pour ouvrir son cadeau dès son levé, sa mère étant imperturbable tant sur ce sujet que sur bien d'autres.

Avant de se remettre à table pour toute la journée, la famille partait en virée pour rendre visite aux frères et sœur d'André où des cadeaux, une coupe de champagne, des biscuits roses de Reims ou des boudoirs attendaient les invités. Ils suivaient toujours le même parcours. Ils se rendaient d'abord à pied chez tata Cocottes, car ils n'avaient qu'à traverser la rue. Ils prenaient ensuite la voiture pour aller chez l'aîné, Alexandre et son épouse Louise. Puis, ils se rendaient chez la tante Juliette, veuve de Lucien, le quatrième frère (qui bien entendu ne s'appelait pas Juliette, mais Justine, elle aussi débaptisée dès son mariage par André). « Tata Juliette » vivait seule dans un minuscule pavillon où elle élevait des pigeons au fond de son petit jardin. Une fois l'an, elle invitait la famille à venir en manger deux ou trois suivant leur grosseur, avec des petits-pois carotte aux lardons et ils passaient une agréable journée tous ensembles. Enfin, tout ce petit monde finissait la tournée chez le plus jeune de la fratrie, Abel, adepte de la chasse et qui les recevait avec son épagneul breton, « tête de cochon, tête de C… » (comme disait André), dans la cuisine de sa maison peu chaleureuse.

Lorsqu'Édith était enfant, Abel avait un loup blanc de Poméranie, une véritable peste qu'elle détestait, car il attendait toujours qu'elle ait atteint la porte du jardin de son oncle pour la courser et lui mordre les mollets, juste avant qu'elle n'arrive sur le trottoir. À chaque fois qu'elle leur rendait visite, elle angoissait et André ne comprenait pas pourquoi elle insistait toujours pour ne pas l'accompagner. Cette anecdote amusait beaucoup Marie lorsque sa mère la lui racontait. Elle aurait pensé que cette mésaventure aurait dégoûté sa mère des chiens, mais pas du tout, elle les adorait.

Marie préféra ne se souvenir que des bons moments de ces fêtes de fin d'année et oublier les querelles déjà existantes entre son oncle Frédéric et sa femme, Violaine. Par contre, elle conserva précieusement, dans sa mémoire, les disputes mémorables de cette famille pourtant unie, principalement à la fin des repas, devant la table de jeux où des parties de belote endiablées se jouaient comme s'il était question de vie ou de mort. Elle garda également dans un petit coin de son cerveau la délicieuse odeur des cigares que fumaient les hommes, et le goût acidulé des cerises à l'eau de vie que mangeaient les femmes après le café, sans parler des liqueurs de prunes ou de mirabelles versées délicatement sur un petit morceau de sucre blanc, croqué ou sucé avec délice (j'aurais bien aimé y goûter moi aussi, mais ma maîtresse à moi n'en avait plus chez elle lorsque je fus adoptée).

Après l'expropriation et la dispersion de toute la famille, ces fêtes ne furent plus jamais pareilles. Rien en fait, ne fut plus jamais comme avant. Du déménagement, Marie ne garda qu'un vague souvenir. Édith lui avait dit qu'elle ne pourrait pas tout emporter et qu'il fallait absolument qu'elle fasse un tri parmi ses nombreux livres et jouets. Après avoir versé toutes les larmes de son corps, elle finit par se résigner et entreprit ce travail titanesque sous le regard insistant et menaçant de sa mère.

Marie n'eut pas le plaisir de voir le nouveau logement avant d'y emménager. Un soir d'été, après l'école, André la ramena dans ce qui serait désormais son nouvel univers. Elle avait neuf ans et le matin même, elle avait quitté un appartement pratiquement vidé de tous ses meubles. Ne restaient que les deux lits jumeaux, une chaise et un peu de vaisselle. André n'avait pas pu, lui aussi, tout emporter. Les outils et le matériel de jardinage, stockés dans le cabanon construit entre les deux bâtiments, furent soit déménagés chez Madeleine et Maurice, soit écrasés par les bulldozers. Vers seize heures trente, après un bref passage à la boulangerie pour acheter son goûter, Marie découvrit donc avec stupéfaction ce qui serait désormais son « nouveau domicile ».

Il s'agissait d'un HLM de seize étages, un peu semblable à celui de son oncle, entièrement neuf, lui aussi, et de même facture. Seules les couleurs étaient différentes : celui d'Édith avait des teintes plus discrètes, un mélange de beige et de couleur taupe, tandis que celui de Frédéric était, lui, d'un orange marron criard. L'immeuble venait juste d'être terminé et la rue était encore impraticable à cause des travaux. Il était difficilement accessible qu'on soit à pied ou en voiture. Les trottoirs étaient inexistants et l'accès au parking souterrain n'était pas finalisé. Il était situé dans un tout autre quartier que celui des six routes, juste à côté de la nouvelle préfecture, une construction commencée dans les années 70, en plein milieu des champs des maraîchers et horticulteurs. Cette bâtisse avant-gardiste, de couleur gris foncé, presque noire, comme on en construisait souvent dans les villes communistes, avait pour seul atout d'être entouré de nombreux espaces verts et d'un plan d'eau où flottait des espèces de bulles blanches percées de trous laissant entrevoir le paysage.

Pour André et Marie, cette vision était quelque peu surréaliste et tellement loin de ce qu'ils avaient connu précédemment. Fini les vaches et les moutons, les pavillons et les petites copropriétés de quatre étages. Bienvenue dans le monde moderne ! Édith avait préféré demander une location à la Mairie plutôt que d'acheter son nouveau logement comme l'avait fait son frère, car il était entendu pour elle et André que cette solution n'était que provisoire. Elle leur permettrait de bien réfléchir à ce qu'ils souhaitaient faire : acheter à deux un appartement, ou peut-être une maison ?

Effectivement, ils n'y restèrent que trois ans à peine. Ils le quittèrent juste après le décès d'Alexandre pour intégrer son pavillon après lecture de son testament les laissant uniques bénéficiaires. Marie ne le savait pas encore, mais ce nouveau déménagement allait bouleverser sa vie à jamais.

Pourtant en 1973, malgré ses appréhensions et à sa grande surprise, elle s'adapta assez facilement à cet environnement si nouveau pour elle. Tous ces changements, cette modernité auraient pu en déstabiliser plus d'un. Elle, qui était habituée à vivre dans un tout petit bâtiment, en communauté, se retrouvait complètement perdue dans ce building immense où elle ne connaissait personne et où les gens semblaient peu enclins à vouloir faire sa connaissance.

Par contre, dans sa nouvelle école tout s'était bien passé. Les locaux étaient eux aussi récents. Les maîtresses étaient jeunes et gentilles. Elle s'était fait plein de nouveaux amis. Tous les mardis matin, elle partait en car avec sa classe, à la piscine située juste à côté de son futur collège. Elle n'aimait pas l'eau et ne savait pas très bien nager. Elle avait toujours été d'un naturel craintif, pour tout, même sans raisons particulières, sans doute à cause du fait qu'elle était souvent seule, dans des espaces bien trop grands pour une si petite fille.

La piscine en fait était synonyme, pour elle, de mauvais souvenirs, car comme disait souvent André : « Chat échaudé craint l'eau chaude ». Édith avait absolument insisté pour lui faire prendre des cours de natation pendant ses dernières vacances d'été, en Bretagne. Elle avait peur que sa fille ne se noie lorsqu'elle allait se baigner dans la mer. Ce n'est pas Édith qui aurait pu la secourir : elle n'avait jamais appris à nager et en voulait à ses parents de ne pas l'avoir poussée à le faire. Un jour, après son heure de cours, Marie était restée plus d'une heure dans le hall du centre nautique à attendre sa mère qui n'arrivait pas. Le maître nageur faisait tout pour la rassurer, mais il ignorait qu'Édith n'était JAMAIS en retard. Si elle n'était pas là, c'est qu'il s'était passé quelque chose de grave, Marie le savait. Édith avait bien des défauts, mais elle n'aurait jamais oublié sa fille où que ce soit. La fin de la journée approchait dangereusement lorsqu'Édith apparut dans l'embrasure de la porte du bassin, une blessure à la tête et un bandage au bras. Elle venait d'avoir un accident de voiture. Marie avait une nouvelle fois raison. La fillette chagrinée ne voulut plus jamais y retourner malgré les menaces de sa mère. Elle se contenterait donc de barboter au bord de l'eau ou de « flotter sur le dos comme un cachalot » comme elle le dira plus tard à ses enfants.

Après l'école, André venait la chercher en vélo pour porter son cartable bien trop lourd pour son dos douloureux maltraité par une scoliose naissante. Puis, il prenait un peu de distance, juste de quoi lui permettre de faire le trajet avec ses amis sans avoir l'air de les espionner ou de la materner, pas trop cependant pour pouvoir tout de même la protéger au cas où.

En début d'année, on devrait obliger les enseignants à porter pendant un kilomètre au moins les cartables remplis des fournitures et livres exigés par eux chaque jour. Peut-être arriveraient-ils à comprendre enfin que c'est totalement inhumain et surtout néfaste pour des ossatures en pleine formation ! Pourquoi avoir tant tardé à adopter le même système qu'aux États-Unis, celui des casiers pour chaque élève, armoires où ils peuvent mettre tout leur matériel et n'emporter chez eux que le strict minimum, juste le nécessaire pour faire les devoirs du soir ? Une fois à la maison, Marie prenait son goûter avec André dans la jolie cuisine moderne donnant sur le balcon qui faisait pratiquement tout le tour de l'appartement. Plus besoin de faire chauffer l'eau, tout était « dernier cri », clair et fonctionnel. Il y avait aussi des toilettes indépendantes dans l'entrée : plus besoin d'aller dehors ou de préparer un sceau pour la nuit : un vrai bonheur !

C'est en ce lieu que Marie découvrit un jour, à peine âgée de douze ans, qu'elle était devenue une femme. Édith n'ayant jamais parlé de ces choses-là à sa fille, elle avait tout d'abord cru être très malade, pour ne pas dire mourante en voyant le sang s'écouler sur la cuvette. Devant le questionnement de Marie, Édith lui avait simplement répondu :

— Oh, mais ce n'est rien. Cela veut juste dire que tu peux avoir des enfants maintenant ! Ce sera comme cela tous les mois. C'est loin d'être drôle d'être une femme, il va falloir t'y faire ! Elle ne lui parla pas non plus de la différence entre les tampons et les serviettes, des effets indésirables : maux de tête ou de ventre... Marie découvrirait toute seule les inconvénients d'être une adulte : le corps humain était un mystère pour elle et celui des hommes encore davantage.

Dans l'entrée, se trouvait aussi un grand cagibi où André avait pu ranger tout ce dont ils n'avaient pas réellement besoin : du vin, des souvenirs de ses années passées à la SNCF, des affaires ayant appartenues à Agathe et d'autres babioles. À proximité des trois chambres, il y avait une salle de bains spacieuse, pratiquement aussi grande que la cuisine, mais dépourvue, comme chez son oncle, Frédéric, de fenêtre. Là aussi, pas de vue sur le ciel ou sur la mer, juste le plaisir de se prélasser dans une grande baignoire remplie d'eau bien chaude, sortie par miracle d'un robinet-vannes couleur argent. Au début de leur installation, Marie s'était trompée à plusieurs reprises entre l'eau chaude et l'eau froide : tout n'était qu'une question d'habitude. Ébouillantée une fois, elle avait bien compris la leçon : « Chat échaudé.......... ». Le long couloir menant aux chambres à coucher était jonché de rangements, ce qui avait ravi Édith. Elle avait pu y mettre tous ses vêtements et autres linges de maison ; il lui restait même un peu d'espaces libres pour l'avenir. Tous les gens qui leur avaient rendu visite avaient ressenti, au premier regard, un a priori devant cette tour immense composée d'une soixantaine de logements, mais après avoir pénétré dans l'appartement, ils avaient tous été conquis par sa grandeur, ses placards et sa clarté.

Le frère d'Édith, Frédéric et sa femme, Violaine, qui avait toujours éprouvé une certaine jalousie vis-à-vis de sa belle sœur, furent impressionnés eux aussi, pour ne pas dire quelque peu dépités qu'Édith ait pu obtenir un logement bien plus beau et plus spacieux que le leur. Il faut dire qu'Édith avait beaucoup de goût que ce soit vestimentaire ou pour la décoration. Elle aimait chiner dans les brocantes et trouver le meuble ou l'objet qui ferait la différence, ce qui fait que son intérieur ne ressemblait à aucun autre. Chez elle, fini les buffets et tables en formica. Elle préférait les tables de ferme authentiques, les lits clos bretons transformés en buffets et prie-Dieu agrémentés d'une plante verte.

Édith était exaspérée par la femme de son frère « envieuse et sans grande intelligence » (c'est du moins ce qu'elle pensait), et cela depuis leur rencontre. Édith pensait que la première impression était toujours la bonne. En fait, elle ne se trompait jamais ou très peu. Frédéric l'avait rencontrée lorsqu'il avait vingt-deux ans. Jeune, Violaine n'avait pas vraiment de personnalité particulière, mais elle était fraîche et surtout très amoureuse de lui. Elle lui avait affirmé qu'elle était majeure : il n'y avait donc aucun obstacle à cet amour naissant. Pourtant, un jour, à la sortie de l'usine Michelin où travaillait Frédéric, celui-ci avait eu la désagréable surprise d'être interpellé par un monsieur, plutôt jovial d'apparence, mais à l'air quelque peu contrarié, qui n'était autre que le père de Violaine. Il lui avait alors expliqué, très calmement et sans aucune animosité, que sa fille n'ayant que seize ans, il souhaitait que leur relation ne continue que sous la surveillance de ses parents, et qu'à cette seule condition. Frédéric était devenu un beau jeune homme, grand, avec beaucoup d'allure malgré son bleu de travail. Son apparence sérieuse et son sourire ravageur, quelque peu coincé en ces circonstances, avaient légèrement calmé l'appréhension et la rage de René, le père de Violaine. Au fonds de lui, les sentiments de Frédéric s'entremêlaient : il hésitait entre déconvenue et colère, mais il avait été charmé par ce grand monsieur, bien habillé avec un pardessus gris clair en cachemire et un chapeau en flanelle, le tout assorti d'une écharpe écossaise très élégante. Cet homme intelligent avait bien compris que ce garçon bien élevé avait été berné par sa fille et il ne semblait pas lui en tenir rigueur. Ils s'étaient donc quittés en se serrant la main après avoir convenu de le revoir lors d'un dîner avec ses parents bien entendu. Frédéric savait que cette invitation serait décisive. Contre toute attente, et malgré l'appréhension des deux jeunes gens, cette soirée se passa admirablement bien. Frédéric avait pardonné son mensonge à Violaine (malheureusement, ce ne serait pas le dernier), et les futurs beaux parents, René et Marie-Thérèse, avaient été littéralement séduits par le couple uni que formaient Agathe et André. Une longue amitié venait de naître, une amitié qui ne ferait que croître avec les années.

La rencontre entre Violaine et Édith fut bien plus compliquée. Il faut dire qu'avec Édith rien n'était jamais simple : elle savait lire en chacun et ne se trompait JAMAIS sur les gens (ce qui énervait beaucoup Marie et André). Lorsqu'elle n'aimait pas ou n'appréciait pas quelqu'un, elle ne perdait pas son temps à essayer de changer d'avis et avait beaucoup de mal à cacher ses sentiments. Elle ne revenait jamais en arrière, car elle avait été trop souvent déçue et blessée par le passé pour s'abaisser à le faire. Elle avait bien su tirer les leçons de la vie.

Curieusement, lorsqu'ils vécurent tous ensemble aux six routes, tout se passa bien. Aucune dispute particulière, pas de réflexions désobligeantes, juste une ou deux divergences concernant les filles, Julie et Marie, rien de grave en vérité.

Il faut dire que le décès subit d'Agathe avait rassemblé toute la petite famille. Il fallait qu'André surmonte son chagrin. Tout le monde devait y mettre du sien et agir en conséquence, avec intelligence. On aurait pu croire qu'André aurait eu du mal à s'habituer à vivre dans ce nouvel univers aseptisé, mais il n'en fut rien. Il alternait ses journées entre l'école de Marie et le jardin de Madeleine et n'était finalement pratiquement jamais dans le HLM. Il avait reconstitué sa chambre à l'identique en y installant les meubles achetés le jour de son mariage. Édith lui avait choisi un papier de couleur saumon très clair, presque pêche, pour égayer le tout ce qui donnait un joli rendu. Sa fille adorait cette pièce et aimait y aller à l'insu de sa mère. Le deuxième jour, après leur emménagement, Marie, pour ne pas dire « Sophie », avait trouvé le moyen d'étrenner ce nouvel aménagement en sautant de joie, et de toutes ses forces, sur le grand lit d'André ; malheureusement, ses bonds vinrent rapidement à bout d'un des pieds du précieux meuble. André, furieux, gronda Marie, mais conscient des foudres que pourrait subir sa petite-fille de la part de sa mère, prit l'initiative de le réparer avant son retour du travail. Finalement, Édith n'en sut jamais rien.

Édith et André appréciaient la propreté et la netteté de leur immeuble. Si chacun y mettait du sien, ce HLM pourrait rester propre et agréable pendant des années. Malheureusement, trois ans plus tard, lorsqu'ils partirent, tous les appartements étaient occupés, des papiers jonchaient parfois le sol du hall d'accueil malgré la présence d'une poubelle à disposition de tous, quelques rayures étaient apparues dans les ascenseurs, creusées à l'aide de clés ou autres ustensiles et des disputes entre voisins avaient éclatées faute de respect des civilités d'usage.

— Arrêter de vous plaindre parce que c'est sale ou dégradé ! Vous êtes tous responsables. C'est à vous de faire de votre lieu de résidence ce qu'il est ! En rendre responsables les autres, n'est que mauvaise foi ! avait déclaré un jour André, excédé en entendant des gens se lamenter dans le couloir de l'immeuble sur la fatalité d'habiter un HLM.

Mais une fois la porte d'entrée fermée, c'était le bonheur. Édith avait bien décoré l'appartement. Elle avait commandé chez un artisan menuisier, en Bretagne, de nouveaux meubles en chêne pour la chambre de sa fille : un lit bateau, une petite table de nuit et un secrétaire pour faire ses devoirs. Édith avait conservé les lits jumeaux et la commode de l'ancien appartement pour sa propre chambre.

Pas besoin d'acheter d'armoire, car Marie avait eu elle aussi le plaisir de découvrir, dans son nouvel espace, six portes de placards, avec des possibilités de rangements du sol au plafond. En haut, Édith y avait rangé en priorité ce dont Marie se servait le moins. Deux placards furent consacrés aux vêtements de la fillette, les deux autres à ses livres et à ses jouets. Édith avait finalement eu « le nez creux » de lui faire faire un tri, car elle n'aurait jamais pu y mettre tout ce qu'elle avait accumulé depuis sa naissance, même en tassant bien. Décidément, même si ça l'agaçait fortement, sa mère avait une nouvelle fois raison.

Deux inventions du vingtième siècle vinrent transformer la vie de la famille durant leur passage éclair dans cet immeuble. Tout d'abord le branchement d'une ligne téléphonique et l'installation d'un combiné gris clair avec dix trous pour chaque chiffre où les petits doigts de Marie s'accrochaient parfois lorsqu'elle essayait de composer un numéro. Édith en avait appris le fonctionnement à André et sa fille. Elle l'avait installé dans l'entrée sur un petit guéridon du plus bel effet ramené d'une foire à tout. Un petit calepin, posé soigneusement à côté de cet appareil étrange, renfermait les numéros des principales administrations : police, pompiers, poste… et de ceux, privilégiés comme eux, comme Frédéric et Violaine, qui avaient la chance d'en posséder un. Édith avait demandé toutefois à Marie de ne pas l'utiliser sans demander la permission. Bien que très espiègle, Marie n'aurait jamais dérogé à cette nouvelle règle.

L'autre changement important fut l'arrivée dans la salle à manger d'une très très grosse télévision en couleur. Cet objet presque aussi long que large et qui valait une fortune à l'époque n'existait que dans les foyers les plus aisés. Aussi, lorsqu'un soir, en rentrant de l'école, Marie aperçut cette merveille qui remplaçait leur vieil écran gris foncé, au moins trois fois plus petit que leur nouvelle télévision, elle resta bouche bée puis sauta sur place comme une sauterelle qui aurait pris du LSD ou du Red Bull. André lui expliqua que c'était un cadeau de son oncle Alexandre, qu'elle avait été apportée à sa grande surprise pendant qu'elle mangeait à la cantine. Les livreurs s'étaient occupés non seulement de son installation dans le salon-salle à manger, mais également de tous les réglages nécessaires pour son bon fonctionnement. Aussi, quand André appuya sur le bouton « Marche », une image superbement claire et colorée, sans zigzags ni perturbations quelconques, apparue comme un enchantement devant les magnifiques yeux de Marie qui resta un long moment la bouche grande ouverte tant elle était émerveillée. Madeleine n'allait pas en croire ses yeux lorsqu'elle lui en parlerait : elle avait hâte de le faire. Il faudrait qu'elle vienne un jour à la maison pour voir cela. Il fallait aussi penser à remercier tonton Alexandre pour sa gentillesse et sa générosité. Elle n'y manquerait pas. Elle commencerait par lui passer un petit coup de fil le soir, lorsqu'Édith serait rentrée et irait ensuite lui rendre visite pour l'embrasser dans sa jolie maison, bien trop grande pour lui depuis la mort de sa femme tant aimée, Louise. Marie ne savait pas encore que, trois ans plus tard, cette maison serait aussi la sienne.

Paralysée après une attaque cérébrale, sa tante Louise était restée plusieurs années, muette et fortement handicapée. Elle n'avait rien perdu de sa beauté légendaire, malgré sa maigreur et ses cheveux devenus gris cendré. Louise arrivait tout de même à esquisser un léger sourire lorsque le ravissant minois espiègle de Marie pénétrait dans la pièce où elle se trouvait. Toute la journée, elle restait prisonnière de son fauteuil roulant, cantonnée au rez-de-chaussée de son immense bâtisse qui comprenait pourtant trois étages de plus de cent mètres carrés chacun sans parler du sous-sol qui était sensiblement de la même taille. Alexandre la lavait, la coiffait, la faisait manger, la descendait dans ses bras, malgré son âge avancé, le matin et la remontait dans sa chambre le soir. Il s'occupait de la maison et du jardin et s'évertuait à faire comme si rien n'avait changé. Leur chien loup noir restait toute la journée assis à côté de sa maîtresse, guettant la moindre faiblesse, le moindre malaise. D'ailleurs, pourquoi dit-on : « Quoi de plus fidèle qu'un chien ? », on devrait plutôt dire : « Qui de plus fidèle qu'un chien ? » Ne sommes-nous pas le meilleur ami de l'homme, après le cheval d'après certains ?

Après le décès d'Alexandre, André le confira à sa sœur Léopoldine partie s'installer « à la cloche de bois » il y a quelques années dans le Nord de la France avec celui qui allait devenir son époux. André admirait beaucoup son frère pour ce dévouement sans faille et Édith aussi, car cela lui montrait une image différente de celle qu'elle se faisait des hommes : casaniers ou infidèles, peu sérieux, peu fiables, dépensiés, colériques... Alexandre était tout le contraire. Le soir, lorsqu'il prenait son épouse dans ses bras pour la monter délicatement à l'étage, il avait l'impression de soulever une plume tant elle était devenue légère et fluette. Malgré ses cinq infarctus en quinze ans, il continuait à la porter précautionneusement comme s'il s'agissait d'un objet d'une valeur inestimable ou d'une poupée en porcelaine, ce qu'elle était au fond.

Tous ses frères et sœurs souffraient de maladie de coeur, Alexandre n'échappait pas à cette règle et sa vie pouvait s'arrêter d'un moment à l'autre, c'était une évidence. Cela l'inquiétait beaucoup même s'il savait que les deux frères qui lui restaient, Abel et André, ne laisseraient jamais sa femme livrée à elle-même. « La famille, c'est sacré » aurait pu être leur devise.

Un été, André avait dû interrompre ses vacances en Bretagne pour aider et soutenir son frère aîné dont la femme avait rendu son dernier soupir pendant son sommeil. Il avait peur que le cœur d'Alexandre ne résiste pas à tant de chagrin. Édith, elle, s'inquiétait pour celui de son père, car André fut très affecté par le décès de sa belle-sœur.

Il n'avait jamais oublié que c'était Louise et Alexandre qui l'avaient accueilli et qui s'étaient occupés de lui lorsqu'il était arrivé, à peine adolescent, de sa Nièvre natale à Paris. Cela avait beaucoup renforcé leurs liens et André se voulait donc encore plus protecteur avec ce frère-là qu'avec les deux autres, Lucien et Abel. Alexandre, qui n'avait pas eu le bonheur d'avoir des enfants, adorait ses neveux et nièces, surtout Frédéric, car dans cette famille, seuls les garçons avaient vraiment de l'importance. On s'attardait davantage sur leurs parcours que sur ceux de leurs sœurs. Édith avait beaucoup souffert de cet état de fait dans son enfance et cela avait sans doute aidé à forger le caractère qu'elle allait avoir plus tard.

Être fille-mère dans les années soixante n'avait fait que renforcer sa détermination à réussir aussi bien qu'un homme et à acquérir, par de nombreux sacrifices qui laisseraient des cicatrices indélébiles, une autonomie et une ascension professionnelle que tout homme lui envierait.

Alexandre était devenu encore plus « fortuné » après la vente à la Mairie des nombreux hectares acquis au cours des années (même si leur prix définitif était bien en dessous de leur valeur réelle), et suite à l'héritage de son beau-père, un des plus prospères maraîchers de la région parisienne. Comme toutes les personnes qui avaient connu la guerre, il préférait économiser sou par sou et ne pas dilapider cet argent durement acquis depuis son adolescence : « On ne sait jamais ce qui peut arriver », disait-il, « Il vaut mieux être prudent ».

Sa maison principale était donc très jolie à l'extérieur et très bien fleurie avec un magnifique jardin, mais l'intérieur était d'une simplicité et d'une froideur déconcertante. Seuls le grand réfrigérateur et le téléviseur laissaient présager d'une quelconque aisance. Lorsque la sienne eut rendu l'âme, il décida d'en profiter pour en racheter trois : une pour lui, une pour son neveu Frédéric et sa femme Violaine et enfin une dernière pour son frère André et sa nièce Édith. Ils la recevraient tous le même jour. Il ferait ainsi des heureux.

Alexandre était conscient des sacrifices faits par Édith en s'occupant ainsi d'André. Il lui était vraiment très reconnaissant de veiller ainsi sur son frère : on ne devait jamais laisser tomber un membre de sa famille, peu importe les inconvénients que cela pouvait engendrer. Cela était très courant à cette époque. Les enfants trouvaient normal de prendre soin de leurs parents et de les accueillir chez eux si nécessaire. Alexandre avait été très inquiet pour son cadet lorsqu'il avait perdu sa chère Agathe de façon si brutale et inattendue. Il avait trouvé cela courageux plutôt qu'égoïste de la part d'Édith de confier son enfant, à peine âgée de six mois, à cet homme dévasté par le chagrin, sombrant dans l'alcool alors qu'elle était absente du matin jusqu'au soir. Il aurait été sans doute plus logique qu'André aille vivre chez son fils Frédéric, mais celui-ci était marié, avait une petite fille et cela aurait été beaucoup plus compliqué, alors qu'Édith, à peine mère et promue à un brillant avenir, se remettait mal du départ du père de son enfant. Si le fait de s'occuper de Marie pouvait ramener André à une vie normale et heureuse, la présence permanente de son père pourrait servir de moteur à Édith, quelque peu paniquée et angoissée par sa nouvelle vie.

Tout le monde y trouvait finalement son compte.

En 1975, le chanteur, Mike BRANT meurt, à l'âge de 28 ans, défenestré, suite à un chagrin d'amour, c'est du moins ce qu'ils avaient dit à la radio. Les copines de Marie pleuraient toutes sa mort dans la cour de l'école primaire. Marie ne comprenait pas pourquoi tant de chagrin pour une personne qu'elles ne connaissaient pas personnellement ? Même s'il était beaucoup plus beau à la télévision en couleur qu'en noir et blanc et qu'il chantait plutôt bien, cela méritait-il une telle effusion de larmes ? Cette année-là, ses amies l'appelaient tout le temps Marylène suite au succès fulgurant de la chanson des Martin Circus. Marie finissait par la détester à force de l'entendre fredonnée à longueur de journée. Décidément, il n'y avait pas qu'André qui aimait débaptiser les gens. Elle ne savait pas encore qu'elle n'en finirait pas de souffrir à cause de ce prénom choisi au dernier moment par sa mère : à 25 ans, avec « Goodbye Marylou » de Michel POLNAREFF puis à 27 ans avec « Petite Marie » de Francis CABREL, fredonnée par ses collègues à chacune de ses entrées dans le bureau. À trente-huit ans, elle allait revivre le même calvaire avec « Oh Marie » de Johnny HALLIDAY, ce qui finit de la contrarier. Décidément, son prénom inspirait beaucoup de chanteurs. Mais pas seulement en fait, à la télévision, toutes les héroïnes des téléfilms se prénommaient Marie. Les garçons qu'elle rencontrait s'extasiaient de façon béate en déclarant d'un air benêt : « C'est tellement ravissant et ça te va si bien ! ». Un de ses patrons lui avait même avoué, lors de son pot de départ, avoir prénommé une de ses filles Marie grâce à elle. Avec sa femme, ils trouvaient ce prénom vraiment joli, « comme elle », avait-il cru bon de rajouter. Là, par contre, elle en fut flattée.

Elle ne le savait pas encore, mais l'année 1976 allait marquer un tournant dans sa vie. C'était la dernière année que Marie passerait dans ce HLM qui s'était beaucoup détérioré en l'espace d'à peine trois ans et qu'elle quitta donc sans aucun regret. La canicule de cette année-là débuta dès le mois de mai. Elle fut très dure à supporter pour tout le monde, surtout pour les personnes âgées. Édith s'inquiétait beaucoup pour André.

À force de transpirer, Marie avait de plus en plus de mal à coiffer ses longs cheveux noirs et, depuis qu'elle était devenue « grande », elle voulait adopter une coiffure plus féminine, plus mature. Un soir, elle avait pris son courage à deux mains pour demander à Édith la permission d'aller avec sa cousine Julie chez le coiffeur pour « changer de tête ». À la grande surprise de Marie, sa mère lui donna son accord et n'insista même pas pour l'accompagner. Sur les conseils de Julie, elles se rendirent à pied chez le plus grand coiffeur de la ville voisine, « chez Gaétan » où Marie demanda d'un air assuré une coupe courte avec des dégradés derrière et sur les côtés. Elle sentit son cœur se déchirer lorsqu'elle aperçut sur le sol au carrelage blanc un gros tas de mèches noires, mais fut tout à fait rassurée, impressionnée et totalement satisfaite du résultat lorsqu'elle se regarda dans le miroir. Sa nouvelle coiffure m'était incontestablement en valeur son visage fin et pâle. Elle faisait ressortir ses pommettes saillantes et ses grands yeux marron clair tirant sur le vert foncé et lui procurait l'effet escompté : elle ressemblait à une vraie jeune fille. Sa cousine, qui n'avait souhaité qu'un léger « raffraichissement » (c'est-à-dire une coupe de deux centimètres sur la longueur), n'en revint pas tellement la transformation était impressionnante.

Lorsque les deux cousines entrèrent dans l'appartement, Édith accueillit sa fille en ouvrant les bras : cela voulait dire qu'elle approuvait son choix. André, lui, esquissa un large sourire. Marie était rassurée et comblée. Ils la trouvaient jolie.

En juin, la température commença à devenir insupportable. Édith avait de plus en plus peur pour son père. Travailler dans le jardin de Madeleine ou celui d'Alexandre, en plein soleil, était déraisonnable et pouvait s'avérer dangereux pour sa santé, les nuits étant devenues tellement chaudes, il était parfois impossible de dormir. Leur appartement, situé au 3ème étage de l'immeuble avait la chance d'être légèrement protégé du climat par une grande butte d'herbes parsemée d'arbres qui apportaient un peu d'ombre et d'air frais. Par contre, la chambre d'Édith et celle d'André étaient situées plein sud. Édith avait beau laisser les volets fermés toute la journée, le soir, elles ressemblaient à une vraie fournaise. Les habitants de la ville ne sachant plus quoi faire pour se rafraîchir venaient s'installer sur la pelouse de la préfecture et dans son parc pour y manger des glaces, à l'abri des rayons du soleil. Des enfants avaient réussi à monter sur les bulles blanches du bassin pratiquement aussi grand qu'une piscine olympique et glissaient avec volupté leurs pieds dans cette eau qui était restée relativement fraîche.

Fin juin, n'y tenant plus, Édith installa sur le balcon les

transats réglables qu'elle avait stockés dans le cagibi de l'entrée en attendant les prochaines vacances. Chacun pourrait venir y dormir s'il le désirait, si la température continuait à grimper sur le thermomètre fixé sur le mur.

Début juillet, comme chaque année, tout le petit monde partit, avec encore plus de plaisir que d'habitude, destination Plouezoc'h, petit village du Finistère, situé à à peine un kilomètre de la mer. Le petit cocker couleur fauve, prénommé Forban (rien à voir avec le groupe de chanteurs, mais tout simplement la traduction de « Voyou » en breton) avait minutieusement déposé, un par un, dans la valise posée sur le sol par Édith, ses jouets de peur de ne pas être du voyage. Marie avait hésité entre Farfadet, Fâcheux ou Fantôme, car c'était l'année des F, ce qu'Édith avait trouvé moyennement drôle. Elles avaient finalement eu l'idée de prendre le dictionnaire breton sur l'étagère du salon et optèrent toutes deux pour ce nom qui se prononçait en fait « Forbane » et qui correspondait parfaitement au caractère du petit animal qui passait son temps à faire des bêtises. C'était un mangeur de chaussons, un voleur de nourritures, un buveur des fonds de verre d'apéritifs laissés malencontreusement sur la table du salon… André trouva ce nom curieux, mais parfaitement adapté à la personnalité de ce petit animal : il finit par s'y faire.

Mi-juillet, lorsque Julie rejoignit sa cousine pour les vacances, elle ne la reconnut pas en la croisant sur la plage tellement sa peau était devenue foncée, presque noire. Si Julie arrivait à prendre un léger coup de soleil, c'était déjà un miracle. Marie, elle, devait avoir hérité cette particularité du côté de la famille de son père : une peau fine et claire l'hiver, mais réceptive au moindre rayon du soleil dès que celui-ci se montait.

Losqu'elle partait au ski en février avec Édith, elle devait d'abord prendre un traitement homéopathique longtemps avant de monter dans le train et plus tard, faire deux ou trois séances d'UV avant de pouvoir affronter librement l'étoile du système solaire et ses conséquences. Si elle ne le faisait pas, elle ressemblait à une tomate farcie brûlée et toute desséchée, oubliée dans un four à thermostat 180 degrés minimum pendant des heures.

Les derniers mois passés dans le HLM se passèrent tout à fait normalement. Marie avait changé de classe, mais pas d'amies. Elle avait sympathisé avec son professeur de dessin qui la trouvait très douée et qui voulait absolument l'aider à préparer son entrée à l'École Boulle (école de design et métiers d'art). Il faut croire que c'était vrai puisque la plupart du temps ses notes oscillaient entre le 16 et le 19 sur 20 et pratiquement toutes ses réalisations étaient affichées soit dans la classe, soit dans les couloirs de l'établissement. Son professeur de français, elle, avait convoqué dès le mois de septembre Édith pour lui faire part de son ressenti sur Marie et lui avouer que cette adolescente, qu'elle trouvait calme et discrète, s'inventait en fait une tout autre vie. L'institutrice savait, par le questionnaire rempli chaque début d'année par les élèves, que Marie n'avait pas de père et que c'était son grand-père qui s'occupait d'elle la plupart de temps. Or, lorsqu'elle avait demandé à la rentrée, à chaque adolescent, de raconter, dans une rédaction, leurs vacances d'été, Marie avait parlé de ses deux mois passés en Bretagne où de nombreux membres de sa famille peuplaient un récit haut en couleur. Elle y parlait de cousins et de vieilles tantes qui s'évertuaient

à ne parler que breton lors des repas familiaux, de tablées d'une vingtaine de personnes où toutes donnaient « la main à la patte », de repas gargantuesques et de veillées dans le jardin jusqu'à des heures très tardives. Tout cela était pourtant vrai et ravissait cette fille unique qui avait perdu, à ses neuf ans, cette vie en communauté dont elle gardait une profonde nostalgie. Le professeur avait fini par s'excuser platement devant une Édith plus en forme et plus révoltée que jamais :
— Ma fille n'est pas une menteuse, tous les lieux et tous les gens dont elle vous parle existent et je ne comprends pas que vous puissiez mettre cela en doute sous prétexte que je suis seule à l'élever ! Fin de la discussion, fin du problème, par la même occasion.

Un soir d'automne, Julie vint chercher Marie à la sortie des classes, ce qui n'arrivait jamais. Elle semblait avoir pleuré et n'arrivait pas à cacher sa peine. Elle prit sa petite cousine très intriguée par les deux mains et lui avoua d'une petite voix frêle et tremblante :

— Notre oncle Alexandre est mort. Pépé André était en train de l'aider à déplacer un pot contenant un arbuste et il s'est écroulé devant lui. Il n'a pas souffert, il a juste dit à notre grand-père que c'était fini. Quand le médecin est arrivé, il ne respirait plus. Marie, je suis désolée, il nous a quittées.

Les larmes montèrent dans les yeux de Marie qui ne put les retenir ; Julie lui tendit gentiment un mouchoir. André disait toujours : « si le Bon Dieu les a créés, c'est pour s'en servir » : Marie ne s'en priva pas. Les tentures noires furent posées devant la porte. L'enterrement eut lieu sans la petite fille, encore trop jeûne pour y assister selon Édith malgré ses douze ans.

Décidément, cette année 1976 était bien étrange. Elle se terminait mal et bien à la fois, car Alexandre avait décidé de léguer sa maison à son frère André. Marie allait déménager de son HLM pour intégrer fin décembre, juste avant Noël, une maison entièrement réhabilitée et redécorée par Édith ou plus précisément par un entrepreneur trouvé par celle-ci. Ce pavillon froid dont toutes les pièces étaient recouvertes de peintures dans les tons pastel devint attrayant, chaleureux, magnifique. La cuisine fut agrémentée de jolies fausses poutres plus vraies que nature et les meubles en formica furent remplacés par des éléments en chêne massif. Dans l'immense entrée centrale, Édith installa son très beau lit clos breton dans lequel des étagères lui permirent de ranger toute sa vaisselle de jour ou pour recevoir celle achetée rue de Paradis à Paris. La salle de bains, de taille aussi imposante que la cuisine, aurait pu servir de salle de danse. Marie aimait s'y prélasser et rester des heures dans ses teintes de rose et de mauve très apaisantes pour son esprit. Gros avantage supplémentaire, elle pouvait ouvrir la grande fenêtre pour observer les oiseaux et le ciel de la baignoire, car il n'y avait qu'un vis-à-vis très lointain.

Le salon-salle à manger fut entièrement revu lui aussi. Sur un tapis persan dans les tons rouges et ocre trônait une magnifique table de ferme pouvant accueillir une dizaine de personnes agrémentée de huit chaises en bois de chêne. Une maie, un vaisselier et un meuble ancien renfermant la télévision créaient une harmonie à la fois rustique et moderne grâce à des murs et de grands voilages de couleur blanche. Le canapé de velours noir, trois places, trônait dans la partie salon avec des coussins de couleurs multiples. Pour les chambres, Édith avait retrouvé les mêmes papiers peints qu'elle avait achetés trois ans plus tôt pour le HLM et avait donc reproduit la même atmosphère dans chacune d'elles. Enfin, dans le grenier, elle avait installé tout le long du mur des bibliothèques pour pouvoir ranger tous ses livres et avait créé une grande salle de jeux où toutes les affaires de Marie, livres, jouets, bouquins, photos, peluches…, avaient été regroupées. Ce fut dur au début pour Marie de s'habituer à ce nouvel univers : tout y était si grand, si spacieux, si beau et surtout si calme. Pour se rassurer, au début, elle avait caché sans le dire à personne, un couteau sous son oreiller, car la première nuit, elle avait du réveiller Édith suite à un bruit suspect qu'elle avait entendu dans le jardin ; sa mère l'avait rassurée en lui affirmant qu'il s'agissait certainement d'un chat.

Cet hiver-là, il fut prévu de fêter la fin d'année en Bretagne. Cela tombait bien, car Édith n'avait pas eu le temps de vraiment s'organiser suite à ce déménagement non programmé. Tout le monde partit donc en voiture, avec vêtements de fêtes et cadeaux, en direction de la maison familiale de René et Marie-Thérèse, les parents de Violaine, dans les Côtes-d'Armor à côté de Saint Brieux. Frédéric, Violaine et Julie arrivèrent deux jours plus tôt pour aider Marie-Thérèse pour les préparatifs. Pendant une semaine, ce ne fut que détente et bonheur. Le soir du réveillon, tout le monde se rendit à la messe de minuit. Il faisait froid, mais le « spectacle » en valait la peine. La petite église du village était pleine à craquer. Les chants des enfants de chœur étaient émouvants et donnaient envie de pleurer de bonheur pour les uns, de tristesse pour les autres. Les bougies scintillaient de mille feux. Tous les gens semblaient se connaître et s'apprécier. Marie ne ressentait que de la quiétude et du bien-être. Était-ce cela le Paradis ?

De retour à la maison, chacun s'installait au chaud près de la cheminée pour un repas frugal juste après avoir découvert avec bonheur son Cadeau. Les filles étant grandes, il était devenu inutile d'attendre le lendemain matin.

Forban, fût enchanté par son os en corne et Marie par son magnifique chien loup en peluche grandeur nature.

Ce fut un très joli Noël.

Aucune dispute, aucune remarque désobligeante de Violaine ne vinrent ternirent le tableau. Édith était détendue et patiente. Ce fut une des rares fois où Marie put apprécier pleinement les fêtes de fin d'année de sa période « adolescence ». Non seulement une année riche en émotions se terminait : « Bloavez mad (bonne année en breton) à tous ! » comme disaient René et Marie-Thérèse.

Une nouvelle année commençait pour Marie et les siens.

Il faut que je vous parle d'elles

« J'aime la Bretagne, j'y trouve le sauvage, le primitif. Quand mes sabots résonnent sur ce sol de granit, j'entends le son sourd, mat et puissant que je cherche en peinture »

(Paul Gauguin)

Il y a des histoires d'amour intenses, celle de Marie avec la Bretagne était de celles-ci. Même si elle n'était pas vraiment d'origine bretonne, ou peut-être par son père (seule Édith aurait pu le lui dire), elle se déclarait à tous comme telle et personne n'osait la contrarier sur ce sujet tant son attachement à cette région était intense et important à ses yeux.

Après deux mois de vacances passés « à la mer », Marie revenait avec un léger accent et mettait des « Dont » à la fin de chacune de ses phrases comme le faisaient les habitants de Plouezoc'h, village où sa mère passait ses vacances à l'hôtel, ou de Callac, petite ville où habitaient René et Marie-Thérèse depuis qu'ils étaient à la retraite.

Édith avait-elle connu cette région grâce au père de Marie ou grâce à Violaine, la femme de son frère ? Marie n'en saura jamais rien, car sa mère n'aimait pas du tout parler d'elle et encore moins de tout ce qui avait un rapport de près ou de loin avec le géniteur de sa fille : le sujet était tabou : « Inutile de revenir là-dessus ! tu veux me faire de la peine ? » disait Édith afin de clore toute discussion possible ou tout questionnement. Marie s'était donc fait une raison et se contenta uniquement, toute sa vie, du prénom et du nom de celui qui était à l'origine de son existence, mots lâchés par lassitude par Édith lors d'une « énorme » dispute. Marie, jeune fille intelligente et malicieuse, avait toutefois cru comprendre que cette joyeuse bande de jeunes, composée de Frédéric, Violaine, Édith et Georges (prénom de son père), se retrouvait souvent chez René et Marie-Thérèse, à Callac, dans leur maison entourée de champs. Un matin pourtant elle eut un indice supplémentaire. Alors qu'elle arrivait chez eux après dix mois d'absence pour y passer une quinzaine de jours, Marie-Thérèse s'était exclamée en la voyant passer la porte de sa cuisine :

— Mon Dieu, tu ressembles de plus en plus à ton père !

Cela voulait forcément dire qu'elle l'avait bien connu et qu'elle en gardait un souvenir précis. Très brun, le teint laiteux, les yeux marron, grand et fluet, voilà les points communs qui semblaient unir Georges à sa fille, Marie.

Marie-Thérèse avait connu Marie bébé et elle ne pouvait que constater que, plus le temps passait, plus le fossé « physique » entre la mère et sa fille se creusait. Édith devait se résigner : sa progéniture ne lui ressemblait absolument pas et beaucoup le lui faisait remarquer, ce qui avait le don de l'agacer. C'était une évidence, Marie avait tout pris de son père et pratiquement rien de sa mère. Ce n'est qu'après la naissance de son enfant, qu'Édith décréta qu'elle passerait dorénavant toutes ses grandes vacances dans un joli petit hôtel à la façade blanche et aux volets bleu ciel situé à Plouezoc'h, dans le Finistère, à soixante kilomètres de la belle famille de son frère. Là, au moins sa fille pourrait aller voir régulièrement sa cousine Julie, profiter d'un air pur et vivifiant. Quant à elle, elle pourrait se reposer en ne faisant « Absolument rien ! ».

L'établissement était tenu par une femme très joviale, Yvonne MENEZ, dont le Mari, Jean, surnommé par tous « Vous n'avez pas vu ma femme ? », car il passait la plupart de son temps à la chercher, était notaire et beaucoup moins avenant que son épouse. Mais après tout, ce n'était pas lui le patron donc il ne fallait pas y prêter attention. Édith avait tout de suite apprécié cette femme, grande, ronde, très dynamique, mais aussi très bavarde, à la voix forte presque chantante, qui menait avec fermeté, mais une belle générosité une équipe qui lui était dévouée corps et âme depuis des années. Édith devait penser qu'elles étaient semblables ne serait-ce que par leurs parcours et leurs responsabilités, mais elle se trompait. Il manquait à Édith ce petit supplément d'âme dont Yvonne avait hérité. Seul bémol à cette harmonie, Yvonne n'avait pas eu d'enfant. Elle adorait donc ceux des autres.

À chaque arrivée et à chaque départ de Marie, elle attirait la fillette dans la boutique de l'épicerie qui jouxtait le bar et le restaurant pour lui offrir une surprise, petit cône en papier renfermant plein de petits jouets et de bonbons (l'ancêtre du Kinder surprise en quelque sorte) ou plus tard, lorsqu'elle était devenue plus grande, un billet pour s'acheter ce qu'elle voulait. Malgré toutes ses qualités, elle avait du mal à trouver ou à garder des chefs cuisiniers capables d'assurer des menus nombreux et variés pour les banquets, les habitués ou clients de l'hôtel en demi-pension ou pension complète, et cela, midi et soir, sept jours sur sept, onze mois sur douze. Cela finissait souvent par des désaccords ou des dépôts violents de torchons et tabliers sur le plan de travail : Yvonne était alors obligée, mais tout à fait capable, d'assurer le service à leur place, après leurs départs anticipés, le plus souvent sans préavis. Tout son personnel devait être en mesure de s'occuper à la fois du bar, d'encaisser les clients de l'épicerie où l'on trouvait aussi bien le journal Ouest France que des conserves, friandises de toutes sortes, fruits et légumes, bonbonnes de gaz, piles électriques..., d'accueillir les nouveaux arrivants, de dresser les tables et enfin de servir à table.

Yvonne, elle aussi, avait connu la fille d'Édith toute petite, pour ne pas dire dans le berceau, puisque Marie était née en juillet. Édith était donc venue avec sa petite merveille dès le début du mois d'août de la même année pour ses premières vraies vacances à deux. La jeune maman appréciait cet hôtel pour sa convivialité, sa simplicité et la beauté de ses chambres. Mais ce qu'elle aimait par-dessus tout, et son cocker également, c'était les repas gargantuesques et surtout locaux, cuisinés avec passion pour les clients : fruits de mer, poissons variés et viandes succulentes servis copieusement, fromages ou produits laitiers de la région, desserts divers (fruits, glaces, fars bretons, crèmes, crêpes...), et tout cela au déjeuner comme au dîner. L'établissement était constitué d'un bâtiment principal entièrement blanc agrémenté de granit gris clair comme cela était le cas pour la plupart des maisons bretonnes, petite variante parfois, du granit rose ou uniquement de la pierre lorsqu'il s'agissait d'anciennes fermes. On raconta plus tard à Marie, lorsque son oncle Frédéric commença à être malade, que les Bretons avaient le plus fort taux de cancer de France et que cela était certainement dû à ce fameux granit, incrusté dans les façades de pratiquement toutes les maisons. Était-ce vrai ou intox ?

À gauche de l'entrée principale se trouvaient le bar, l'épicerie et l'accès aux pompes à essence, à droite la grande cuisine et la réserve avec les frigos. Un escalier central très large, mais seulement composé de quelques marches, menait à un salon qui permettait aux clients d'attendre d'être accueillis dans les meilleures conditions, le plus souvent par Yvonne lorsqu'elle n'était pas à l'étage ou dans les annexes. Après la cuisine, une minuscule salle avec des fenêtres à petits-carreaux joliment habillées de rideaux crochetés par les bigoudènes de la région était utilisée pour les petits déjeuners des vacanciers. Elle sentait bon le café, l'odeur ayant fini par s'incruster dans les murs et les tissus au fil du temps. Elle donnait accès à une très grande pièce à la décoration très épurée réservée, elle, uniquement pour les grandes réceptions : enterrement, baptêmes, mariages ou communions. En face du petit salon, deux grandes portes vitrées dissimulaient plusieurs sanitaires entièrement carrelés, d'une propreté toujours irréprochable ainsi qu'une buanderie uniquement accessible par le personnel de l'hôtel. Cette espace donnait sur le petit jardin où étaient stockées les diverses bouteilles vides et où le linge de nuit, nappes, serviettes et torchons séchaient le plus souvent grâce au vent apporté par la mer qui se trouvait à environ deux kilomètres.

À gauche des sanitaires, on pouvait apercevoir une magnifique et immense salle de restauration, tout en longueur, aux murs blancs, au plancher en parquet et aux poutres d'origine. Elle se terminait tout au fond par une cheminée en pierres de taille très imposante. Des buffets anciens, typiquement bretons, apportaient à l'ensemble une atmosphère rustique, mais permettaient surtout au personnel de pouvoir ranger toute la vaisselle et le linge de table. Tout y était donc propre et très fonctionnel. De grandes baies vitrées laissaient entrer le moindre rayon de soleil dans la pièce. Même lorsque le temps était gris, elle restait ainsi claire ne laissant aucune place à la morosité. Les chambres se trouvaient soit au premier étage du bâtiment principal, avec des sanitaires sur le palier, soit dans l'annexe située à droite de la cuisine. Elles bénéficiaient toutes d'une vue magnifique sur la petite chapelle du village et son joli parc arboré.

La Chapelle St Antoine était en très mauvais état au début des années soixante, mais grâce à la ténacité et à la générosité d'Yvonne, des habitants du village et des clients de l'hôtel dont faisait partie Édith, sa restauration put être terminée dans les années quatre-vingt-dix. Fest-Noz, Kermesses, expositions et concerts permirent de récolter des fonds pour les nombreux travaux qui commencèrent bien entendu par ceux de la toiture. Marie aidait souvent Denise et Claudette, les employées d'Yvonne, à faire les frites vendues pour l'occasion. Elle adorait cette ambiance chaleureuse et conviviale et les histoires racontées avec entrain par les femmes de pêcheurs restées veuves et inconsolables après la disparition en mer de leur cher et tendre époux.

À cette occasion, de nombreux arbres qui l'entouraient comme pour la protéger du regard des malotrus et des indésirables furent sacrifiés. Il fallait que la Chapelle puisse « respirer » et que les pèlerins puissent profiter au maximum du petit espace qui l'entourait. Dommage que l'État n'ait pas pris conscience de l'importance de ce patrimoine historique, bien inestimable pour les villageois très pieux comme tous les Bretons et qu'il ait préféré utiliser l'argent récolté par les impôts pour faire des ronds-points ou autres travaux moins impératifs et utiles, et surtout moins esthétiques. Enfin, en traversant la rue, les clients pouvaient avoir accès à une maison d'habitation transformée par Yvonne en quatre chambres de dépannage. C'est là qu'André aimait bien installer ses quartiers, au dernier étage et face au jardin, lorsqu'il venait rejoindre, en train, sa fille Édith et sa petite-fille pour y passer une dizaine de jours.

Édith et Marie passèrent donc toutes leurs vacances d'été, la plupart du temps, tous les mois de juillet, chez Yvonne. Une fois, Édith tenta un séjour d'une semaine au Pays basque, mais la pluie fut si intense et ininterrompue, qu'elle décida de repartir plus tôt que prévu. Seul souvenir de ce voyage catastrophique, un couple de poupées revêtues des costumes traditionnels de la région et un goût d'anchois sur du pain tartiné de beurre sur les lèvres de la petite-fille. En août, Édith repartait en général dans une voiture chargée à bloc de victuailles, de cadeaux et de souvenirs pour Paris, avec André, tandis que Marie rejoignait sa cousine Julie chez René et Marie-Thérèse, à Callac, pour finir l'été.

La rentrée scolaire ne reprenant chaque année qu'aux

alentours du 16 septembre, Édith se réjouissait d'aller rechercher, fin août, à la gare Montparnasse, une Marie toute bronzée, mais presque toujours métamorphosée par quelques kilos en plus, kilos qu'elle aurait tout loisir de perdre avant de reprendre l'école, à la grande désolation d'André.

Fini les tartines, les crêpes et les galettes au beurre Traou Mad « Bonne chose », en breton.

En Bretagne, on mangeait les pommes de terre à tous les repas, les quatre-heures à rallonge et les dîners familiaux se passaient au restaurant. À Paris, la nourriture était beaucoup plus équilibrée, Édith y veillait. Deux mois d'anti-régime intense. Une overdose de nourriture sauf pour le chien d'Édith jamais rassasié qui récupérait sous la table tout ce qu'elle et Marie n'arrivaient pas à terminer, y compris la langouste ou le homard. Il évacuait ensuite le tout et retrouvait une ligne décente en courant comme un fou dans le jardin d'Yvonne ou sur la plage en essayant d'attraper le ballon de football ou la balle du jokari.

Il adorait aussi essayer de prendre avec sa gueule le cochonnet ou les grosses boules noires utilisées en Bretagne, ce qui relevait de l'exploit et énervait tout le monde lorsque les parties prenaient un tour « tragi-comique familial ». Grondé par Édith, il partait alors la queue basse pour revenir quelques minutes plus tard, en pleine forme et avec la même détermination. C'était plus fort que lui. Il voulait jouer aussi.

Chaque année, Édith avait pris l'habitude d'inviter toute la famille au restaurant d'Yvonne. Son frère Frédéric, Violaine et Julie bien entendu, René et Marie-Thérèse ainsi que le frère de celle-ci l'oncle Auguste et sa femme Gwen et enfin leur fils Bernard et sa jeune femme Sophie. Pour tout ce petit monde le programme était le suivant : rendez-vous à midi pile pour un petit apéritif au bar de l'hôtel ou dans le jardin en fonction du temps, puis homard grillé, plateau de fruits de mer, plat principal avec plusieurs légumes, fromage et omelette norvégienne, café et liqueurs pour finir. En fonction de l'heure de sortie de table, petite virée pour tous à la plage de St Samson ou pose transats dans le parc de la Chapelle St Antoine pour essayer de digérer le tout. Résultat : trois kilos sur les hanches pour tout le monde ou dans le bide pour certains, des maillots de bain en « surtension » et des foies en souffrance.

René et Marie-Thérèse, qui aimaient beaucoup Édith, l'invitaient eux aussi chaque semaine à venir passer la journée à Callac. Lorsque le critérium annuel avait lieu, juste après la fin du Tour de France, tous se rendaient sur le circuit pour assister à la course, demander des autographes aux champions tels que Raymond POULIDOR ou Eddy MERCKX et boire un verre avec les habitants à la terrasse des cafés. Édith et Marie partaient donc le matin de bonne heure de Plouezoc'h, le plus souvent sous un soleil radieux, pour arriver une heure plus tard dans les Côtes-d'Armor où le climat était souvent beaucoup moins clément. Pourtant à peine soixante kilomètres séparaient les deux villes : l'élément déterminant, c'était donc bien la mer, ses embruns et le vent.

Lorsqu'Édith regardait la météo à la télévision, ils prévoyaient toujours des nuages ou de la pluie sur toute la Bretagne (ils ne faisaient jamais de distinction entre les différentes régions). Lorsqu'il y avait eu un temps superbe, ce qui était le plus souvent le cas, Édith pestait devant le poste en disant :

— Ces imbéciles se sont encore trompés et je parie que demain, ce sera pareil, il fera encore très beau contrairement à ce qu'ils annoncent ! Et elle rajoutait rassurée :

— Tant mieux, en fait, comme cela les cons ne viendront pas en vacances ici. Ils iront tous dans le midi comme des moutons et on aura moins de monde sur les plages !

Lorsqu'il était présent, André accompagnait Édith et Marie chez les beaux-parents de son fils. Il adorait retrouver non seulement Frédéric et sa petite famille, mais aussi René et Marie-Thérèse qu'il considérait comme de véritables amis. Ils avaient été très présents pour lui lorsqu'il avait perdu Agathe et il ne l'oublierait jamais. Ces jours-là, tout le monde aidait. Édith, Violaine et Julie épluchaient les légumes et faisaient la cuisine, les hommes installaient les tables et le barbecue dehors ou sous l'auvent suivant la température ou la couleur du ciel, et Marie aidait à mettre les couverts. La journée finissait, le plus souvent de la même façon, soit par une partie de boules dans l'allée, créée par René, derrière le garage (allée chère au cœur de Forban, le chien d'Édith), soit par une partie de cartes qui se terminait le plus souvent très mal, par des disputes ou plus, selon l'humeur de chacun. La maison était en fait une ancienne ferme qui avait appartenue auparavant aux parents de Marie-Thérèse et Auguste.

Marie, elle, préférait faire de la balançoire, à côté du potager, manger un sorbet dans le magnifique jardin entretenu par Marie-Thérèse ou jouer avec les enfants du fermier, Monsieur PRIJENT. Celui-ci habitait avec sa famille, dans une impasse, en contrebas de la rue située juste en face de chez René et Marie-Thérèse. Il faisait principalement de l'élevage de vaches et un peu d'agriculture, juste de quoi nourrir son bétail. Sa ferme était tellement authentique et rustique que Marie et Julie étaient obligées d'enfiler leurs bottes en caoutchouc avant de partir leur rendre visite.

Arrivées dans la cour, la fillette et l'adolescente devaient contourner leur chien à la mine patibulaire et aux aboiements stridents qui auraient convaincu les plus braves de rebrousser chemin. Sa chaîne était accrochée à une niche confectionnée de quelques planches et sa grande gamelle, composée d'une grande bassine en laiton, regorgeait de morceaux de pain mélangés à un peu de viande et d'eau. Le tout était beaucoup moins appétissant que le plat principal de son Forban ou que mes propres gamelles. « Comme il doit être malheureux ! », se disait Marie sans pourtant tenter le moindre mouvement vers cet animal qui ne ressemblait finalement même plus à un chien. Ça aurait pu être tout aussi bien un renard ou un raton laveur plein de graisse et de crasse. Aucune comparaison possible avec la nourriture avalée goulûment par son chien comme la langouste ou les mets succulents qu'il récupérait frénétiquement sous la table de Madame Yvonne. Rien à voir non plus avec le panier douillet acheté par Édith et installé dans un coin de la chambre. Tout cela pour éviter que son chien ne dorme dans la voiture et que, de frustration et de colère, il ne la déchiquette entièrement avec rage comme il avait commencé à le faire dès la première nuit des vacances.

La porte de la maison PRIJENT était toujours ouverte, car le fermier, sa femme et ses onze enfants passaient leur temps à aller et venir à longueur de journée. Chacun avait des tâches très précises à accomplir : les garçons donnaient à manger aux poules, s'occupaient des clôtures, emmenaient les vaches dans les près le matin après la traite et les ramenaient le soir, allaient à la pêche, travaillaient dans les champs….

Les filles, elles, s'occupaient du potager et de la maison, du ménage, de la lessive et de faire à manger. Pas de sanitaires, pas d'eau courante ; ils prenaient l'eau du puits situé au milieu de la cour. À peine l'électricité, utilisée uniquement pour s'éclairer, la nourriture étant cuite ainsi que le pain dans la cheminée qui servait aussi à chauffer la pièce principale ainsi que la petite annexe la jouxtant. C'était là que dormaient les filles.

Marie trouvait que l'endroit ressemblait étrangement à celui qu'elle avait connu, dans la Nièvre, chez son arrière-grand-mère. Elle y sentait les mêmes odeurs de bois brûlé et de nourriture, les essences des herbes pendues aux poutres dans des paniers avec les gousses d'ails et les échalotes. Rien à voir avec les senteurs artificielles actuelles qui sont censées libérer des odeurs de lavande ou de vanille et qui vous donnent très vite mal au cœur ou à la tête au lieu de vous transporter dans un autre univers, vers d'autres essences inconnues.

Ici, dans la ferme, tout respirait la cuisine faite maison, les confitures confectionnées dans la grande marmite en cuivre, le beurre battu à la main, le fromage réalisé avec le lait encore chaud tiré des pies des vaches et la viande fumée à l'intérieur de la cheminée. Aujourd'hui, nos narines respirent l'eau de Javel et le Monsieur Propre, il faut que tout soit impeccable, aseptisé ; à la rigueur, si ça ne sent rien c'est encore mieux ! Il y avait exactement la même promiscuité qu'à Saisy, avec ces trois grands lits deux personnes disséminés dans la pièce, leurs gros édredons dans lesquels on aurait pu rêver de s'y blottir s'ils n'avaient pas été d'une couleur indéterminée. Seules différences : au milieu de la pièce, une table en bois brut encore plus imposante, agrémentée de deux bancs d'une longueur impressionnante et surtout aucune cuisinière, aucune machine à laver. Au-dessus de cette table, une planche de même dimension était fixée de chaque côté par une ficelle clouée au plafond. Elle permettait de stocker en hauteur une grande partie de la nourriture comme le pain, la charcuterie… certainement pour gagner de la place et éviter surtout que les animaux ne les mangent. Devant la fenêtre, un serpentin de couleur beige et poisseux était recouvert de mouches mortes ou essayant désespérément de se libérer de cette colle qui les empêchait de s'envoler et de recouvrer leur liberté. Le tout avait quelque chose de profondément cruel pour Marie et de vraiment dégoûtant pour sa cousine Julie. Le sol était en terre battue. Inutile d'enlever les bottes avant d'entrer comme elles le faisaient chez Marie-Thérèse. Même les poules n'avaient aucun complexe à entrer dans la pièce et à venir faire leur besoin en plein milieu de la journée.

Le père, Loïc, ressemblait à un patriarche et imposait le respect malgré sa mâchoire dépourvue de la plupart de ses dents, de ses habits sales et déchirés. « Comme il faisait vieux pour avoir des enfants si jeunes ! », se disait Marie. En fait, trente ans au moins le séparaient de sa femme, Maëlle, qui n'avait même pas quarante ans, mais qui faisait déjà beaucoup plus que son âge tant elle était usée par le travail et ses multiples grossesses (abouties et avortées).

Maëlle avait débarqué de son village natal dans la ferme des parents de Loïc avec un simple baluchon renfermant le peu d'affaires qu'elle possédait. Son père et sa mère s'étaient entendus avec M. et Mme PRIJENT pour qu'elle vienne les aider à effectuer les divers travaux journaliers devenus trop lourds pour la maîtresse de maison. Elle devrait également aider leur fils Loïc si le cas se présentait. En échange, elle serait nourrie, logée et une petite solde lui serait versée chaque fin de semaine. La moitié irait à sa famille afin de pouvoir les soulager un peu. Ce qu'ils n'avaient pas prévu (ou peut-être l'avaient-ils secrètement espéré, qui peut savoir ?), c'est que leur fils, ni laid ni beau, grand et élancé, tout en muscles, mais toujours célibataire malgré quelques conquêtes, serait complètement séduit par cette adolescente, fraîche et courageuse, d'une dizaine d'années, et qu'il la trousserait un jour dans un champ. Une fois enceinte, il fallait prendre une décision : le mariage s'imposait et il fut célébré dès l'été suivant juste avant que l'objet du délit ne soit trop visible. Un accord pécuniaire entre les deux familles fit oublier l'extrême jeunesse de la mariée, mais ne fit pas taire les racontars des habitants de Callac notamment sur leur différence d'âge. Même l'exhibition à la fenêtre, comme le voulait la tradition, du drap taché de sang de leur nuit de noces ne trompa personne.

Ce qui étonnait surtout Marie c'est que Maëlle ne semblait pas malheureuse. Elle regardait le plus souvent son époux avec affection, voir gentillesse. Pourtant, elle semblait soumise : aucun doute là-dessus, c'était lui le maître !

Édith n'aurait jamais pu être ainsi, vivre ainsi, accepter cela, Marie en était certaine.

Maëlle servait Loïc à table, attendait toujours qu'il ait fini sa phrase ou qu'il lui pose une question avant de parler de sa voix douce avec un léger accent breton. Elle obéissait sans broncher à chaque instruction qu'il lui donnait que ce soit pour le travail ou pour les enfants. Le soir, lorsque Marie était encore là, elle la regardait médusée tenter de retirer les bottes de son époux, dans un effort surhumain, lui assis sur une chaise et elle, debout, de dos, tirant de toutes ses forces. Parfois, il mettait un pied sur son fessier pour l'aider. Maëlle devenait alors toute rouge. Elle lui faisait de la peine. Le plus souvent, tout le monde éclatait de rire, y compris Maëlle, lorsqu'il lui arrivait de se retrouver par terre, assise sur son derrière ou le nez sur le sol, suite à une poussée trop forte de son mari fluet, mais pourtant costaud comme un bœuf, d'une force presque herculéenne. Le dimanche, à midi, comme dans le feuilleton, la Petite Maison dans la Prairie, tout ce petit monde revêtait ses plus beaux habits pour se rendre à la messe. Cette grande famille avait beaucoup d'allure et de dignité. Plus personne n'osait critiquer ce couple étrange, ensemble depuis si longtemps, et dont les enfants étaient tous beaux, très bien élevés et très bons élèves. Les trois aînés avaient déjà plus de vingt ans et avaient quitté la maison après de brillantes études. Il ne restait plus que quatre garçons et trois filles lorsque Marie commença à les fréquenter de façon assidue. Maëlle avait déjà plus de quarante ans lorsqu'elle se retrouva enceinte de Gaëlle, un dernier « accident », heureux finalement, puisqu'il lui permit de ne pas se retrouver seule après la mort de Loïc et le départ de tous ses enfants.

À part pour les vêtements et les impôts, Loïc n'avait pratiquement aucune dépense. Sa ferme lui permettait de « s'auto-suffire » : le potager fournissait les légumes, le verger où il y avait également des noisetiers : les fruits, les vaches, les poules et les lapins : la viande et la petite rivière : le poisson. Le blé était échangé contre de la farine, les betteraves contre du sucre et Loïc avait commencé à se lancer dans l'élevage d'escargots, qu'il vendait avec ses œufs soit sur le marché à Callac soit aux habitants des villages environnants, mis au courant de sa nouvelle activité grâce aux bouches à oreille. Ils venaient souvent les chercher à n'importe quel moment de la journée à la ferme. Le chien aboyait et un membre de la famille PRIJENT apparaissait pour satisfaire le client cantonné à l'écart par cet animal peu loquace, c'est le moins que l'on puisse dire.

Maëlle faisait chaque matin du pain et des gâteaux. Un vrai régal surtout avec le beurre salé confectionné par elle et conservé dans l'annexe de la maison où il faisait nettement moins chaud que dans la pièce principale.

Lorsque le soleil donnait, la maison située plein sud devenait une vraie fournaise malgré une épaisseur de murs dépassant les dix centimètres. Eh oui, il arrivait souvent qu'il fasse beau en Bretagne, pour ne pas dire très beau ! Loïc aimait s'exclamer fièrement :

— Je n'ai pas besoin de ces imbéciles de banquiers qui ne pensent qu'à nous plumer comme le fait mon coq avec mes poules !

S'il y avait eu une autre guerre, Loïc aurait pu subvenir sans problème aux besoins de sa famille et personne ne serait jamais mort de faim. Il en était très fier même si c'était au prix d'énormes sacrifices.

Parfois, il aurait aimé offrir à Maëlle une belle demeure avec piscine et salle de bains, de jolies robes et de beaux bijoux. Il aurait adoré emmener sa petite femme à Venise par exemple. Chaque année, à tour de rôle, ses enfants partaient en colonie de vacances grâce à la Mairie et revenaient la tête pleine de souvenirs à défaut d'avoir des cadeaux dans leurs valises pour toute la famille. Il craignait souvent qu'ils aient honte d'inviter des camarades à la maison de peur qu'ils ne voient leurs conditions de vie et qu'ils s'en offusquent ou pire se moquent d'eux. Avec les petites des voisins, Julie et Marie, aucune crainte à ce sujet. Pourtant elles venaient de Paris, mais semblaient toujours heureuses d'être chez eux et en leur compagnie. Il les trouvait très jolies et vraiment gentilles. Dommage qu'elles ne soient là que deux mois par an.

Parfois, le soir, lorsque les deux cousines repartaient à la nuit, après avoir dîné avec toute la petite famille, elles avaient la désagréable surprise d'entendre la chouette ululer et de sentir les chauves-souris voler au-dessus de leurs têtes et tenter d'agripper leurs longs cheveux noirs. Elles arrivaient alors toutes apeurées et essoufflées, les joues rouges et le cœur battant, chez René et Marie-Thérèse qui ne les grondaient jamais de rentrer si tard, du moment qu'elles n'avaient pas fait de bêtises.

Julie, obèse jusqu'à l'âge de quatorze-ans, était devenue filiforme comme un mannequin suite à une hépatite A attrapée à cause de coques, ramassées à la plage, certainement mal lavées ou cuites par sa mère, Violaine, c'est du moins ce que laissa sous-entendre le médecin. Elle fut très malade cet été-là et ne put pratiquement pas quitter la chambre de toutes les vacances. Julie ne pouvait avaler que quelques morceaux de viande grillée avec un peu de salade. Sa perte de poids fut donc fulgurante et définitive à la grande désolation de la famille qui trouvait désormais qu'elle ne paraissait jamais en bonne santé. Heureusement, les enfants PRIJENT et sa petite cousine, Marie, ne l'avaient pas laissée tomber. Tout le monde s'était relayé à tour de rôle pour la distraire et s'amuser avec elle, du moins lorsqu'elle ne vomissait pas.

Pendant les repas, Marie aimait se moquer de sa jolie cousine. En effet, depuis sa maladie celle-ci mangeait comme un petit oisillon, son estomac s'étant considérablement rétréci. Marie n'était d'ailleurs pas la seule à avoir pris l'habitude de la taquiner, car André, d'un air rieur, laissant entrevoir ses fausses dents blanches d'une symétrie parfaite, lui disait souvent : « Il ne faudrait pas qu'il y ait trop de vent aujourd'hui, sinon tu risquerais de t'envoler ! » ou bien « Ne te mets pas de profil surtout, car tu deviendrais complètement invisible !». L'adolescente, vexée, haussait alors les épaules et partait la moue boudeuse dans le jardin. Cela ne l'empêchait pas de continuer à ne prendre, dans ses mains longilignes, que des petites boules de mie de pain qu'elle pétrissait pendant des minutes qui paraissaient à tous une éternité.

Les nombreux aliments que sa grand-mère maternelle avait déposés dans son assiette avaient pour habitude d'y rester jusqu'à la fin du repas et Julie s'éclipsait le plus souvent de table sans avoir mangé son fromage et son dessert. Elle s'installait alors dans le canapé du salon pour digérer le peu qu'elle avait réussi à avaler pendant que Marie-Thérèse chantait « Les Roses Blanches » et que son frère, l'oncle Auguste, enchaînait avec « Ils ont des chapeaux ronds, vive la Bretagne, ils ont des chapeaux ronds, vive les Bretons » histoire de ne pas casser l'ambiance. Les grands-tantes de Violaine, elles, faisaient exprès de parler breton, afin de pouvoir faire leurs commentaires sans que « les Parisiens » ne puissent les comprendre.

En effet, depuis le début du vingtième siècle, il était strictement interdit de parler cette langue celtique tant dans les écoles que dans la vie courante. Violaine, en avait fait les frais à plusieurs reprises étant enfant : la petite règle en fer gris s'était abattue sur ses petits doigts maintes fois pour avoir prononcé un « Ma doué beniguet » (juron qui veut dire « mon Dieu bénissez-moi » ou zut/mince) ou un « Fri Kreien » littéralement « nez à morve sèche », expression très péjorative qu'elle utilisait couramment lorsqu'un de ses camarades lui tapait sur les nerfs.

Après le café, des cerises à l'eau-de-vie pour les femmes et de la « gnole » pour les hommes étaient devenues une véritable tradition. Souvent Bernard, Évelyne et Nathalie PRIJENT, qui avaient à peu près l'âge des deux cousines, venaient les chercher aux alentours de cinq heures, à la fin théorique du déjeuner, pour aller jouer dans les champs et ramener les vaches à l'étable.

Marie aimait bien Bernard qui avait quatre ans de plus qu'elle. Il était joli garçon, avait des cheveux châtain clair coupés courts et un peu ébouriffés ce qui lui donnait un air gavroche, de beaux yeux clairs et un teint légèrement hâlé. Marie le soupçonnait de s'intéresser davantage à sa cousine même s'il était plus jeune de quelques mois. Elle se surprenait parfois à être jalouse de cette attention persistante et aurait bien aimé qu'il la regarde, elle, davantage.

À cette époque, elle n'aimait pas trop son physique. Elle trouvait son visage trop émacié et paradoxalement en même temps un peu rond, ses bras trop minces, excessivement longs et les verres de ses lunettes trop épais. Il faut dire que dans les années soixante-dix les montures étaient loin d'être variées et saillantes. Elle était en plein dans l'âge ingrat, il ne l'avait pas épargné. La vie était décidément mal faite.

Dans la Nièvre, pendant les vacances de la Toussaint, elle s'était blessée en tombant de la grange à foin sur un tonneau en fer en essayant de fuir les avances insistantes d'un jeune garçon du village, pas laid, mais qu'elle n'appréciait pas, et qui voulait absolument l'embrasser de force sur la bouche.

Résultats : les foudres d'Édith, trois points de suture et une cicatrice indélébile, juste au-dessus de son sourcil droit, souvenir à vie d'une expérience ratée et malheureuse.

Adolescente, Marie découvrira que l'on séduit plus facilement les garçons à qui l'on ne prête pas vraiment d'attention que ceux qui nous plaisent et que l'on harcèle parfois de nos regards ou de nos sourires que l'on pense ravageurs, mais qui ne font, en définitive, que les faire fuir.

Nous, chiens, n'avons pas ce problème de séduction. Soit on se rencontre par hasard dans la rue ou au parc et l'on passe à l'action histoire de se faire plaisir, soit nos maîtres organisent une rencontre et si ça colle, on aboutit à la chose et l'on fait des bébés qui seront le plus souvent donnés ou vendus (c'est du moins à espérer).

La sœur aînée de Bernard, Évelyne était née la même année que Julie. Elle était beaucoup moins attirante que son amie, mais ne semblait pas lui en vouloir d'être devenue si belle après sa maladie et tant de souffrances, bien au contraire. Elle aimait bien que Julie lui parle de sa vie « à la Capitale », des grands magasins, de son lycée… Elle était aussi brune et fine que sa sœur Nathalie était blonde et un peu ronde, pourtant seulement un an les séparait : elles étaient inséparables. Quand l'une venait chez René et Marie-Thérèse, l'autre n'était jamais très loin.

René, aîné de sept frères et sœurs, laissait toujours, comme son voisin, sa porte ouverte (ce qui serait inconcevable de nos jours), afin que chaque personne qui le désirait puisse lui rendre visite sans problème. La présence récurrente des enfants PRIJENT ne l'importunait donc jamais. Même la nuit, il ne fermait jamais à clé ni sa maison ni sa voiture, et s'il oubliait de clore ses volets, cela n'était vraiment pas grave. Depuis qu'il était à la retraite, il occupait une place d'élu à la Mairie et était apprécié de tous même s'il avait vécu de nombreuses années dans la région Parisienne. Cela faisait longtemps que l'on ne l'appelait plus « le Parisien ». Pour échapper à l'emprise journalière et pesante de sa femme, et à ses jacassements, car Marie-Thérèse était très bavarde, il prenait son Ami 8 Citroën, de couleur beige, qui faisait un bruit effroyable digne d'une perceuse à percussion, et allait visiter ses concitoyens. Lorsqu'il emmenait Marie et Julie avec lui, elles étaient tétanisées sur la banquette arrière de la voiture dont les ressorts leur rentraient dans les fesses, car il roulait toujours sur la file de gauche et ne se rabattait que lorsqu'il apercevait un autre véhicule à l'horizon. Les deux cousines faisaient donc en cœur des signes de croix à chaque virage, priant pour qu'aucun camion ou tracteur ne surgisse au dernier moment et ne mette en péril leur frêle existence. Sur le trajet du retour, c'était pire encore. Chaque habitant que René avait eu le bonheur ou plus exactement le malheur de rencontrer l'invitait inexorablement à boire un verre, ou deux, ou trois…, ce qu'il ne pouvait refuser. Du coup, à la fin de l'après-midi, l'Ami 8 roulait encore plus à gauche de la route et encore un peu plus vite que d'habitude. Les prières des filles n'avaient donc plus de temps mort. Le Bon Dieu avait intérêt à ne pas les ignorer !

Une fois arrivées à la maison, elles piétinaient de joie, trop heureuses d'être revenues saines et sauves de leur promenade pendant que Marie-Thérèse passait un savon à son mari, « légèrement » éméché, qui disait être sourd à tous ses reproches puisqu'il n'entendait plus rien des deux oreilles depuis des années.

Quand René était dans le potager, au fond du champ, Marie-Thérèse l'appelait en s'égosillant de toutes ses forces pour qu'il vienne soit pour le repas, soit parce qu'elle avait besoin de lui, mais il n'arrivait jamais. Lasse de hurler, elle mandatait la plupart du temps une des filles pour aller le chercher.

René aimait beaucoup André, le père de son gendre et admirait Édith pour son parcours et la façon dont elle avait « géré sa vie », ce qui rendait encore plus jalouse sa propre fille, Violaine. De ce fait, il chouchoutait Marie presque autant que sa propre petite-fille, Julie, et demandait souvent à ce qu'elle s'installe à côté de lui à table. Il trouvait Marie non seulement gentille, mais aussi rigolote. Il la comparait souvent à un vrai rayon de soleil et appréciait le fait qu'elle soit une enfant sans histoire et très agréable à garder.

Un jour, peu avant son décès, Marie s'était fait une réflexion tout bas concernant une phrase qui l'avait interpellée. Elle fut très surprise de le voir se pencher vers elle pour lui chuchoter à l'oreille :

— Je suis bien d'accord avec toi. Marie en resta bouche bée. Finalement, il avait une très bonne ouïe et n'entendait que ce qu'il voulait bien entendre. C'était un excellent acteur, il aurait dû faire du cinéma. René ne devait guère apprécier sa fille, car si Marie-Thérèse était excédée par cette surdité volontaire, il en était de même de Violaine à qui son père faisait répéter pratiquement deux fois minimum chacune de ses phrases. La plupart du temps, Violaine finissait par renoncer à dialoguer avec son père, ce qui l'arrangeait beaucoup, car elle ne s'adressait à lui que pour se plaindre ou lui réclamer quelque chose. Marie avait des raisons de critiquer les agissements de sa mère, mais Julie en avait plus encore.

Violaine qui n'était ni belle ni affreuse était donc ce que l'on appelle quelqu'un de particulièrement quelconque, ordinaire. Édith disait souvent, lorsque sa belle-sœur l'exaspérait, ce qui arrivait souvent : « Violaine, comme vilaine ? ». Jalouse de tout et de tout le monde, Violaine l'était également de sa propre fille qui ressemblait, à l'âge de quinze ans, à un véritable top model. 1m78, 48 kg, une taille de guêpe, de beaux cheveux, un teint de porcelaine, de grands yeux très bien maquillés et toujours vêtue avec élégance. Julie était encore plus belle qu'une poupée Barbie. Violaine qui se détruisait la santé en prenant, depuis ses vingt et un ans, des médicaments pour perdre du poids n'arrivait jamais à obtenir un corps qui la satisfaisait. Elle passait donc son temps à en vouloir à sa fille d'être si longiligne et à lui faire des réflexions sur sa maigreur ou son physique. En plus d'être d'une jalousie maladive, elle supportait également mal l'alcool. Deux verres de vin ou deux coupes de champagne suffisaient largement à « lui faire perdre les pédales » comme disait André.

— J'espère que tu vas changer en grandissant, dit-elle un jour à Marie à peine âgée de seize ans, car à part tes yeux, tes cheveux et tes jambes, tu n'as rien de bien !

Elle avait lancé cette phrase assassine à son unique nièce, un jour, en plein milieu d'un repas familial ce qui n'avait pas manqué de déplaire à l'adolescente d'apparence docile, mais au caractère bien trempé. Marie, devenue une ravissante jeune fille, ce qui n'échappait à personne d'ailleurs sauf à sa tante visiblement, n'avait pas attendu qu'Édith prenne sa défense pour répondre à sa parente et marraine :

— Moi, j'ai au moins cela, ce n'est pas le cas de tout le monde !

Marie en avait assez que Violaine soit désagréable avec les membres de la famille, exception faite d'Édith qu'elle n'osait jamais affronter de face. La concernant, les coups bas de sa tante étaient nombreux, toujours « en douce, par derrière » si l'on peut dire. Cela était préférable pour elle, car les ripostes d'Édith auraient été immédiates et dévastatrices. Marie était surtout peinée pour son oncle et pour son grand-père. André, qui prenait de l'âge, supportait de moins en moins bien les grandes contrariétés, comme les petites. La méchanceté et la bêtise de sa belle-fille, notamment vis-à-vis de son fils unique, le contrariaient énormément. Si Violaine avait eu le mérite d'attirer Édith en Bretagne ou de la conforter dans son idée de faire passer à sa fille ses grandes vacances dans cette magnifique région, elle n'en était pas moins incontrôlable et parfois irascible.

Chaque fin d'été, Marie retournait à Paris le cœur lourd avec un bronzage qui laissait supposer qu'elle revenait du midi ou d'un pays du Maghreb, avec des odeurs d'iode et de poissons plein les narines, la couleur bleue de la mer et le jaune du sable plein les yeux, et un léger accent breton qui malheureusement disparaîtrait au bout de quelques jours après la rentrée des classes. Fini les balades sur la plage et les parties de ballon avec son cocker, les petits déjeuners au lit apportés par

Il faut que je vous parle d'elles

Louisette, Denise ou Céline, les trois employées de l'hôtel préférées d'Édith et Marie, les cadeaux offerts régulièrement par Yvonne et les soirées passées dans le jardin à parler de tout et de rien avec un gilet sur les épaules. Les adieux à la famille de Violaine étaient eux aussi déchirants. Marie-Thérèse pleurait toujours à chaudes larmes tandis que René faisait de grands gestes sur le bord de la route pour dire au revoir à cette enfant qu'il avait toujours plaisir à garder. Le magnifique bâtard que René avait trouvé tout bébé, abandonné dans une poubelle, et qui ressemblait trait pour trait à un renard, était heureux de voir partir ce fou furieux de Forban, mais était triste de perdre sa compagne de jeu, Marie.

Comment pouvait-on faire une chose pareille ? On met un objet usagé ou inutilisable dans une benne à ordure pas un chiot ? Quoi qu'en dise la loi, nous, animaux, ne sommes pas des « meubles », mais bien des « êtres vivants », avec un cœur et des sentiments, même lorsque nous sommes tout petits ! Tango, comme il fut surnommé, eut une belle vie et profita de Marie tous les étés pendant plus de quatorze ans. Il n'eut pas la tristesse de voir disparaître ses maîtres quelques années plus tard.

Lorsque Marie obtint son baccalauréat, Yvonne la récompensa par une enveloppe de cinq cents francs. Elle en profita pour lui parler de son intention de ne conserver, à partir de l'année suivante, que la partie hôtel de son activité avec uniquement l'annexe construite récemment dans le terrain d'en face. Il s'agissait d'une magnifique maison toute en pierres de la région, de couleur marron clair, avec seulement une dizaine de chambres, toutes avec salles de bain, et une immense terrasse située plein-sud pour prendre le petit déjeuner l'été lorsque le temps s'y prêtait.

Comme Marie aidait souvent le personnel lorsqu'il y avait un coup de feu, au bar, à l'épicerie et en salle, Yvonne lui proposa, malgré son jeune âge, de reprendre son affaire, car elle la sentait complètement capable d'y arriver malgré son « peu d'expérience » dans l'hôtellerie.

Marie conserverait le personnel pour le service, le ménage et la cuisine et Yvonne la formerait sur tout le reste : les fournisseurs, la conception des menus, l'accueil des clients, la comptabilité et les tâches administratives, pendant une année entière ou plus si elle le désirait ou en avait besoin. Cela permettrait ainsi à Yvonne de prendre sa retraite en douceur et de ne pas se priver de ce qu'elle aimait par-dessus tout : le contact avec les clients.

Marie voulait y réfléchir sérieusement, car elle était très attachée à cet établissement. De plus, vivre à Plouezoc'h, à dix kilomètres à peine de Morlaix, dont la devise est « s'ils te mordent, mords-les ! », devise certainement faite pour Édith, était vraiment inespéré pour elle. En son for intérieur, Marie était emballée par ce projet et, à sa grande surprise, Édith ne fut par contre sa réalisation, bien au contraire.

Elle prit sa fille par les épaules, la regarda droit dans les yeux avant de lui dire :

— Je suis parfaitement consciente de la dureté de ce métier et des sacrifices que cela te demanderait, mais ici, tu es dans ton élément, dans ton univers. Ici, tu es toujours heureuse. Si tu acceptes cette opportunité, sache que je ferai tout pour t'aider à réussir.

Décidément, Édith surprenait tout le temps sa fille, que ce soit agréablement ou pas. Quant à son petit ami, Rémi, il n'avait pas encore trouvé de travail sur la région parisienne. Peut-être serait-il heureux de venir s'installer en Bretagne avec elle, juste à côté de la mer, et de commencer une nouvelle vie, mais elle était loin d'en être certaine. Il avait tous ses amis et toute sa famille sur Paris. Il aimait beaucoup sortir, aller à des concerts ou dans des bars le soir avec eux. La vie morlaisienne risquait de lui sembler un peu morne. La ville ne survivait que grâce à la société SEITA, usine de cigarettes qui employait de nombreuses personnes, mais qui était sur le déclin (elle fermera plus tard définitivement en 2001).

Quant à Plouezoc'h, en dehors des fest-noz locaux et de la supérette, il n'y avait pas grand-chose à voir. Marie doutait également que son compagnon trouve des copains aimant la musique et le style punk. À Morlaix, c'était plutôt le style cornemuse et folk.

Après plusieurs jours de réflexion et à sa grande désolation, elle dut donner une réponse négative à Yvonne qui comprit parfaitement sa décision. Rien ne pouvait briser cette complicité de presque vingt ans et leur amitié dura jusqu'au décès d'Yvonne, bien après la naissance d'Emma, la fille de Marie. L'élément déterminant qui poussa Marie à refuser cette proposition fut ses lacunes culinaires. Si un jour, le cuisinier la lâchait pour une raison ou pour une autre, elle ne se sentait pas capable, comme Yvonne le faisait parfois, de « reprendre le fourneau » en un tour de main. Rémi ne sachant pas cuire un œuf et se nourrissant uniquement de sandwichs lorsque ses parents étaient absents, il lui serait difficile de lui demander de la seconder. Certes, elle savait faire des gâteaux et préparer un bœuf bourguignon, mais elle serait complètement incapable de réaliser certains mets présentés régulièrement aux clients, sans parler des nouveautés qu'il faudrait instaurer à peu près tous les trois mois comme le faisait Yvonne. Le sort en était jeté, Yvonne vendrait son établissement à un jeune couple plein de bonne volonté et de courage.

Marie, elle, ferait pendant deux ans ses études pour devenir Secrétaire de Direction bilingue à l'École Nationale de Commerce dans le dix-septième arrondissement de Paris, comme cela était prévu. Elle épouserait certainement Rémi, s'il le lui demandait (la naïveté de la jeunesse !). Ils viendraient de temps en temps avec leurs enfants et leur chien dans l'annexe conservée par leur amie. Son chien serait certainement un cocker, car elle aimait bien cette race. Me concernant, elle avait fait une exception. Bien qu'une partie de moi répondait à cette préférence, je ressemblais davantage à un épagneul breton avec mes oreilles courtes, mon museau légèrement carré et mes taches blanches et brunes parsemées sur tout mon corps. Son amour pour la Bretagne et ses habitants était indestructible. Même s'ils l'appelaient souvent « La Parisienne », pour elle, elle était comme eux : attachée à cette terre, à la mer, à la vie, à la mort. Sa progéniture y passerait certaines vacances avec Édith ou chez Frédéric et Violaine, mangerait des crêpes et du far. Eux aussi auraient des souvenirs d'iode et de mer houleuse, des overdoses de fruits de mer, des pulls marins qui grattent et des bottes en caoutchouc bleu marine et blanc. Il ne pouvait en être autrement. C'était décidé, il en serait ainsi !

« Ne perdez pas de temps à juger les gens, vous n'en aurez plus pour les aimer »

(Mère TERESA)

L'adolescence de Marie fut compliquée comme pour la plupart des garçons et filles de son âge sauf que Marie avait juste un peu plus de problèmes à gérer que l'acné juvénile et la montée des hormones. Ses tracas à elle étaient plutôt d'un niveau supérieur : gérer les caprices et colères de sa mère, essayer d'apaiser sa haine pour son amoureux, pardonner ou pas les infidélités de Rémi et surtout se donner à fond dans ses études ce qui lui prenait énormément de temps et lui demandait beaucoup d'efforts.

Édith vivait mal le fait que Marie grandisse et qu'elle lui échappe. Au fond d'elle-même, elle était persuadée que sa fille resterait jusqu'à la fin de ses jours pour prendre soin d'elle comme elle l'avait fait pour son père. Mais l'héritage de Madeleine et la longévité de sa relation avec Rémi avaient de fortes chances de remettre en cause les projets d'avenir

d'Édith. Au début de leur histoire, Édith n'avait pas réalisé que Rémi était plus vieux que Marie de presque quatre ans et surtout qu'il était un garçon très mature et indépendant pour son âge. Elle était même plutôt sympathique avec lui et complaisante, même lorsque sa fille dévalait comme une folle l'escalier qui menait aux chambres pour décrocher la première le téléphone, installé au rez-de-chaussée, et cela dès qu'il sonnait. Une fois, Marie avait fait tellement vite qu'elle avait glissé sur le parquet fraîchement ciré par sa mère. Elle s'était alors retrouvée affalée par terre, sur son postérieur, en tenant fièrement le combiné qu'elle avait réussi à attraper de justesse avant que l'interlocuteur ne raccroche, tout cela en criant à pleins poumons, malgré la douleur occasionnée par sa chute :
— Ouais, je l'ai ! Après un silence très court, le temps de reprendre son souffle, elle avait fait toute la conversation sur le sol, comme si de rien n'était, pendant qu'Édith et André pleuraient de rire dans la cuisine tant la situation était comique.

Leur relation durant, Rémi avait de nouvelles exigences. L'embrasser fiévreusement jusqu'à lui faire mal, la presser contre lui jusqu'à lui couper le souffle ne lui suffisaient plus. Marie adorait son odeur, avec ou sans parfum, il sentait tellement bon ! Il sentait l'homme rassurant, l'homme sur qui on peut compter, l'homme qui vous écoute et qui vous rassure. Sa peau était douce, mais pas fine comme chez les jeunes garçons de 15 ans. Ses traits étaient assez épais ce qui le vieillissait légèrement et le rendait plus responsable, ce qu'il n'était pas vraiment en fait. Ses yeux en amandes lui donnaient un air rieur et son sourire à la Richard Gere, dont le physique n'était pas si opposé au sien, le rendait irrésistible et charmeur. Marie fondait littéralement comme une glace à la vanille posée en plein soleil lorsqu'elle le regardait. Comme il était beau !, « Beau comme un Dieu ou comme un camion » comme disait André.

Pourtant, quelquefois, dans la cave de son immeuble à Romainville où il jouait de la musique avec ses copains, elle se sentait seule et apeurée. Elle l'avait attrapé dans ses filets et avait su le garder pendant plusieurs mois, mais elle avait à chaque instant peur de le perdre. C'était plus fort qu'elle.

Elle avait envie de lui, mais elle ne savait pas vraiment ce que cela impliquait. Malgré quelques images à la télévision volées par manque de rapidité de sa mère à lui cacher ce qu'elle jugeait indécent, ou aperçu entre ses doigts posés sur son visage, elle ne réalisait pas ce que c'était de « faire l'amour » avec quelqu'un. C'est bien la seule chose dont elle n'aurait jamais parlé avec sa mère.

Se déshabiller devant son amoureux, cela l'effrayait, mais découvrir son corps à lui, nu tout entier devant elle, cela lui paraissait impensable. Elle avait peur de sa réaction, de ne pas être à la hauteur, car elle ne connaissait de l'anatomie d'un homme que le buste de son grand-père lorsqu'il était tombé du cerisier et qu'il avait ôté son polo pour qu'elle puisse frictionner de crème son dos tout bleu, meurtri par sa chute de plusieurs mètres.

À l'âge de 6 ans, l'infirmière de l'école avait alerté Édith sur le fait que Marie avait un léger renfoncement, en plus de son souffle au cœur, juste en dessous de son sein gauche. Marie avait donc dû faire tout un tas d'examens, mais personne ne comprenait d'où venait cette anomalie. Ce n'est que lorsqu'André fit sa chute qu'Édith constata que son père avait ce même renfoncement : c'était donc tout simplement héréditaire : tout ça pour ça !

Au lycée, Marie était une des rares filles à être en couple. Elle arrivait le matin avec lui et repartait le soir après l'avoir enlacé devant la grille. Beaucoup la jalousaient pour cela et ne rêvaient que d'une chose, briser ce couple qui paraissait si épris, si uni. Dans la journée, elle le rejoignait dans les couloirs entre les cours pour fumer, parler et surtout l'embrasser. Lorsqu'un professeur était absent ou lorsqu'ils n'avaient pas cours, ils se donnaient rendez-vous au café situé à quelques mètres du lycée. Ce café-brasserie appelé « La Folie », mais qui n'avait rien de « Ouah-Ouh ! », appartenait à Robert, un homme sympathique, de type italien, d'une quarantaine d'années. Sa femme officiait en cuisine, lui derrière le bar. C'était un très vieil établissement qui n'avait pas été rénové depuis les années cinquante. Tout était d'époque y compris le carrelage au sol, formé de losanges grossiers noirs et blancs et le baby-foot installé juste après l'entrée, avant les tables en formica mises pêle-mêle, en rang d'oignons, devant de grandes glaces pour la plupart ébréchées. Robert leur demandait toujours combien ils avaient d'argent avant de leur attribuer leurs boissons. Il leur servait alors soit un café s'ils étaient fauchés, soit un Monaco si leurs parents avaient été généreux.

Un jour, un monsieur au visage buriné avait mis une pièce dans le juke-box et avait sélectionné une chanson vieillotte avec un peu d'accordéon malgré la présence des jeunes gens plutôt habitués à écouter du Village People – In the Navy ou du Christophe – Aline. Il avait alors demandé la permission à Rémi d'inviter Marie et l'avait entraîné par la main, en plein milieu de la salle, pour danser avec elle. Marie, plutôt timide, mais toujours généreuse avec les gens, n'avait pas osé refuser la gentille attention de cet homme qui était certainement plus vieux que son père, mais pas aussi âgé que son grand-père. Elle avait alors virevolté avec grâces sous le regard brillant et plein d'admiration de son amoureux. Il la dévorait des yeux et elle sentait ses joues s'empourprer au fur et à mesure que les secondes s'écoulaient. Marie aimait capter son attention. Elle aurait voulu qu'il ne regarde qu'elle, rien qu'elle, chaque jour et toujours. Dans la journée, elle ne vivait que dans l'attente de le voir, de le retrouver, de le toucher, de le sentir. Lorsqu'ils avaient rendez-vous avec ses amis, elle se sentait différente, comme invisible. La plupart d'entre eux avaient un copain ou une copine, certains vivaient même ensemble, car ils avaient pour la plupart une vingtaine d'années. Marie, elle, n'était encore qu'un bébé pour eux et leurs conversations ne ressemblaient en rien à celles qu'elle avait avec les lycéens de sa classe. Elle les surprenait parfois à la regarder de façon étrange comme s'ils se demandaient : « Elle est jolie, mais je me demande bien ce qu'il fait avec elle ? Elle est si jeune ! »

Une des filles, Annie, était une ancienne petite-amie de Rémi. Elle sortait maintenant avec son meilleur ami, Fred, comme cela arrive souvent. L'avait-elle fait par amour ou pour ennuyer son ex ? Marie se posait souvent la question, mais n'arrivait pas à en trouver la réponse, ce qui l'ennuyait profondément. Il lui arrivait de surprendre Annie en train d'observer Rémi pensivement, comme avec nostalgie et souvent, elle sentait son regard bleu-gris posé sur elle. Mais dès que Marie tournait la tête pour la fixer à son tour, Annie baissait les yeux ou se levait comme si de rien n'était. Elle semblait vouloir lui faire passer le message suivant : « Moi, j'ai couché plusieurs fois avec lui, mais toi je suis sûre que non ! j'ai donc un avantage certain sur toi, même si tu es beaucoup plus belle que moi ! »

Marie savait que si elle voulait garder son homme, il fallait absolument qu'elle prenne très vite rendez-vous au planning familial situé à dix minutes à pied de chez elle.

Elle se décida donc à y aller, un après-midi d'été, jour où elle eut plus de courage qu'un autre. Elle s'y rendit seule et sans argent. Elle s'assura que personne de sa connaissance ne la vit entrer dans cet endroit qui aurait pu en interroger plus d'un. À l'accueil, elle demanda timidement où se trouvait l'assistante sociale puis monta sans grand entrain l'escalier qui menait à la salle d'attente indiquée par l'hôtesse. Quand elle y entra, elle se sentit observée par toutes les personnes qui étaient assises et qui attendaient patiemment leur tour. Mis à part les enfants qui accompagnaient leurs mères, c'était elle la plus jeune. Il fallait absolument passer par cette étape pour pouvoir continuer à être heureuse et pour que Rémi n'aille pas chercher ailleurs ce qu'elle hésitait à lui offrir. N'était-elle pas déjà une vraie femme après tout ce qu'elle avait subi ? Cela n'était finalement que la continuité d'une vie d'adolescente vécue en accéléré. Elle était aimée par un garçon qui voulait passer sa vie avec elle, elle avait son propre appartement, payait ses factures d'électricité et de gaz, ainsi que ses impôts. Une vraie jeune femme émancipée, mais pourtant tétanisée à l'idée que sa mère apprenne ce qu'elle était en train de faire.

L'assistante sociale était une personne sans grande personnalité. Elle ne fut ni sympathique ni désagréable. Dans son bureau complètement aseptisé, sans aucune chaleur, aux murs beiges comme le sol et les fenêtres, elle ne l'interrogea même pas sur les raisons qui la poussaient à demander, à tout juste quinze ans, la possibilité de prendre des contraceptifs sans que ses parents en fussent informés. Marie aurait voulu lui dire qu'elle était folle amoureuse, que son cœur battait à cent à l'heure à chaque fois qu'elle le voyait, qu'elle frôlait la crise cardiaque lorsqu'il la serrait dans ses bras et qu'elle préférerait mourir que de vivre sans lui. Elle voulait qu'elle comprenne que si elle ne lui donnait pas la chance de pouvoir faire l'amour avec lui sans courir le danger d'être enceinte, il risquait de la quitter et de ne pas vouloir attendre qu'elle soit plus âgée, davantage prête pour le faire. Sa mère étant exclusive, possessive, si elle soupçonnait quoi que ce soit, elle l'empêcherait de le voir pour toujours et ça, elle ne le supporterait pas ! Marie se contenta de prendre en la remerciant, l'ordonnance qu'elle lui tendit sans aucune expression, sans aucune émotion sur son visage et partie aussi discrètement qu'elle était venue. Mais, il fallait d'abord qu'elle se rende au laboratoire situé au rez-de-chaussée pour faire une prise de sang. Une fois les résultats obtenus, et s'il n'y avait rien d'inquiétant ou de contre indiqué, elle pourrait ensuite, dans une huitaine de jours, revenir chercher sa prescription renouvelable trois fois. L'examen ne fut pas simple à réaliser. L'infirmière dut s'y reprendre à deux fois avant de réussir à piquer correctement l'adolescente.

Marie ignorait à cette époque qu'elle avait un problème de fluidité du sang et surtout des veines peu enclines à se laisser attraper.

Elle dut rester une dizaine de minutes avant de pouvoir partir, car le petit trou dans la pliure de son bras persistait à ne pas vouloir se refermer. L'infirmière dut changer au moins trois fois le coton maintenu par un sparadrap, mais devenu à chaque fois rouge vermillon en quelques secondes. Heureusement, lorsqu'elle rentra chez elle, il n'y avait personne. André devait être au cimetière en train de mettre des fleurs sur la tombe d'Agathe ou chez Madeleine. Édith, elle, n'était pas encore rentrée du travail.

Marie monta dans sa chambre et se dépêcha d'enfiler un pyjama fin avec des manches longues. Elle appela Rémi pour tout lui raconter et l'informer que normalement, tout irait bien. Puis, elle alla faire ses devoirs devant la télévision, dans la salle à manger, comme d'habitude. Son bras lui faisait de plus en plus mal, elle n'osait pas le regarder, mais tenir le stylo devenait une véritable torture. Lorsqu'elle se décida à le faire, elle s'aperçut qu'il était devenu tout bleu de l'endroit de la piqûre jusqu'au milieu de son avant-bras. Il ne fallait pas que cette couleur descende jusqu'au poignet sinon Édith, à qui Marie ne pouvait rien cacher, découvrirait que sa fille avait fait un examen sanguin sans lui en parler. Elle ferait tout de suite le lien avec Rémi et ce serait le drame. Du coup, elle s'en voulut d'avoir pris cette décision l'été, car il allait falloir mentir et camoufler la trace de son initiative solitaire pendant plusieurs jours. Si par contre elle l'avait fait par temps froid, sa mère n'aurait pas été étonnée de la voir avec des pulls à manche très longue comme cela était la mode à ce moment-là. Tenir le couteau au dîner releva du véritable exploit. Marie évoqua un déjeuner frugal au restaurant du lycée afin de justifier son manque d'appétit. Édith et André ne posèrent pas plus de questions : ils ne semblèrent pas s'en étonner ni s'en soucier. La soirée se termina finalement sans incident.

Sa veste en jean ne la quitta pas de la semaine. Le bras de Marie passa du bleu, au vert, puis au jaune. La boule qui n'avait cessé de grossir à l'endroit de la piqûre avait fini par se résorber. Dans un ou deux jours, Marie irait récupérer ses plaquettes et il n'y aurait plus aucune trace visible de cet examen sur son anatomie. Tout allait rentrer dans l'ordre, mais sa vie allait changer, elle le savait !

Maintenant, plus question de rigoler, fini l'insouciance et l'immaturité : il fallait devenir une femme, une vraie. Il allait falloir assurer, s'assumer. Le mercredi suivant, Marie prit le bus numéro 301 comme d'habitude pour se rendre dans le HLM de Rémi. Il habitait avec ses parents au quatorzième étage, un appartement dont Marie ne connaissait que l'entrée, les sanitaires et la chambre à coucher de son cher et tendre.

La pièce était plutôt spacieuse, mais assez sombre finalement, car Rémi laissait pratiquement toujours les persiennes à moitié fermées. Son lit, collé contre le mur, était surplombé par des étagères chargées de vieilles munitions, de révolvers anciens, de grenades et autres engins peu rassurants de la dernière guerre. Son bureau, situé de l'autre côté de la pièce, était pratiquement toujours recouvert par des partitions musicales, classeurs et autres documents de tous genres. Sur le sol, des amplis et des guitares électriques ne laissaient aucun doute sur sa passion pour le rock.

À son arrivée, Rémi, après l'avoir embrassée amoureusement, l'avait doucement couchée sur ses draps, et s'était allongé à côté d'elle tout en la prenant tendrement dans ses bras. Elle ferma ses yeux joliment maquillés de bleu, lorsqu'elle sentit soudain ses mains aux longs doigts et aux ongles soignés lui déboutonner son chemisier et défaire le bouton de son jean. Elle se sentait pourtant ravissante ce jour-là, mais elle était pétrifiée par la peur. Elle devait lui faire l'effet d'un bâton de châtaigner tant ses cuisses se durcirent lorsqu'il fit glisser son pantalon le long de ses jambes musclées. Un court instant, elle se demanda si ses sous-vêtements, simples, mais tout de même féminins, allaient lui plaire, mais fut totalement surprise de voir qu'il ne prit même pas le temps de les étudier : il lui enleva le tout en un tour de main, comme s'il avait fait cela toute sa vie. Elle se sentit alors défaillir, submergée par l'émotion et l'odeur de ce corps si beau, si bien sculpté, totalement imberbe, dégageant avec une intensité incroyable la senteur de son parfum pourtant si familier : Azzaro pour homme.

Il se positionna lentement et avec une douceur extrême sur elle et l'embrassa d'abord sur les yeux, puis sur les joues et enfin sur la bouche ; il finit par l'étreindre avec une telle force qu'elle ne réalisa pas tout de suite qu'il était entré en elle. Marie poussa un petit cri de douleur très vite étouffé par le bien-être éprouvé par ce corps qui était devenu sien dont les soubresauts pétrissaient ses côtes et son ventre. Ils ne faisaient plus qu'un et Rémi semblait tellement heureux. Son visage la fixait avec une telle émotion, une telle intensité qu'elle fondit en larmes. Marie fut profondément émue lorsqu'il s'écroula sur elle, épuisé, tout en sueur, la tête dans son cou et qu'il lui murmura tendrement :

— J'espère que je ne t'ai pas fait mal, je t'aime tellement.

Elle remercia silencieusement le ciel de lui avoir accordé un tel bonheur, elle qui avait connu tant de chagrins depuis sa naissance. En fin d'après-midi, elle fut encore plus triste que

Il faut que je vous parle d'elles

d'habitude de le quitter.

Ses membres étaient un peu endoloris et son esprit légèrement embué. Ses joues étaient rouges lorsqu'elle monta dans le bus pour rentrer chez elle et elle avait l'impression que tous les passagers pouvaient deviner à son visage ce qu'elle venait de faire ce beau jour du mois de juin 1979.

Et si Édith le devinait aussi ? Ce serait une véritable catastrophe ! Il fallait absolument rester la même, ne rien laisser paraître. Elle ne devait rien dire à personne, comme d'habitude. Elle se sentait seule alors qu'elle avait envie de crier son bonheur au monde entier : « Je suis devenue une femme aujourd'hui ! J'ai fait l'amour avec l'homme de ma vie ! je peux mourir demain » L'euphorie retombée, elle se demanda si ça avait été aussi bien pour lui que ça l'avait été pour elle. Avait-il ressenti plus de plaisir avec elle qu'avec Annie ? Serait-ce toujours ainsi ou faudrait-il trouver d'autres façons de répondre à ses désirs, à ses espérances ?

Elle n'avait personne à qui demander conseil.

Bien entendu, elle comptait sur Rémi pour faire « son éducation », mais elle avait peur qu'il se lasse rapidement de sa jeunesse et de son inexpérience. Elle eut besoin de se rassurer et s'empressa de l'appeler dès son arrivée. Comme à son habitude, Rémi fut gentil et délicat. Il lui avoua qu'il était rare que la première fois soit une parfaite réussite, qu'il fallait du temps et beaucoup de complicité pour que les êtres finissent par s'abandonner sans aucune retenue, que cela viendrait avec le temps il n'en doutait pas.

Ils passèrent donc la fin du mois de juin de cette année-là dans les bras l'un de l'autre. Lorsqu'ils n'étaient pas dans sa chambre, ils allaient faire de la musique dans la cave ou sortaient avec leurs amis.

Un soir, Rémi insista pour raccompagner Marie en moto, car ils étaient en retard et il avait peur qu'Édith s'énerve une nouvelle fois contre elle et la prive de sortie. Il ne savait que trop à quel point sa chérie souffrait de l'intolérance et du protectionnisme excessif de sa mère. Il avait pourtant roulé doucement, insisté pour qu'elle porte un casque et s'était même garé précautionneusement à leur arrivée à deux pâtés de maisons plus loin. Malgré cela, Marie à peine entrée dans le pavillon reçut de plein fouet une gifle magistrale d'une Édith furieuse et rouge de colère : « Tu veux mourir ou quoi ? Je t'avais pourtant interdit de monter sur ces engins ! Décidément tu n'écoutes vraiment rien ! », avait-elle hurlé comme un serpent crachant son venin.

André, comme souvent ces derniers temps, n'osa pas intervenir de peur de subir lui aussi les foudres de sa fille. Son regard suffit pourtant à l'irriter :

— Toi, restes-en dehors de tout cela, c'est ma fille et je l'élève comme je l'entends !

Marie était souvent plus contrariée par le chagrin ressenti par son grand-père lors des disputes mère-fille que par la violence verbale des crises devenues fréquentes et incontrôlées de sa mère. Édith, de plus en plus fatiguée par les responsabilités, sa charge de travail et les trajets sans fin, avait beaucoup de mal à récupérer et, de ce fait, à se maîtriser. Marie priait toujours pour qu'André n'entende pas leurs cris ou pour qu'il soit absent lorsqu'elle sentait que sa mère « allait partir en vrille » comme disait André.

Cela commençait presque toujours de la même façon, par de simples broutilles : un verre renversé, une parole jugée peu appropriée : « Tu pourrais faire attention tout de même ! ne parles pas comme ça, on dirait une marchande de poisson ! » ou un retard de quelques minutes suffisait pour lâcher un : « Tu pourrais avoir le respect des autres tout de même, quand on te dit six heures, ce n'est pas six heures cinq ! ».

Lorsque Marie avait une mauvaise note, Édith ne savait plus se contenir :

— Tu n'es vraiment pas sérieuse ! Si tu travaillais un peu plus au lieu de passer ton temps au téléphone ou à sortir avec ton farfelu de petit copain tu pourrais avoir de meilleurs résultats. Si tu continues comme cela, tu finiras caissière dans un supermarché !

Comme si être caissière était la pire chose qui pouvait lui arriver. La pire chose qui lui était arrivée était en fait de ne plus avoir de père et d'être élevée par une femme aigrie, au visage dur et au cœur de pierre la plupart du temps. Marie avait l'impression que quoi qu'elle fasse, Édith était toujours déçue ou énervée parce que sa fille ne répondait pas à ses attentes. Édith s'angoissait, car elle réalisait que, en cette fin des années soixante-dix, Marie souhaitait voler de ses propres ailes et s'émanciper d'une emprise maternelle qui l'étouffait de plus en plus. Les projets de sa fille n'étaient pas les siens et elle commençait à réaliser qu'elle ne pourrait pas contrecarrer cet état de fait. Les goûts vestimentaires de sa progéniture évoluaient également et pas vers le classique ni le BCBG (bon chic bon genre) comme elle l'aurait souhaité. Bien que les hippies aient lancé la tendance de la jupe longue à fleurs, le disco commençait à démocratiser les chemises et les robes à paillettes et la vague punk des seventies avaient troué les jeans de tous les adolescents sauf ceux de Marie qui, déjà à cette époque, ne voulait surtout pas ressembler à tout le monde. Elle préférait porter des pantalons qui n'étaient plus tout à fait patte d'éléphant avec de longues chemises d'homme, agrémentées d'une veste en cuir empruntée à son grand-père, avec sa permission et son approbation bien entendu.

Un vendredi matin où sa mère avait dû se lever du mauvais pied, Marie avait eu la désagréable surprise de trouver son armoire à vêtements fermée à double tour. Dans la salle à manger, Édith avait déposé une robe Laura ASHLEY bleu gris, en flanelle, d'un classicisme déconcertant, une paire de collants et des mocassins vernis dont Marie avait complètement oublié l'existence pour la simple et bonne raison qu'elle n'avait dû les mettre qu'une seule fois. Comme elle n'avait pas d'autre choix, elle les revêtit la mine sombre et le cœur lourd, pour aller au collège. Par représailles, Marie ne décrocha pas un seul mot à sa mère de tout le week-end.

Plus tard, dans les années 1980, la mode prit un nouveau virage. Marie y fut, au grand désespoir d'Édith, beaucoup plus réceptive pour ne pas dire qu'elle en devint une véritable adepte. Elle fut toute sa vie une « addict fashion » et créa même son propre style : un subtil mélange de vêtements derniers cris et d'habits vintage.

Édith ne supportait plus que sa fille, devenue adolescente, lui réponde lorsqu'elles avaient un désaccord et appréciait encore moins le fait qu'elle lui tienne tête avec une détermination inébranlable. En résumé, leur relation était de plus en plus tendue.

Seules les vacances d'été en Bretagne permettaient une trêve salutaire. Édith, plus détendue, acceptait même que Marie appelle Rémi une fois par semaine et parfois, une fois en plus le week-end, lorsqu'elle était vraiment de bonne humeur.

Marie essayait de profiter au maximum de ses séjours à Plouezoc'h tout en en désirant la fin avec impatience. Elle avait hâte de retrouver celui qui occupait toutes ses pensées, de jours comme de nuits.

En septembre, les retrouvailles ne furent pas à la hauteur de ses espérances. Peut-être était-elle trop fleur bleue pour ce garçon qui avait déjà fêté ses vingt ans ? Elle le trouvait un peu distant comme si elle devait le reconquérir à nouveau. Même dans son lit, elle le sentait peu entreprenant. Elle avait l'impression qu'elle avait plus besoin de le sentir contre elle qu'il n'avait envie de l'étreindre. Était-ce parce qu'ils étaient ensemble depuis déjà plus d'un an ? Ou parce qu'il n'avait pas su attendre son retour et s'était abandonné dans les bras d'une autre ? Au lycée, il y avait une petite nouvelle qui venait d'entrer en seconde et que tout le monde trouvait jolie comme une poupée de porcelaine. Elle s'appelait Adeline et regardait Rémi avec des « yeux de merlan frit » comme disait André. Elle était fine, mais avait un fessier un peu fort qu'elle cachait sous de longs pulls en laine. Elle était un peu petite aussi, mais elle avait de beaux cheveux châtain clair très épais qui descendaient jusqu'au creux de ses reins. Son visage était d'une douceur incroyable et ses yeux maquillés avec soins oscillaient entre le bleu gris et le bleu marine. Marie fut immédiatement inquiète et jalouse. Comme un animal, elle ressentit tout de suite le danger et décida d'être sur ses gardes et de rester vigilante (moi, je serai restée à l'arrêt, sur la défensive, une patte levée, prête à bondir à tout moment pour défendre mon mâle préféré).

Il faut que je vous parle d'elles

En octobre, après une énième dispute, Marie dut avouer à Édith que ses relations avec Rémi avaient évolué, ce qui rendit folle de rage sa mère déjà perturbée par cette histoire d'amour persistante :

— J'en étais sûre ! je t'interdis de le revoir ! dorénavant tu vas te consacrer à tes études et passer ton baccalauréat. De toute façon, ce n'est pas un garçon pour toi, c'est de la racaille, et la racaille, je n'en veux pas chez moi !

Marie avait essayé de la convaincre qu'elle allait sur ses dix-sept ans, qu'elle était folle amoureuse, que c'était l'homme de sa vie. Qu'il ne fallait pas que sa mère s'arrête au fait qu'il faisait de la musique bizarre et un peu violente, car cela lui passerait certainement avec le temps, qu'elle devait accepter le fait que sa fille unique grandisse et devienne une femme, avec tout ce que cela implique.

— Je t'enfermerai s'il le faut ! Dorénavant, tu rentreras juste après le lycée et je ne signerai plus tes autorisations de sorties ! (Pourquoi ne pas l'attacher à un piquet non plus ?), avait rétorqué Édith comme dans un état second tant sa révolte avait pris le contrôle d'elle-même.

Comment pouvait-elle comprendre sa fille, elle qui avait été abandonnée, humiliée quelques années plus tôt par le propre père de son enfant ? Elle avait dû assumer seule cette fillette si petite, si fragile, et puis six mois plus tard, affronter la mort de sa mère. Cela avait fini de l'anéantir.

Il avait ensuite fallu convaincre André que la vie continuait, qu'il devait arrêter de se détruire en accumulant les bouteilles vides et en restant enfermé dans son appartement rempli de souvenirs douloureux.

Ce furent des mois terribles pour Édith et elle en fut marquée

Il faut que je vous parle d'elles

à jamais : comment se remettre de tant de chagrins ? De tant de désillusions ? Comment aussi oublier le regard des gens et leurs phrases assassines : « Ah bon, vous n'êtes pas mariée ? Mais alors, votre bébé n'a pas de père ? »

Elle imaginait qu'au fond d'eux, ils se disaient : « Elle a du coucher avec le premier venu et bien entendu il l'a abandonnée quand il a su qu'elle était enceinte. Ce n'était peut-être pas le premier. Ça doit être une « marie-couche-toi-là ». Avec ses jupes courtes et ses chignons coiffés décoiffés à la Brigitte BARDOT, elle devait attirer l'Homme ! »

Pour qu'on la laisse un peu tranquille, elle avait demandé à tous les organismes, banques, assurances et autres, d'indiquer dans son dossier Madame au lieu de Mademoiselle. Elle aurait pu également mettre une alliance à son annulaire de la main gauche, mais elle n'acceptait aucune contrainte et celle-ci était encore moins supportable à ses yeux que les toutes les autres.

Marie savait que lorsque sa mère se mettait dans un tel état, il n'y avait rien à faire. Elle ne se calmerait pas, pire, elle ne changerait pas d'avis. Vivre comme une recluse, dire à Rémi qu'elle n'avait plus le droit de le voir, alors qu'elle sentait déjà qu'il commençait à s'éloigner d'elle, cela lui était insupportable. Marie partit en courant se réfugier, en pleurs, dans sa chambre au premier étage, en priant qu'Édith ne déboule pas comme une furie devant son lit où elle s'était recroquevillée en position fœtale. Elle tremblait de tout son corps et des soubresauts soulevaient son frêle buste tandis que ses larmes commençaient à mouiller son chemisier et ses beaux draps rose pâle.

Non, décidément, il fallait que tout cela cesse.

Elle en avait assez de se battre à chaque fois pour obtenir la moindre autorisation, de devoir mentir pour pouvoir sortir certains après-midis et de pleurer le soir lorsque, après une journée difficile, elle avait dû affronter une Édith agressive, prête à n'accorder aucune concession à une fille pourtant docile et obéissante.

Marie ne voulait plus voir le visage de son grand-père devenir livide et ressentir, comme si c'était la sienne, la peine qui l'envahissait petit à petit. C'était comme si elle pouvait lire en lui comme dans un livre ouvert et son chagrin devenait le sien et vice-versa. Cela n'aurait donc jamais de fin ! Elle se rappela soudain que sa mère mettait des médicaments dans le secrétaire de sa chambre. Il devait bien y avoir quelque chose de dangereux qui lui permettrait d'oublier, de tout effacer, de s'échapper de cet univers qui l'étouffait peu à peu, inexorablement. Elle prit la première boîte qu'elle trouva avec un liseré rouge : en général, cela signifiait « Danger ». C'était tout à fait ce qu'il lui fallait. Elle avala d'un coup le contenu des deux plaquettes et retourna s'allonger. Marie essuya ses yeux rougis par le chagrin, mais au moment où ils commencèrent à se fermer contre sa volonté, elle réalisa soudain qu'elle n'était pas prête à mourir et surtout pas encore capable de renoncer à Rémi. Il fallait qu'elle se batte pour lui !

Bientôt, elle serait majeure et pourrait aller vivre définitivement à Paris, dans l'appartement de Madeleine, devenu le sien depuis son « départ », « son abandon ». Elle essaierait de trouver un travail pour pouvoir payer ses factures et sa nourriture. Elle serait libre et ne reviendrait ici que pour voir André et son chien qui lui manqueraient à n'en pas douter. Il fallait absolument qu'elle réagisse avant de tomber dans la pénombre. Alors, elle se leva d'un bond, descendit l'escalier comme une folle et courut à grandes enjambées dans la rue jusqu'au dispensaire qui se trouvait deux maisons plus loin, le tout sous le regard médusé de sa mère, qui ne comprit pas immédiatement ce qui était en train de se passer.

La religieuse de garde l'accueillit avec indulgence et compassion. Elle essaya d'abord de calmer Marie pour arriver à lui faire dire ce qu'elle avait avalé comme poison. L'adolescente était en état de choc et n'arrivait plus à respirer. Elle décida donc de faire entrer Marie dans une salle de soins pour que les patients qui attendaient d'être soignés ne la voient pas dans cet état. Édith qui avait vu sa fille franchir la porte du pavillon comme une furie comprit presque instantanément qu'il se passait quelque chose de grave. Elle pensa tout d'abord à une fugue et réalisa avec angoisse qu'elle ne connaissait même pas l'adresse exacte de celui qui lui avait ravi l'affection de sa fille chérie. Après quelques instants d'hésitation, elle se décida à sortir à son tour dans la rue, mais elle la trouva déserte. Ce n'est qu'après quelques secondes qu'elle eut l'idée de se rendre dans le dispensaire.

À son entrée, Sœur Élisabeth, qui la connaissait bien, la réconforta en lui annonçant que Marie était bien chez elles, qu'elle n'avait pas pris une quantité suffisamment importante de médicaments pour pouvoir mettre sa vie en danger. Deux sœurs essayaient actuellement de la faire vomir afin de laisser dans son organisme le moins de traces possible de ces toxiques. Sœur Élisabeth, après avoir pris des nouvelles de Marie auprès de ses collègues, demanda à Édith de rentrer chez elle. Elle souhaitait garder l'adolescente quelques heures en observation. Si une hospitalisation s'avérait nécessaire, ce qu'elle ne pensait pas, elle ne manquerait pas de la prévenir.

Dans le cas contraire, elle raccompagnerait Marie jusqu'à chez elle. Elle supplia Édith de ne pas envenimer les choses à son retour en la grondant ou en la punissant, car elle ne ferait que provoquer une récidive qui cette fois pourrait être fatale. Marie franchit donc le seuil de la maison avec appréhension vers dix-huit heures trente. Elle remercia sœur Élisabeth pour tout ce qu'elle avait fait pour elle et surtout de l'avoir raccompagnée. Édith l'accueillit en haut des escaliers par un :

— J'ai vraiment honte, tu te rends compte de ce que tu as fait ? Tu n'es plus ma fille.

Marie regagna sa chambre sans un regard pour cette mère au visage ravagé par les larmes. Elle se coucha jusqu'au lendemain matin d'un sommeil rempli de visions cauchemardesques et de mauvaises pensées. Elle savait que sa mère ne lui adresserait plus la parole pendant plusieurs jours ou peut-être jusqu'à la fin de sa vie, mais cela lui était égal. Au moins, elle la laisserait tranquille et ne gérerait plus d'une main de fer son emploi du temps et sa vie amoureuse.

Marie s'en voulut surtout à cause d'André, car cette situation le contrarierait énormément, c'était une évidence. Même si ses rapports avec son grand-père n'avaient pas changé, elle le sentait inquiet, peiné et cela n'était pas bon pour son cœur malade. Marie n'en prit pas conscience immédiatement, mais, à compter de ce jour, rien ne fut plus jamais pareil entre elle et sa mère. Un mur s'était construit, brique par brique, pierre par pierre, tout au long de ces années. Les bisous s'étaient faits de plus en plus rares, les confidences étaient devenues de moins en moins fréquentes. Cette complicité qui n'avait que très rarement existé entre ces deux êtres si différents n'était plus qu'une utopie à jamais inaccessible. Peut-être, plus tard, lorsqu'elles seront devenues grandes, adultes, toutes les deux, pourront-elles enfin partager des moments, des secrets, des instants d'intimité, de tendresse, et pourquoi pas d'amour ?

Pour l'instant, tout avait été mis comme en suspens. Une ligne infranchissable les séparait. Dès que l'une ou l'autre s'en approchait, les réactions devenaient exacerbées, électriques et les conséquences laissaient des marques indélébiles. Plus qu'une impasse, une voie sans issue les tenait prisonnières et malheureuses l'une et l'autre et cela allait durer malheureusement de nombreuses années. « À défaut de l'aimer, comment ne pas la haïr ? », se demandait souvent Marie lorsque sa mère venait une fois de plus de la meurtrir par une réflexion blessante ou une action violente tandis qu'Édith se lamentait tout le temps en se disant : « J'aurais tellement voulu qu'elle soit différente, elle me déçoit tellement ! Qu'ai-je fait au Bon Dieu pour mériter cela, pour avoir une fille pareille ? »

André, lui, au plus profond de lui, car il n'exprimait que rarement ses sentiments, ne pouvait que faire le constat suivant : « Je les aime toutes les deux, mais pourquoi ne s'entendent-elles pas ? Il y a des choses tellement plus graves dans la vie que ces broutilles qui nous gâchent la vie ! Dieu faites qu'elles trouvent enfin le chemin qui les mène dans la même direction. Dieu, faites-en sorte qu'elles arrêtent de me pourrir la vie ! »

> « Il faut passer du paradis des enfants au
> purgatoire des adultes
> Qui ouvre sur l'enfer des vieillards »
>
> (Maurice CHAPELAN)

La fin de l'adolescence de Marie fut un vrai cauchemar.

Son acné sur les joues ne voulait pas la quitter contrairement à Rémi qui se détachait peu à peu d'elle pour se rapprocher de plus en plus de cette gamine de Marine et la vie à la maison était tendue comme le fil à linge installé dans le jardin.

Marie avançait vers sa vie d'adulte avec prudence et prenait des pinces à chaque fois qu'elle voulait adresser la parole à sa mère qui guettait toujours la moindre occasion de « laver son linge sale » avec elle comme disait un André devenu complètement désabusé.

Après son troisième cambriolage, Marie décida de vendre son appartement de Paris pour pouvoir acheter un bien qui soit suffisamment loin de sa mère, mais pas trop éloigné de son grand-père. La chose était donc loin d'être aisée.

Une Parisienne d'une vingtaine d'années, qui travaillait à proximité de la rue Papillon, fut séduite par ce F2 lumineux et joliment décoré par Marie. Elle fit une proposition au prix et la vente fut réalisée en moins de trois mois. Le plus dur, ne fut pas de descendre la vitrine choisie par Madame RUTY en souvenir de son amie Madeleine, du troisième au premier étage, mais de vendre les meubles trop imposants, notamment ceux de la chambre à coucher, meubles pas assez modernes et surtout peu adaptés pour une jeune femme de presque vingt ans. Une fois l'argent encaissé, Marie le plaça et commença à visiter deux ou trois logements avec Édith dans les rues avoisinantes de chez sa mère, mais elle ne fut pas véritablement conquise. Il fallait trouver une solution qui ne déplaise pas à son exigeante mère et qui lui permette en même temps de pouvoir prendre son envol.

L'occasion se présenta grâce à une petite annonce dans le FIGARO : « Dans petite copropriété, au calme, beau deux-pièces avec salle d'eau, pas de vis-à-vis, mais travaux à prévoir ». Marie prit rendez-vous après son travail. Sa mère, qui la rejoignit sur place, fut agréablement surprise par le quartier, composé principalement de pavillons.

Le petit immeuble en brique de quatre étages était situé non loin de la Mairie et à cinq minutes à pied des commerçants et du marché. La commune jouxtait celle de sa mère. Marie pourrait ainsi rendre visite à André en moins d'un quart d'heure. C'était parfait pour elle.

L'appartement était situé au premier étage et lorsque la propriétaire ouvrit la porte, Marie comprit tout de suite que le texte de l'annonce reflétait parfaitement la réalité de la situation. Une petite entrée donnait accès à droite à des sanitaires de taille correcte et à gauche à une petite cuisine rectangulaire se terminant par une fenêtre tout en longueur. Une jolie porte à petits carreaux séparait le couloir du salon-salle à manger et de la chambre à coucher située côté rue. Marie pensa que cela déplairait fortement à Édith à cause du bruit et de la pollution, mais elle ne fit aucune remarque à ce sujet. La route n'était pas une artère principale ni une voie menant à un endroit stratégique. Il y avait peu de passage et donc peu de nuisances sonores. Par contre, Édith émit des réserves sur la salle d'eau qui se trouvait à l'intérieur de la chambre, sans fenêtre. Elle pensait que cela pourrait être un inconvénient si sa fille recevait des amis ou la famille, mais aussi à cause de l'humidité que cela pourrait créer à long terme. Ce point négatif fut balayé d'un trait lorsque toutes deux pénétrèrent dans la pièce principale.

Un rai de lumière les attira inéluctablement, comme un aimant, vers la grande fenêtre centrale. Au loin, un dôme immense et fortement éclairé, identique à une soucoupe volante, laissait entrevoir quelques petits extra-terrestres qui couraient et sautillaient dans tous les sens. Le tout était composé de couleurs oscillantes entre des tons de bleu et de vert. Les deux femmes restèrent comme hypnotisées devant ce panorama exceptionnel : la piscine municipale.

À cet instant Marie sut que c'était l'appartement de ses rêves. Édith demanda à la propriétaire le prix souhaité, Marie réussit à le faire baisser en invoquant sa jeunesse, son capital un peu juste si elle voulait faire les rénovations qui s'imposaient. La dame d'une soixantaine d'années fut surprise par l'assurance de la jeune femme qui se trouvait devant elle et fut surtout heureuse de trouver un acquéreur qui pourrait payer comptant la somme souhaitée. Elle donna donc de suite son accord. Toutes trois se rendirent immédiatement, chez le notaire qui se trouvait deux rues plus loin, qu'Édith connaissait bien puisqu'il s'était occupé de la succession de Madeleine et de la mise sous tutelle de Marie, mineure au moment des faits. Il était disponible et leur proposa de commencer à rédiger la promesse de vente, ce qui prit un temps certain. Ce soir-là, Marie et Édith franchirent la porte de la maison vers vingt et une heures, toutes guillerettes, devant le regard surpris et interrogateur d'André qui ne les avaient pas vues ainsi depuis plusieurs mois, voire plusieurs années. Lui aussi fut conquis par le futur appartement de sa petite-fille et plutôt heureux qu'il ne se situe pas à un étage élevé, surtout sans ascenseur.

Le temps que durèrent les travaux, Marie retrouva une certaine complicité avec sa mère. Elle avait perdu définitivement Rémi, mais avait trouvé un travail, tout d'abord chez KMB, à Pantin, auprès du PDG de cette société dont la renommée était internationale.

Fière d'avoir obtenu son diplôme d'Assistante de Direction bilingue à l'École Nationale de Commerce de Paris, elle avait réussi, pour son premier emploi, à obtenir un poste « important » : elle devait assister l'assistante de Direction du groupe, mais Marie ne savait pas encore ce qu'« assister » signifiait : elle allait vite le découvrir et à ses dépens : faire le café pour le patron à 9H, aller chercher le courrier à 10H puis à 11H30, le dispatcher et rédiger une petite lettre ou concevoir un tableau entre temps avant l'heure de déjeuner.

Après avoir mangé à la maison avec André, il fallait refaire le café à 14H puis à 16H, toujours pour le Directeur ou pour des clients, aller chercher à nouveau le courrier à 14H30 puis à 16H30 et enfin rentrer chez elle à 18H, déçue par tant de tâches ingrates et inintéressantes même si bien rémunérées.

Le vendredi de sa première semaine chez KMB, suite à une dépression devant son assiette « côte de porc petits pois » et devant un André quelque peu dubitatif, Marie décida qu'elle ne retournerait pas travailler pour ces gens qu'elle trouvait vraiment très curieux et peu sympathiques, surtout après une matinée si peu mouvementée pour ne pas dire soporifique.

Marie téléphona d'abord à l'Assistante de Direction, Mademoiselle MAUBERT, pour l'informer qu'elle voulait mettre fin à son contrat de travail et qu'elle ne souhaitait surtout pas revenir au bureau l'après-midi. Celle-ci ne sembla ni surprise ni contrariée par cette annonce ce qui soulagea beaucoup l'adolescente qui était persuadée, de toute façon, que Mademoiselle MAUBERT voyait plutôt d'un mauvais œil l'arrivée d'une concurrente, plus jeune, plus diplômée et surtout plus jolie qu'elle, et Dieu sait que cela n'était pas difficile.

Marie contacta ensuite son agence d'intérim pour les informer de la situation et se remettre en liste sur le marché du travail. On était début septembre, rien ne pressait. Le soir, elle prit son courage à deux mains pour annoncer la nouvelle à sa mère qui, finalement, prit plutôt bien la chose. En fait, lasse après une journée intense et des embouteillages éprouvants, Édith avait exceptionnellement préféré « digérer la chose » plutôt que de se lancer dans une dispute qui ne manquerait pas de pomper le peu d'énergie qui lui restait.

Sa mère avait décidé, dans un premier temps de ne pas se

mêler de la recherche d'emploi de sa fille. Au fond d'elle, elle avait confiance en la détermination et le jugement de sa progéniture et elle eut bien raison d'agir ainsi. La semaine suivante, Marie réussit à décrocher deux rendez-vous, un dans une agence de publicité et un autre dans une PME-PMI à Romainville.

Marie se présenta à ce deuxième poste à 14H, quinze minutes en avance, bien maquillée, juste ce qu'il faut, vêtue d'un tailleur rouge bordeaux fluide acheté chez MARK AND SPENCER, sa boutique de vêtements préférée, et d'un chemisier crème assez classique, le tout agrémenté de jolis escarpins vernis noirs à hauts talons. Malgré cette tenue plutôt stricte, elle ressemblait à une véritable collégienne british : elle ne savait pas encore que ce serait cette apparence juvénile qui séduirait son futur Patron : Monsieur Eric BOUJENAH. L'entretien ne dura pas plus d'une demi-heure. Celui-ci la reçut dans son grand bureau situé au premier étage de l'usine spécialisée dans le matériel de Bâtiment et Travaux Public, avec son associée, Madame Françoise MICHAUT. Autant, lui était brun avec une légère moustache d'un noir charbon au-dessus de ses lèvres charnues, et plutôt charpenté, autant elle était blonde, avec un teint très clair agrémenté de quelques fines taches de rousseur et d'une minceur impressionnante. On aurait pu croire qu'ils étaient en couple tant leur complicité était évidente.

Comme beaucoup de patrons, Eric BOUJENAH voulait absolument une secrétaire jeune, dynamique, polyvalente, agréable, motivée et bien entendu pas trop moche physiquement mais ça, il ne lui avoua que plusieurs mois plus tard.
— Vous savez ce qui m'a poussé à vous engager, Pussycat

(surnom qu'elle détestait, mais qu'il lui donnait souvent lorsqu'il était de bonne humeur) ? lui avait-il demandé un jour où il avait trouvé un peu de temps pour discuter avec elle. Vous ne ressembliez pas à toutes celles que j'avais reçues en entretien. Elles avaient toutes largement passé la quarantaine, elles étaient habillées comme de vieilles rombières et sentaient presque la naphtaline. Pauvres filles, elles devaient penser qu'un chignon banane les rajeunissait et que je serais conquis par leur côté sérieux !

Au moins, c'était clair, sa jeunesse et sa fraîcheur l'avaient davantage séduit que ses diplômes et ses capacités professionnelles. C'était la dure réalité du monde du travail et de la vie des femmes au vingtième siècle.

Marie n'avait eu aucun mal à travailler avec lui, car il était patient et avide de lui apprendre toutes « les ficelles du métier ». Elle avait aussi réussi à s'habituer à son caractère abrupt et parfois indélicat. Il faut dire que sa résistance mentale était arrivée au point culminant après toutes ses années passées à maîtriser une mère impulsive et lunatique. Par contre, elle sentait bien que son associée, Madame Françoise MICHAUT, était davantage sur la réserve en ce qui la concernait et encore dans une période d'observation intensive. Marie avait tout de suite compris que les relations de travail entre son patron et Françoise étaient vite devenues des relations, tout court, et elle faisait tout pour garder ses distances avec Monsieur BOUJENAH de façon à ne pas attiser la jalousie de cette femme qu'elle jugeait redoutable à juste titre. Lorsque son patron avait voulu la coincer contre le mur du bureau, un soir où elle avait dû rester tard, Marie s'était doucement dégagée en lui disant, avant de partir, d'un sourire entendu :

— Je suis désolée, je dois partir maintenant, mon petit ami doit venir me chercher et j'ai encore un travail à terminer pour Françoise. Autrement dit : « je ne suis pas disponible et vous non plus, à double titre, donc restons-en-là ! » À compter de ce jour, il n'eut plus jamais de gestes déplacés ou de paroles entreprenantes à son égard.

Si Madame MICHAUT insista pour prolonger sa période d'essai de deux mois pour cause de caractère un peu « soupe au lait »[1], ce qui contraria beaucoup Marie qui faisait pourtant tout son possible pour que ses employeurs soient satisfaits de son travail, elle comprit très vite que cette adolescente intelligente avait bien jaugé la situation et qu'elle ne chercherait pas à être une menace pour elle. Bien au contraire, Marie était devenue experte en mensonges notamment lorsque les deux associés partaient pour un rendez-vous hypothétique en plein milieu de l'après-midi et que leurs conjoints respectifs cherchaient à les joindre, en vain. Mieux, au fil des semaines, elle était devenue la confidente de sa patronne, son alliée, son binôme.

Marie avait également sympathisé avec l'épouse de Monsieur BOUJENAH qui était une femme charmante, mais qui perdait souvent patience certainement parce qu'elle commençait à se douter de quelque chose. Avec la mère de celui-ci, devenue veuve très jeune peu après leur retour d'Algérie et dont le fils aîné avait dû, de ce fait, non seulement devenir un père pour ses trois autres fils orphelins, mais aussi un pilier de son existence bien solitaire, la chose fut encore

---

[1] Personne dont l'humeur change très brutalement, aussi vite que le lait redescend dès qu'on le sort du feu.

plus facile. « La prunelle de ses yeux », comme elle l'appelait, avait dû lui dire beaucoup de bien de sa nouvelle secrétaire, car elle adorait Marie et prenait toujours un peu de son temps pour savoir si elle allait bien et si son fils n'était pas trop dur avec elle avant de l'avoir au bout du fil.

Chaque année, peu de temps avant Noël, Monsieur BOUJENAH convoquait Marie dans son bureau :

— Je vous laisse choisir les cadeaux de fin d'année pour les employés et leurs enfants. Voici les catalogues des fournisseurs que j'ai choisis. Annie (la responsable RH) vous a sorti la liste à jour du personnel. Pour mes proches, quelle journée souhaitez-vous prendre pour faire les magasins ? Je vous laisse ma carte bleue comme d'habitude et vous fais entièrement confiance. L'année dernière mon épouse a tellement adoré le foulard HERMES que vous aviez acheté, il faut dire qu'il était tellement beau, qu'elle s'est doutée que c'était vous qui l'aviez acheté. Elle trouve que vous êtes toujours très bien habillée et que vous avez beaucoup de goût, ce qui apparemment n'est pas mon cas. Au fait, ma mère m'a dit qu'elle aimerait bien du parfum N°5 de CHANEL, prenez-lui le gros flacon : je vous note tout cela. Et n'oubliez pas votre cadeau ; n'hésitez pas, faites-vous plaisir !

Et il concluait toujours par un : « Merci beaucoup et bonnes fêtes de fin d'année. »

Quant au mari de Françoise, il était toujours d'humeur égale et très poli lorsqu'il appelait pour parler à sa femme ou qu'il venait la chercher, ce qui arrivait très rarement. C'était la plupart du temps, lorsque l'un de leurs deux enfants était malade. L'aîné était blond et fin comme ses parents, le second ressemblait comme deux gouttes d'eau à l'associé de sa mère, bien joufflu, les cheveux et les cils couleur ébène : « ce n'était que pure coïncidence, bien évidemment ! ».

Une fois sa période d'essai terminée, Marie réussit à prendre de l'assurance. Elle n'eut plus peur de s'affirmer, comme le voulait Monsieur BOUJENAH, auprès d'employés bien plus âgés et confirmés qu'elle, mais dont elle était incontestablement la supérieure puisqu'elle parlait au nom de son directeur, de leur patron. La responsable RH, Annie, d'origine allemande, la scrutait tous les matins et attendait parfois que Marie lui tourne le dos ou quitte la pièce pour aller voir l'étiquette de sa veste qu'elle venait de déposer sur le portemanteau situé non loin de son bureau. Annie était pourtant coquette, mais regardait souvent la nouvelle assistante de direction comme si elle était un succulent gâteau à la crème (moi-même, je la regardais souvent ainsi avec mes yeux moitié cocker moitié épagneul).

Ses relations avec Mme MONTLOUIS-BONHEUR, comptable, étaient par contre d'une tout autre nature. Le seul point commun de ces deux collègues était leur fort accent. Annie, avec son accent allemand, et la comptable, avec son accent créole, avaient donc beaucoup de mal à se comprendre et surtout à se supporter. L'une était joviale, mais fortement hypocrite, fine et blonde platine aux cheveux courts et maigre comme un roseau, l'autre, d'origine martiniquaise, était taciturne pour ne pas dire agressive de nature, ronde et surtout à deux ans de la retraite. Plus rien ne semblait la concerner vraiment. Elle faisait son travail le mieux possible, mais il ne fallait pas lui en demander davantage. Rien ni personne n'aurait pu en faire les meilleures amies du monde.

Marie restait toutefois très patiente avec cette dame qui était son aînée et à qui elle devait, de ce fait, le respect. La pauvre femme avait eu le malheur de perdre son petit-fils dans un terrible accident de voiture quelques années plus tôt. D'après l'autre passager, sa cigarette lui avait échappé alors qu'il conduisait. C'est en voulant la rattraper avant qu'elle ne brûle son pantalon et sa cuisse par la même occasion qu'il avait perdu le contrôle du véhicule à l'âge de vingt ans. Il avait été tué sur le coup. Son ami bien qu'occupant « la place du mort » avait été grièvement blessé, mais s'en était sorti.

L'autre comptable, elle, était très sympathique : elle s'appelait Madame ROLLAND. Marie ne comprenait pas pourquoi cette femme s'obstinait à fumer autant alors qu'elle avait passé plusieurs années de son enfance dans un sanatorium, atteinte par la coqueluche. Elle toussait beaucoup et, à chaque fois, cela peinait la jeune femme qui craignait que tout ceci ne se transforme un jour en quelque chose de bien plus grave qu'une toux chronique. Son mari lui aussi était très malade. Il avait subi plusieurs interventions et devait dorénavant vivre en permanence avec une poche. Le souci se lisait sur le beau visage de son épouse, mais marqué par les années difficiles qu'elle venait de vivre.

Sa supérieure, Sylvie, âgée de trente ans environ, était une mère de famille attentionnée, joufflue et sympathique, mais au caractère tout de même bien trempé. Elle travaillait dur, savait décompresser lorsqu'il le fallait et s'entendait bien avec toute cette petite équipe, surtout avec Nicole, la responsable informatique. Cette « vieille » fille du même âge qu'elle vivait avec sa mère de santé fragile et ne sortait jamais en dehors du travail. Marie était épatée par le fait que Nicole ne perdait jamais son sang-froid lorsque ses foutues machines, ressemblant à des robots de la Guerre des étoiles et faisant exactement le même bruit que lorsque la Force se réveillait et attaquait, refusaient inexorablement de fonctionner correctement au moment de la distribution des paies ou du bilan de fin d'année. La plupart du temps, l'intervention d'un technicien extérieur devenait impérative. Celle-ci se faisant attendre, parfois pendant plusieurs jours, cette employée toujours patiente et souvent silencieuse, ce qui n'était pas le cas d'autres personnes de la société, finissait par perdre patience et par rougir de colère.

Malgré certaines divergences et désaccords récurrents, tout ce petit monde aimait se retrouver pour déjeuner dans le petit bistrot situé juste à côté de l'entreprise où les menus étaient copieux et peu onéreux. Parfois, d'autres personnes se joignaient à eux.

Monsieur CREPIN, le chef d'atelier, qui avait la charge d'une centaine d'ouvriers, ce qui n'était pas chose facile, François, un grand jeune homme brun costaud, chargé des fournitures, et son aide, Émile, une « personne de petite taille » comme on disait à l'époque qui, à l'arrivée de Marie, était tellement réservé et complexé qu'on finissait par oublier sa présence tant il faisait tout pour se faire oublier.

Lorsque le Directeur Commercial, Monsieur LEMATIRE décidait de les rejoindre, l'ambiance n'était pas tout à fait la même. Ses cheveux blancs et une petite moustache grisonnante ornaient son visage rond et souvent rouge de bon vivant. Son ventre rebondi témoignait de la fréquence et de l'abondance de ses repas d'affaires, mais ce qui était le plus impressionnant, chez lui, c'était sa voix tellement haute et grave qu'elle aurait pu faire exploser en une seule gamme la verrière sous laquelle travaillait tout le personnel administratif de la société.

L'été, il y faisait une chaleur insupportable, mais l'hiver, le froid était tellement glacial que les trois radiateurs présents dans la pièce ne suffisaient pas à la réchauffer. Tout le monde ressentait ce même vent glacial à chaque fois que le commercial poussait une porte et qu'il entrait quelque part. Marie était parfois obligée de taper à la machine avec des gants en laine. Le plus dur dans ce cas-là était d'insérer le carbone avec les feuilles de papier dans la fente de la machine : opération quasi impossible même pour la plus patiente et habile des employées.

Marie aurait pu être tétanisée de peur devant cet homme de taille moyenne, ressemblant un peu au géant des bottes de sept lieues, mais il n'en fut rien, car très vite, il se révéla être, envers elle, extrêmement protecteur et conciliant.

Lorsqu'elle apprit que sa période d'essai était renouvelée, ce fut lui qui fut le plus gentil et le plus consolateur :

— Ne t'en fais pas ma petite, ce n'est qu'une formalité. Tu fais encore des petites erreurs, mais c'est normal. Ce n'est pas grave. Montre-leur à tous ce que tu vaux comme ça, tu leur cloueras le bec !

À table, tous écoutaient religieusement ce qu'il disait. Le plus souvent, à la fin du repas, il se levait discrètement avant les autres et allait payer l'addition pour tous les employés présents et qui lui étaient reconnaissants pour ce geste, que Monsieur BOUJENAH, leur patron à tous, ne faisait que très rarement.

Marie avait su se faire aimer et respecter à force de ténacité et de volonté. À son arrivée dans la société, les ouvriers avaient souhaité manger avec elle dans le réfectoire ce qu'elle avait accepté avec plaisir, mais Monsieur BOUJENAH sembla très contrarié par cette initiative. Dès le jour suivant, il fit comprendre à « SON assistante » que cette gentillesse n'avait pour but que de la faire parler sur les affaires de l'entreprise et leur patron.

Marie lui répondit alors avec l'aplomb de ses vingt-deux ans :

— Aucun problème. Puisque vous me le demandez, je ne le ferai plus, mais sachez que vous pouvez avoir une entière confiance en ma loyauté. Jamais je ne parlerai à des ouvriers, des fournisseurs ou à quiconque de mon travail et encore moins du vôtre. Vous apprendrez avec le temps que vous pourrez vous fier entièrement à moi et cela jusqu'à la fin du contrat qui nous lie, et quoiqu'il arrive !

Monsieur BOUJENAH parut amusé de sa réponse. Sa mâchoire sembla se décrisper comme par magie. En fait, il savait déjà que ce que sa précieuse jeune secrétaire, qu'il allait surnommer plus tard « l'huître » ou « le cercueil », venait de lui avouer était déjà une quasi-certitude pour lui et son associée.

Il la voyait chaque jour se démener pour mener à bien les tâches multiples et difficiles qu'ils lui confiaient, et cela sans jamais rechigner. Elle arrivait très tôt le matin et repartait très tard le soir. Parfois, c'était même elle qui fermait l'entreprise. Elle recevait avec élégance et bonne humeur tous les intervenants précieux pour sa société et arrivait à détendre l'atmosphère surtout lorsque celle-ci était tendue à l'extrême. Elle s'énervait encore quelquefois pour un rien, mais cela était de moins en moins fréquent : au fil des jours, elle gagnait en maturité et en professionnalisme.

Un an avant le dépôt de bilan, Monsieur BOUJENAH et Madame MICHAUT reçurent un banquier important susceptible de leur accorder un prêt qui leur permettrait peut-être de continuer leurs activités, ou du moins, de pouvoir « sortir un peu la tête de l'eau » comme disait André. Marie avait préparé depuis des semaines un dossier financier avec bilans et présentations de leurs différents métiers qui « tenait la route » : tableaux divers, photos en couleur, sommaire détaillé. Tout y était.

À son arrivée, le banquier ne sembla pas être quelqu'un de désagréable, mais le rendez-vous s'éternisait et Marie commençait à s'inquiéter. Lorsque le téléphone sonna et que Monsieur BOUJENAH lui demanda :

— Marie, pouvez-vous me monter un cachet s'il vous plaît ?

Elle courut à l'infirmerie située en bas des escaliers, prit un verre propre, une aspirine et un peu d'eau. Elle monta doucement les escaliers tout en touillant le tout, traversa le 1er bureau avant de frapper à la porte de celui de son patron. À son arrivée, tous trois la regardèrent entrer dans la pièce d'un air interrogateur. Tout à coup, Monsieur BOUJENAH, devant le large sourire du banquier et de Madame MICHAUT, s'esclaffa :

— Marie, j'ai besoin du cachet de la société, pas d'un cachet pour le mal de tête !

Rouge de honte, la jeune femme s'éclipsa sans un mot pour aller rechercher à toute vitesse le précieux tampon dans le tiroir de son bureau. Elle prit une grande respiration avant d'ouvrir à nouveau la porte, mais, à sa grande surprise, elle les trouva cette fois souriants et détendus. Tout avait l'air de se passer pour le mieux. Lorsque son patron raccompagna son visiteur en fin d'après-midi, il parut fatigué, mais heureux et confiant. Le cœur de Marie, lui, battait à cent à l'heure. Elle se retenait de pleurer : il allait certainement la licencier. C'était une faute impardonnable, elle ne pourrait peut-être même plus s'inscrire à l'A.N.P.E. (Agence Nationale Pour l'Emploi ex. Pôle Emploi) pour pouvoir toucher une indemnité en attendant de retrouver un autre poste. Le boss arriva sur elle comme un bulldozer. Elle blêmit de panique. Il la prit brutalement dans ses bras ce qui ne rendit pas du tout jalouse son associée, bien au contraire. Madame MICHAUT sembla plutôt amusée.

— Vous m'avez sauvé la vie, Marie ! Après votre intervention, il a été beaucoup plus réceptif à notre situation et il semble en clin à vouloir nous aider. Merci beaucoup ! Il finit sa déclaration par un bisou bien bruyant et baveux sur sa joue droite ce qui ne manqua pas de faire rougir Marie d'autant que les autres employés, inquiets, les observaient figés tant la situation était étrange et peu habituelle.

À partir de ce moment, même si cette aide providentielle ne suffit pas à sauver l'entreprise, la jeune assistante fut considérée comme une personne importante et fiable, une employée sur qui l'on pouvait compter. Lorsqu'elle passait dans l'atelier pour une raison ou pour une autre, elle en profitait toujours pour vérifier si les ouvriers des presses avaient bien installé et connecté, autour de leur bras, les sûretés de leurs machines. Elle contrôlait également le port des chaussures à bout en métal obligatoire au cas où une pièce lourde ne tombe sur leur pied et ne leur en sectionne une partie d'un coup sec. Si elle les prenait en flagrant délit de négligence, un seul regard de sa part suffisait et ils s'exécutaient immédiatement. Si certains étaient récalcitrants, ce qui n'arrivait que rarement, elle n'avait qu'à lancer un : « Vous voulez que je prévienne Monsieur CREPIN ? Mieux, je crois que je vais en parler à Monsieur BOUJENAH ! Dépêchez-vous de mettre vos protections ! » Et tout rentrait dans l'ordre.

Ce fut pourtant le cas un jour. Un grave accident se produisit dans l'atelier. Marie se précipita immédiatement auprès du blessé avec la trousse de premiers secours remis à la fin de son stage par la Croix rouge, prit deux sacs en plastique et des glaçons dans le petit frigidaire avant de courir en direction de l'attroupement. Elle ramassa immédiatement et précautionneusement les 3 doigts qu'on lui avait dit sectionnés de façon très nette et les disposa dans le premier sac. Le but était de faire en sorte que les glaçons, positionner tout autour et maintenus par le deuxième sac, conservent, intacts, les membres récupérés sans les mouiller ni les ramollir. Marie aspergea ensuite le bout de la pauvre main blessée d'une ampoule permettant d'arrêter une éventuelle hémorragie et l'enveloppa d'un énorme pansement bien serré afin d'éviter que le sang ne coule trop. À peine avait-elle fini ces deux opérations que le SAMU arriva et prit en charge le malheureux qui partit immédiatement avec son petit paquet à côté de lui en direction de l'hôpital le plus proche.

Le lendemain matin, Marie trouva sur son bureau plusieurs roses emballées séparément avec toutes, un petit mot de remerciement, ce qui la toucha énormément. Elle s'empressa toutefois de les déposer délicatement dans le coffre de sa voiture, garée sur le parking situé dans la cour de l'usine, avant que son patron ou ses collègues ne puissent les voir. Il était inutile d'attirer leur attention par tant de gestes d'affection ou d'attiser leur jalousie.

Marie détestait les conflits et s'évertuait à faire en sorte que tous travaillent dans le calme et la bonne humeur. Elle plaisantait souvent et était très gaffeuse ce qui entraînait parfois des situations tout à fait cocasses.

Un jour, elle s'était trompée en appelant au micro prévu à cet effet, directement relié à l'entrepôt, le chef d'atelier, Monsieur CREPIN, pour une urgence :

— Monsieur « CRETIN » est demandé à la Direction, Monsieur CRET…, oh M…!

Immédiatement après avoir relâché le bouton et relevé la tête, elle avait compris qu'elle avait encore fait une « bourde » comme dirait André s'il était là. Non seulement ses collègues étaient déjà en train de se moquer d'elle, mais en plus elle apercevait déjà à travers la vitre donnant sur l'atelier les ouvriers qui se tordaient de rire. Monsieur CREPIN débarqua dans le bureau et, regardant droit dans les yeux cette jolie jeune fille rouge comme une pivoine, la gratifia d'un :

— Merci beaucoup Mademoiselle d'avoir prononcé à nouveau le mot que j'ai tenté de fuir toute mon enfance et mon adolescence !

Autant Marie pouvait être « soupe au lait » par exemple lorsqu'un client ou un fournisseur lui avait mal parlé ou lorsqu'elle avait commis une erreur et qu'elle s'en voulait en vociférant à haute voix dans toute la pièce, autant elle avait le don de dédramatiser les situations les plus critiques et les plus graves ce qui pouvait paraître paradoxal.

Grâce à sa désinvolture et à sa jeunesse d'esprit, Marie avait donc réussi à « décoincer » Émile, employé au service fournisseurs, qui se réfugiait toujours dans le petit bureau, situé à droite de l'entrée principale, qu'il partageait avec François, un garçon charmant et très diplomate. Émile parlait peu de lui ce qui fait que la plupart des gens ignoraient tout de sa vie sinon qu'il vivait encore chez ses parents. Il évitait les pots de départ ou d'arrivée, disait un bonjour timide le matin en baissant la tête et évitait de se rendre dans l'atelier de peur que les ouvriers ne se moquent de sa timidité, de son nanisme, de sa petite taille. Il ignorait en fait que les gens n'y prêtaient plus attention et qu'il était considéré comme n'importe quel employé de cette petite société familiale.

Marie avait connu plusieurs enfants dits « mongoliens » c'est du moins comme cela qu'on les appelait avant de les gratifier d'un nouveau mot « trisomique » tellement plus joli à entendre à l'oreille et tellement plus respectueux (ironie). Sa mère lui avait appris, dès son plus jeune âge, à respecter les autres et à ne jamais se moquer des différences. Sa maxime préférée, que Marie transmettra plus tard à ses enfants, était : « Ne fais pas à autrui ce que tu n'aimerais pas que l'on te fasse ! »

Peu importe le mot employé finalement, cela ne changeait rien. Émile était souvent gêné par ses petites jambes potelées et sa démarche légèrement désarticulée notamment pour monter l'escalier abrupt qui menait au bureau du grand patron. Il était complexé par son visage marqué par des traits épais. De ce fait, suite à la bêtise et à la méchanceté humaines, il était devenu quelque peu sauvage. À cause des enfants qui le montraient du doigt dans la rue et dont les parents ne les reprenaient pas pour ce geste déplacé et de tous les autres qui le dévisageaient ou se moquaient ouvertement de lui sans jamais culpabiliser, il aurait voulu être transparent.

La Nièce d'Yvonne MENEZ était également une enfant « trisomique 21 », à un stade très avancé. Marie, adolescente, l'avait gardée à plusieurs reprises lorsqu'elle venait à l'hôtel rendre visite à son oncle et à sa tante. À dix-huit ans, elle avait connu une fin tragique : elle fut ébouillantée après une douche sans surveillance dans l'établissement où elle avait été placée par des parents n'arrivant plus à maîtriser ses colères, devenues de plus en plus fréquentes et dangereuses non seulement pour elle, mais aussi pour ses proches. Une petite cousine, à la mode de Bretagne, Carrie, avait également surpris ses parents lorsqu'elle était née avec un mongolisme dit « léger » alors que son frère aîné n'avait pas été frappé par cette malformation congénitale.

Cette ravissante poupée, toujours souriante, avec ses yeux de chat venait souvent chez René et Marie-Thérèse pendant les vacances d'été. Marie aimait beaucoup s'occuper d'elle, car c'était une petite fille adorable, certes un peu sauvage au début lorsqu'elle ne connaissait pas les personnes, mais si affectueuse lorsque l'on avait su conquérir sa confiance. Carrie admirait beaucoup Marie, cette jeune fille qu'elle trouvait si belle, tellement différente d'elle et surtout, qui la traitait comme n'importe quel enfant de son âge. Scolarisée, énormément aidée et soutenue par sa famille, Carrie avait pu avoir une vie dite « pratiquement normale ». Ses parents avaient bien failli se séparer tant les premières années avaient été difficiles. Ils se reprochaient réciproquement la faute de cet « accident » et n'arrivaient pas à surmonter leur chagrin. Une association, leur fils et l'amour de cette enfant magnifique leur permirent finalement et heureusement de vaincre toutes les difficultés. Carrie avait réussi à obtenir un travail dans une petite entreprise de biscuits et ses parents lui avaient installé un petit studio indépendant juste à côté de leur pavillon de façon à ce qu'elle puisse apprendre, peu à peu, à être autonome. Ainsi, lorsqu'ils ne seraient plus là, leur merveilleuse progéniture pourrait continuer à vivre sans problème ou presque, seule ou pas, sans être dépendante de son frère. Que de soucis en moins pour ce couple qui en avait déjà affronté tellement depuis la naissance de cette enfant hors du commun et tellement importante à leurs yeux !

Monsieur BOUJENAH avait informé Marie dès son arrivée du mauvais caractère d'Émile et de sa susceptibilité extrême, mais cela n'empêchait pas la jeune assistante de direction de le réprimander lorsqu'« il dépassait les bornes ». Elle ne voyait pas pourquoi celui-ci bénéficierait d'un traitement particulier alors qu'il ne supportait pas d'être traité de façon différente. Il aurait donc sa part « d'engueulades » comme tout le monde !

Marie pestait souvent contre lui, surtout lorsqu'il avait besoin de venir dans le bureau central. Non seulement il s'amusait à arriver à pas feutrés mais, en plus, la plupart du temps, elle ne le voyait entrer qu'à la dernière minute ce qui la faisait sursauter presque à chaque fois. Elle mettait cinq secondes au moins avant de s'en remettre et de reprendre son souffle. En effet, le mur en béton qui séparait le couloir de la pièce, surplombé d'immenses vitres, mesurait dix centimètres environ de plus que lui. Émile apparaissait donc tel un lutin sortant de sa boîte et cela finissait par être insupportable.

Comble de malchance, par contre, à chaque fois qu'elle le cherchait, il n'était jamais dans son bureau. Elle avait toujours un mal fou à le trouver et c'était presque devenu une blague, un jeu entre eux.

Les mois passants, Émile devenait de plus en plus souriant, détendu, plus sûr de lui et Monsieur BOUJENAH avait félicité son employé pour ce changement qui faisait plaisir à voir. Il avait également remercié Marie, de toute évidence, à l'origine de cette métamorphose.

Parfois, son patron trouvait que Marie allait un peu trop loin dans ses remarques ou dans ses blagues avec cet employé « à prendre avec des pincettes » comme disait André, mais Émile le surprenait régulièrement en prenant extrêmement bien ce qui n'était jamais dit ou fait avec méchanceté par son assistante préférée. Soit Émile éclatait de rire soit il lançait, d'un petit air enfantin, un : « Vous exagérez mademoiselle Marie, arrêtez de me faire rire, je dois retourner travailler ! ». Un jour, exaspérée, elle prit une décision incroyable qui aurait pu en révolter plus d'un.

— Tenez, mettez ce gyrophare sur vos cheveux, Émile. J'en ai assez de courir après vous à longueur de journée ! Vous me fatiguez ! Avant de rajouter :

— Oh ! Ça vous va vraiment à merveille. Vous êtes beau comme un dieu ! Ainsi je pourrai vous repérer où que vous soyez ! lui avait-elle déclaré tout en serrant la sangle autour de son cou afin que l'engin, qui ressemblait à une boule à neige, tienne bien sur le haut de son crâne. Si elle avait osé lui faire et lui dire une telle chose il y a trois ans, il aurait crié au scandale et aurait demandé la tête de Marie sur un piquet à son patron. Mais désormais, tout était différent. Il savait l'affection que lui portait Marie, elle l'avait même couvert plusieurs fois après quelques étourderies ou erreurs anodines et il en avait été très touché, car il redoutait par-dessus tout, les foudres de Monsieur BOUJENAH. Il savait que c'était une personne jeune, respectueuse, qui travaillait dur et qu'elle adorait aussi s'amuser. Elle pouvait être quelquefois maladroite ou trop directe, mais il avait appris à passer outre et de ce fait, ses relations avec les autres s'en étaient trouvées simplifiées. Parfois, Marie mettait un cône de signalisation sur sa propre tête ou se déguisait avec des gilets fluorescents pour agents municipaux. Elle improvisait des sketches et créait aussi de faux panneaux avec des textes drôles, souvent hilarants. Il n'y avait jamais dans ses gestes ou dans ses propos ni vulgarité ni irrespect. Des restes de l'éducation stricte d'Édith, sans aucun doute. Émile, grâce à Marie, avait oublié de rougir, de faire la tête. Il était même venu déjeuner chez elle avec les autres employés. Ils avaient pris plein de photos de ce moment très convivial qui avait soudé davantage cette équipe qui l'était pourtant déjà.

Si seulement la situation financière de la société n'était pas si catastrophique, tout aurait été presque parfait. En rachetant une usine textile en Bretagne, spécialisée dans la mode pour enfant, Monsieur BOUJENAH avait fragilisé son entreprise.

Le travail de Marie avait gagné en intérêt et en diversité, mais sa charge de travail était devenue bien lourde pour cette jeune fille frêle et un peu fragile. Il lui arrivait régulièrement de terminer sa journée vers vingt heures trente pour finir d'organiser les réunions avec les représentants, finaliser par télex les inscriptions aux divers salons de la mode enfantine, en France comme à l'étranger, ou créer le book avec les derniers modèles proposés par la styliste et retenus par ses patrons. Elle avait même participé à la création d'un parfum pour bébé : choix des senteurs, modèle du flacon ressemblant en tous points à un manège, forme et couleurs du logo de la nouvelle marque... Finalement, même si elle avait raté son examen d'entrée à l'école Boulle, il y avait un côté créatif dans ses nouvelles fonctions qui la ravissait et lui permettait de tenir le coup en cette période très difficile. Souvent, elle oubliait de déjeuner et fut la victime de plusieurs malaises en quelques semaines. À chaque fois, le médecin lui faisait une piqûre pour la « re-booster » et lui demandait de prendre plusieurs jours d'arrêt ou de congés, ce qu'elle ne faisait jamais. Impossible en ces moments critiques de laisser tomber ses patrons et ses collègues : il fallait tenir le coup !

André désespérait de la voir si maigre tandis qu'Édith trouvait normal de voir sa fille travailler autant.

Les insultes par téléphone étaient devenues fréquentes, tant par des fournisseurs qui n'étaient pas payés que des clients qui n'étaient pas livrés. Le personnel de l'usine textile de Bretagne appelait lui aussi très régulièrement soit pour demander pourquoi les paies n'étaient pas arrivées par courrier recommandé, soit parce que telle ou telle société n'avait pas reçu son paiement. Marie devait gérer et tempérer toute cette agressivité qui, à la fin d'une journée bien remplie, était très dure à supporter, tant physiquement que moralement. Il était de plus en plus évident que Monsieur BOUJENAH jonglait avec le peu de fonds qu'il lui restait et qu'il avait énormément de mal à boucler les fins de mois. Il était tendu et perdait souvent patience.

De nombreuses réunions eurent lieu avec des banquiers, des

avocats, des juristes, mais Marie n'y fut pas conviée. Un soir pourtant, son patron la fit monter dans son bureau, lui offrit à boire ce qu'elle refusa, et lui annonça en présence de Madame MICHAUT, tapie dans un coin de la pièce, silencieuse et le visage grave :

— Je suis obligé de déposer le bilan. Un administrateur judiciaire va être désigné, car je ne peux plus payer ni le personnel ni les fournisseurs. Le cas de chaque personne va être étudié, mais je vous demande de rester à mes côtés au moins jusqu'à ce que tous les dossiers soient clos. J'ai besoin de vous ! vraiment ! mais sachez que je ne pourrai pas vous verser pour le moment votre salaire : que décidez-vous ?

Bien entendu, elle allait continuer à travailler pour lui et résister au questionnement incessant des ouvriers :

— Vous savez bien que je ne peux rien vous dire, d'ailleurs moi-même, je ne suis au courant de rien. Tout ce que je sais, c'est que Monsieur BOUJENAH s'occupera de vous et fera tout, au mieux de vos intérêts. Je sais que ce n'est pas facile, mais il faut continuer à travailler comme avant. »

Comment leur expliquer que son cœur était déchiré à l'idée de les voir partir un par un, soit pour un autre emploi trouvé ailleurs, soit en préretraite, soit pour s'inscrire à l'A.N.P.E. Il y eut beaucoup de pots de départs, beaucoup de larmes et de cadeaux offerts, mais aussi des ressentiments, des cris, des paroles parfois cruelles et blessantes. Un des fournisseurs vint même un jour avec un fusil, les yeux pleins de colère et les mots pleins de haine. Il disait que lui aussi risquait de mettre la clé sous la porte à cause de cette grosse commande qu'on ne lui avait jamais réglée. Marie ne put l'empêcher de monter quatre à quatre les marches de l'escalier menant au bureau de son patron qui heureusement était parti en Bretagne pour le rachat de sa filiale textile. C'est Michel, le responsable des fournitures qui pria fermement l'homme enragé de redescendre et de laisser Marie tranquille :

— Monsieur BOUJENAH est parti pour plusieurs jours, mais il va nous appeler. Nous lui parlerons de votre venue ainsi qu'à l'administrateur nommé pour gérer notre liquidation. En attendant, calmez-vous et partez d'ici sinon je porte plainte au commissariat. Ce serait dommage d'en arriver là !

La seule chose qui aidait Marie à tenir bon était sa relation durable avec un comptable embauché il y a quelques mois, Daniel. Âgé d'une vingtaine d'années, il mesurait plus d'un mètre quatre-vingt-dix, avait un corps à faire damner les saints, des yeux couleur or et de magnifiques cheveux châtain foncé légèrement bouclés qui entourait son visage au teint hâlé hérité d'une grand-mère d'origine martiniquaise. La douceur et la beauté de ce quarteron avaient tout de suite séduit Marie, et ses autres collègues de la gent féminine bien entendu. Mais il s'était très vite montré très protecteur et avenant envers cette jolie jeune fille avec qui il formait un couple tout à fait bien assorti, tant physiquement qu'intellectuellement. Bien entendu, Marie avait caché cette relation à sa mère qui aurait vu d'un mauvais œil cette union pourtant très équilibrée et épanouissante pour sa fille.

Au travail, les deux tourtereaux n'avaient rien laissé paraître de leur amour naissant même si personne n'était vraiment dupe de leurs sentiments. Même lorsqu'ils décidèrent de se mettre ensemble, ils arrivaient séparément le matin et partaient chacun de leur côté le soir pour se retrouver, le plus souvent, dans le petit deux-pièces de Marie, une heure plus tard. Marie lui préparait de bons petits plats, puis ils regardaient la télévision, tendrement enlacés dans le petit canapé en osier, ou écoutaient de la musique avant de se diriger vers la chambre pour faire l'amour jusqu'au bout de la nuit. C'était presque trop beau pour être vrai.

Lorsque Marie commença à vomir tous les matins, elle comprit tout de suite que ses malaises n'avaient rien à voir avec sa fatigue qui était devenue chronique depuis quelque temps ni avec les médicaments qu'elle prenait pour tenir le coup (piqûres deux fois par semaine au dispensaire plus comprimés à prendre deux fois par jour). Les premiers nuages apparurent, mais il n'y eut pas d'orage juste une intempérie. Si les tests de grossesse furent positifs, les premiers examens furent aussi décevants que la réaction du futur père.

Tandis que Daniel déclarait que le moment était mal choisi pour être parents et qu'elle aurait dû prendre sa pilule de façon plus sérieuse, l'obstétricien, lui, demanda à Marie d'arrêter immédiatement son traitement « antifatigue » et de passer tout de suite une échographie. Daniel, malgré sa réticence à devenir père, l'assista dans ses démarches. Il l'accompagna à la clinique pour son examen et découvrit, comme sa compagne, avec une certaine émotion, ce petit être dont la taille était anormalement petite pour un fœtus de deux mois et dont le cœur battait de façon irrégulière.

Le pronostic n'était pas bon. Il fallait qu'ils reviennent à la clinique, sauf complication entre temps, dans quinze jours pour voir si la situation s'était améliorée.

— Dans le cas contraire, il faudra prendre une décision, annonça l'obstétricien dont le visage s'était assombri.

Le cœur de Marie se mit à battre la chamade. Elle réalisa alors qu'elle tenait déjà beaucoup à ce petit fœtus qui campait dans son ventre depuis plusieurs semaines, mais qui ne s'y épanouissait pas. Les larmes coulèrent comme les flots d'une cascade sur ses joues. Daniel la prit tendrement dans ses bras :

— Ça va aller, ne t'inquiète pas !

Était-elle responsable ? Avait-elle trop « tiré sur la corde » comme disait André, trop présumé de ses forces ? Était-ce parce qu'elle n'avait pas assez mangé ou parce ce qu'elle avait porté des colis trop lourds dans l'atelier de l'usine ? Toutes ces questions se bousculaient dans sa tête. Elle culpabilisait, mais ne voulait pas envisager le pire même si Daniel ne semblait pas très heureux d'avoir un bébé, maintenant du moins.

Les jours précédant le rendez-vous, Marie se força à prendre un petit déjeuner tous les matins malgré son estomac qui continuait à lui jouer des tours, prit le temps de se reposer dans l'infirmerie plusieurs fois dans la journée et ne rentra pas plus tard que vingt heures dans son joli petit appartement, souvent déserté ces temps-ci par son amoureux. Assise devant la fenêtre de sa salle à manger, elle regardait la piscine éclairée de mille feux, et essayait d'envisager son avenir avec cet enfant qu'elle imaginait beau, avec de beaux cheveux comme son père. Daniel ne vint pas tous les soirs la retrouver :

— Il faut que tu te reposes ! lui avait-il dit en l'embrassant sur le front ce qui ne présageait rien de bon, mais il l'appelait tous les jours vers vingt heures pour être sûr que tout allait bien.

Elle se demandait souvent comment elle allait annoncer la nouvelle à André et à sa mère, surtout si Daniel décidait de ne rien assumer. Édith, prendrait-elle bien le fait que son histoire se répète avec sa propre fille ? Elle serait certainement folle furieuse et il faudrait encore prendre sur soi pour ne pas lui dire ses quatre vérités. Lui dire qu'elle n'avait aucune leçon à lui donner ! Que le père est quarteron, et alors ! Que de toute façon son appartement était payé et qu'elle avait fini de lui rembourser l'argent qu'elle lui avait difficilement prêté pour les travaux ! Qu'elle avait un travail, du moins jusqu'à la fin du mois ; qu'elle en retrouverait un autre sans aucun problème, du moins elle l'espérait ! Qu'elle pouvait réussir à vivre seule et sans elle !

Marie était déterminée à attendre de savoir si tout allait bien avant de lui annoncer la nouvelle, inutile de se créer des tracas supplémentaires pour rien ou presque.

Lorsque la machine fut branchée et l'appareil posé sur le ventre légèrement rebondi de la future mère, le cheval ne galopa pas. Le poulain ne marcha qu'à petits pas feutrés. Le visage du médecin s'assombrit et les yeux de Daniel s'embrumèrent : là encore, cela ne présageait rien de bon. L'examen terminé, Marie se rhabilla comme dans un état second. Ses mains boutonnaient toutes seules de façon mécanique son joli chemisier blanc qui allait si bien avec sa petite jupe bleu marine un peu ample. Puis, elle vint s'asseoir lentement devant le bureau du médecin :

— Le problème, c'est que votre fœtus ne se développe pas comme il le devrait, il n'a même pas pris un demi-centimètre en deux semaines, mais ce n'est pas cela qui m'inquiète le plus. Son cœur bat trop faiblement, beaucoup trop faiblement. J'ai peur qu'il ne s'arrête très prochainement. De plus, le traitement que vous avez pris, notamment à cause de vos crises de tétanie, est particulièrement néfaste pour les femmes enceintes et vous l'avez ingurgité pendant plus d'un mois. Votre bébé a subi ses effets dès le début de sa conception et il risque d'en subir les conséquences de façon irréversible. Si vous ne faites pas une fausse couche d'ici là, il vous reste une quinzaine de jours pour réfléchir : prendrez-vous le risque d'avoir un enfant en mauvaise santé avec peut-être des séquelles graves et fortement handicapantes ou déciderez-vous de vous en séparer pour vous éviter, ainsi qu'à lui, des souffrances pour de nombreuses années ?

Il ne s'agissait pas d'un choix, car d'une façon ou d'une autre, la cause était perdue. Daniel s'apitoya d'abord sur le sort de sa compagne avant de comprendre que cette décision pourrait lui appartenir également. Il se lamenta alors sur le sien. Ce n'est pas comme cela qu'il avait envisagé son existence. Il l'imaginait belle et légère, certainement pas avec une femme usée par les soins constants qu'elle aurait à prodiguer à leur enfant handicapé. Même si cela n'était pas le cas, il faudrait passer une échographie tous les mois et attendre avec inquiétude, la boule au ventre, les résultats pendant six mois et demi autant dire une éternité. Leur couple n'y résisterait pas, il en était persuadé.

Le rendez-vous fixé avec l'assistante sociale n'aida pas davantage le couple dans sa prise de décision :

— Prenez votre temps, vous pouvez encore changer d'avis jusqu'à la date butoir imposée par la législation. Parlez-en avec vos parents, vos amis et étudier toutes les possibilités. Appelez-nous le moment venu pour nous dire ce que vous avez décidé tous les deux.

Tous les deux, ce n'était pas vraiment le cas, car pour Daniel il n'y avait aucune alternative possible. Marie demanda conseil à sa cousine qui l'implora d'en parler à Édith. Marie se décida donc un samedi matin à rendre visite à sa mère.

À la mine contrariée et blafarde de sa fille, Édith comprit tout de suite que quelque chose n'allait pas. Une nouvelle fois, Édith surprit Marie en prenant le temps de l'écouter sans l'interrompre ni lui hurler dessus. Par intermittence, Édith tendait un mouchoir en papier à sa fille dont les larmes ne cessaient de couler sur ses joues rougies par le chagrin. Elle avait des hauts le cœur et tremblait de tous ses membres : Dieu qu'elle avait mal ! Marie lui confia que la date décisive avançait à grands pas et qu'elle n'arrivait toujours pas à se faire à l'idée de perdre cet enfant. Sa mère ne la prit pas dans ses bras comme elle l'aurait tant espéré, mais ses paroles furent réconfortantes et dignes d'une mère, d'une vraie mère :

— Avoir un père quarteron dans les années à venir risque de ne pas être évident à vivre pour ton enfant. Ton compagnon t'a avoué lui-même qu'il ne savait pas très bien où était sa place, qu'il ne se sentait chez lui, ni en Martinique où ils ne le considéraient pas comme l'un des leurs, ni en métropole où le regard des gens commençait à changer et pas dans le bon sens. Moi, ce qui m'inquiète le plus, c'est le fait que tu puisses te retrouver à élever, à vingt-trois ans, un enfant avec de graves problèmes de santé. Auras-tu la force d'affronter, seule apparemment, cette situation tant financièrement, que moralement, même si je suis prête à t'aider bien entendu ? Le médecin t'a promis qu'il prendrait toutes les précautions pour que tu puisses avoir plus tard d'autres bébés alors, prends la bonne décision pour toi et pour ce petit être qui n'a pas demandé tout cela !

André, figé devant la porte du salon ne prononça pas un mot

comme à son habitude. Il alla préparer le déjeuner et força Marie à finir toute son assiette avant d'aller s'allonger sur le canapé.

Le mercredi suivant, Édith prit sa journée pour accompagner Marie à la clinique. Jusqu'au dernier moment, Marie eut envie de prendre ses jambes à son coup et de partir loin, très loin pour terminer cette grossesse à l'abri de tous, mais à chaque fois le regard inquiet de l'obstétricien touchant son ventre lors du dernier examen lui revenait en mémoire et finit par la dissuader de partir. Elle fut installée au deuxième étage, dans le service maternité. Autour d'elle, les pleurs des nouveau-nés bourdonnaient dans ses oreilles. C'était vraiment inhumain et insupportable.

Marie pouvait apercevoir dans les chambres environnantes, dont la porte était entrouverte, des mères radieuses recevant la visite de leurs proches et leur présentant leur progéniture comme s'il s'agissait du messie. Elle les enviait et elle avait envie de hurler.

Tout se passa très vite, fort heureusement. À peine lavée, on vint la chercher. Du bloc, elle ne garda pratiquement aucun souvenir sauf celui du médecin penché sur elle, essayant de la rassurer :

— Je vous l'ai promis, tout se passera bien. Vous pourrez avoir d'autres enfants.

À son réveil, elle avait envie de vomir, tout tournait autour d'elle, mais elle pouvait entrevoir une silhouette juste à côté de son lit. Elle s'entendit prononcer ces paroles qui tournaient en boucle dans sa tête :

— Je veux voir mon fils, je veux voir Yann ! Où est mon fils ? Où est Yann ? Édith lui caressa le front et lui répondit les yeux humides :

— Il est parti ma chérie, ton petit est parti définitivement.

C'était la première fois qu'Édith était aussi douce et gentille avec sa fille, mais Marie ne s'en rendit compte que bien plus tard, car, au fur et à mesure que les minutes passaient et qu'elle reprenait ses esprits, elle ne pensait plus qu'à une chose : fuir cet endroit. Fuir cette chambre et ce berceau vide installé juste à côté d'elle ; fuir cet étage où tout lui rappelait ce qu'elle venait de perdre ; fuir cet établissement et ses odeurs de lait pour bébé et tout le reste. Elle avait un peu mal au ventre, mais ce qui la rendait triste c'était surtout de penser qu'il n'y avait plus rien à l'intérieur. Ce petit garçon qu'elle avait décidé d'appeler Yann en souvenir de son amour pour la Bretagne s'en était allé ainsi que son père après une dernière nuit d'amour. Il fallait maintenant passer à autre chose, aller de l'avant. Pourtant, ce bébé disparu fera partie de son existence. Chaque année, il aura un an de plus dans son esprit et parfois, à certaines personnes, elle parlera de cet enfant, perdu lorsqu'elle était jeune, histoire de ne pas le rayer de sa mémoire, de ne pas faire comme s'il n'avait jamais existé. Pour elle, il avait compté, il avait été vivant puis il était mort.

Elle reprit le travail le lundi suivant. Une bonne partie du personnel avait déjà quitté la société et Daniel avait donné sa démission. Il avait demandé à ne pas effectuer son préavis. Il s'en alla donc après quelques jours, le temps de finaliser le travail commencé. Il embrassa Marie sur le front et lui demanda s'ils pouvaient rester amis (« il pouvait toujours courir » se dit-elle à l'intérieur d'elle-même, rongée par la déception et la colère). Marie partit à son tour à la fin du mois quand tout fut pratiquement clôturé. Elle ne l'appela plus jamais, mieux, elle déchira la page de son répertoire où figurait son numéro de téléphone, histoire de ne pas changer d'avis un soir de cafard.

Son dernier jour de travail fut une autre épreuve pour elle. Son patron avait organisé un buffet dans le grand bureau lesté depuis plusieurs semaines d'une grande partie de son personnel et de son mobilier. Les anciens employés et ouvriers, partis en plus ou moins bons termes, étaient revenus rien que pour elle. Elle en fut extrêmement touchée.

Mme MONTLOUIS-BONHEUR, heureuse d'avoir pu obtenir un départ en préretraite bien mérité, était venue avec du punch « du pays » et des acras confectionnés de ses petites mains. Monsieur BOUJENAH et Monsieur LEMAITRE, eux, avaient apporté plusieurs cartons de bouteilles de champagne ainsi que des jus de fruits pour ceux qui ne buvaient pas d'alcool. Chacun avait pris le temps d'acheter ou de faire un petit quelque chose : des amuses gueules, des toasts, des fruits, du pain, de la charcuterie, des chocolats, des salades, du fromage, des gâteaux... Un repas gargantuesque, bon enfant et convivial.

Bien entendu, Marie pleura tant l'émotion était forte surtout lorsqu'ils lui remirent son cadeau : un magnifique vase, d'un poids impressionnant, en cristal de bohème rouge avec de magnifiques petits anges qui jouaient de la trompette. Ce n'était pas vraiment le cadeau rêvé par une jeune fille de seulement vingt-trois ans, mais ayant habité à proximité de la rue de Paradis et fréquenté les plus grands brocanteurs de la place avec Édith, Marie savait à quel point ce présent était précieux et surtout fort coûteux. Elle prit le temps d'embrasser tout le monde, de dire un petit mot à chacun.

Émile n'arrêtait pas de se cacher pour qu'on ne le voit pas pleurer. Marie essaya de le faire rire : sans succès. Elle le serra alors très fort dans ses bras et le souleva de terre pour l'embrasser sur sa joue moite. Sur son bureau, elle avait enveloppé dans un joli papier cadeau, un gyrophare tout neuf qu'il garderait en souvenir d'elle. Fabienne MICHAUT, très émue, préféra quitter la salle sans rien dire, sur la pointe des pieds. En perdant cette fonction d'associée, elle perdait également l'occasion de passer toutes ses journées avec l'homme qu'elle aimait assurément.

Avant de partir, Marie eut la joie et la surprise de recevoir un appel de l'épouse de son patron qui la remercia pour tout ce qu'elle avait fait pour son mari, pour sa gentillesse, mais aussi pour l'avoir protégée avec tant de subtilité et de diplomatie. Voilà qui était clair et qui dissipait tout malentendu. Elles s'étaient comprises en femmes intelligentes.

Chaque employé se prépara à partir en fin de journée et quitta l'établissement la tête baissée et le cœur gros, ses petites affaires personnelles sous le bras, dans un carton ou une grande enveloppe en papier kraft suivant les cas. Tous prononcèrent de gentilles paroles plus ou moins sincères.

Marie ne voulut pas partir la dernière, mais Monsieur BOUJENAH la retient par le bras avant qu'elle eût le temps de franchir, une ultime fois, le seuil de la porte principale :

— Vous avez vraiment été une très bonne assistante et je ne me fais aucun souci pour vous pour l'avenir. Après ce que vous avez vécu ici, vous pourrez tout affronter. L'administrateur judiciaire devrait pouvoir vous envoyer un chèque pour les quatre salaires que je ne vous ai pas payés vers les mois de septembre-octobre au plus tard, après la vente définitive des locaux (ce qui fut le cas). Je vous remercie d'avoir été si chaleureuse avec Fabienne, mais aussi avec les miens. Cela m'a beaucoup touché. Votre caractère de cochon m'a beaucoup amusé. Vous êtes têtue comme une mule, une vraie Bretonne en fait ! Mais je vous aime bien. Bref, faisons court : vous allez me manquer ! Vous allez manquer à ma mère aussi. J'aurais du mal à retrouver quelqu'un comme vous lorsque je monterai une autre affaire, un jour peut-être.

Lui aussi posa un baiser sur son front et lui lança un dernier « au revoir Poussycat ». Elle s'effondra définitivement la tête dans son carton sur le pas de cette porte qu'elle ne franchirait plus jamais. Lorsqu'elle se retrouva sur le trottoir, la chaleur de cette fin du mois de juin l'envahit toute entière.

Il faisait un temps radieux, des oiseaux chantaient et le flot de voitures, moins intense que d'habitude, laissait présager que beaucoup étaient déjà partis en vacances.

Un beau temps pour partir se reposer deux mois à Plouezoc'h avec les siens. Un temps magnifique pour commencer une nouvelle vie, encore, oublier tout ce qui s'était passé durant cette année qui s'était avérée très pénible, tout recommencer ailleurs, avec d'autres gens, dans un autre univers. Un temps superbe pour essayer d'être heureuse, enfin !

« Le bonheur, c'est le calme, c'est l'amitié ; l'amour, c'est la tempête, c'est le combat »

(George SAND)

Cet été-là, Édith fut détendue et plutôt agréable et généreuse avec sa fille. Elle ne lui posa plus jamais de questions sur sa rupture avec Daniel et passa son temps à la rassurer sur le fait qu'elle n'aurait aucun mal à retrouver du travail. Il ne fallait pas qu'elle s'inquiète, la période était prospère et les offres nombreuses en cette fin des années quatre-vingt. La guerre du Golfe n'avait pas encore « pointé le bout de son nez » comme disait André. Par contre, pas un mot de réconfort concernant ses propensions ou ses facilités à retrouver le grand amour. Édith, au fond d'elle-même, souhaitait garder sa fille célibataire, sans aucune attache : un clone d'elle-même en quelque sorte.

Aussi, dès le 1er septembre, Marie se jeta à corps perdu dans la recherche d'un nouvel emploi et s'inscrivit dans la société d'intérim qui lui avait trouvé son premier job.

Dès le lendemain, un rendez-vous fut fixé pour des tests et une éventuelle proposition de poste. Le jour suivant elle dut revenir pour des épreuves supplémentaires et rencontrer le responsable.

En fin de semaine, elle se rendit à Saint-Mandé en transport en commun, là où se trouvait l'emploi proposé, dans une PME-PMI, société familiale installée au rez-de-chaussée d'un immeuble récent, à deux minutes à pied du métro. Elle fut reçue par le Directeur et deux autres collaborateurs avec qui elle serait amenée à travailler. Le premier était très réservé et silencieux, le deuxième plutôt extraverti et sûr de lui. Le patron, lui, certainement issu d'une grande famille, car sa politesse et son éducation étaient irréprochables, portait des vêtements de grande qualité assurément et son flegme, presque britannique, lui donnait une allure qui imposait le respect. Au bout d'une heure et demie d'entretien, elle s'appliqua à serrer la main de ces hommes avec fermeté et détermination. La regardant droit dans les yeux, tous trois arboraient un large sourire qui lui laissait espérer que la réponse serait peut-être positive.

À peine rentrée chez elle, le téléphone sonna :

— Bonjour Mademoiselle, ici l'agence d'intérim. Je viens de raccrocher avec la secrétaire du Directeur. Il a été enchanté par votre entrevue et les résultats de vos tests sont plutôt bons sauf peut-être votre étude graphologique qui laisse apparaître une certaine instabilité et une trop forte personnalité. Mais visiblement, cela n'a pas l'air d'être un obstacle pour lui, car il a besoin de quelqu'un à fort caractère pour gérer un négociateur particulièrement difficile. Donc, si vous êtes d'accord, vous commencez lundi matin à neuf heures. Cela vous convient ? En prononçant le « Oui, bien entendu » avec un enthousiasme débordant, Marie ignorait qu'elle effectuerait toute sa carrière dans cette entreprise, occupant de nombreux postes, travaillant avec différentes personnes : des sympathiques, des professionnelles, des désagréables, des alcooliques, des colériques, des « je-m'en-foutistes » et des folles furieuses. En résumé : le personnel de n'importe quelle société française ou étrangère qui se respecte.

Au début, ce fut très difficile de faire sa place au milieu de cette quarantaine d'employés, tous très jeunes, ne dépassant pas la trentaine pour la plupart, qui semblaient s'entendre à merveille.

De plus, le travail lié au domaine de l'immobilier lui était complètement inconnu. Les missions étaient très variées et nombreuses, et le rythme très intense. Elle devait assumer, en plus des tâches régulières, une soixantaine d'appels par jour et gérer des interlocuteurs plus ou moins aimables et patients. Pendant un moment, elle pensa qu'elle n'y arriverait pas. L'assistante du patron ne l'aimait pas, c'était une évidence. Décidément, elle n'avait pas de chance avec les collègues femmes. Comble d'horreur, c'était elle qui était chargée de la former et, visiblement, elle considérait cela comme une corvée. Agressive et lunatique, cette mégère rechignait à répéter ses explications ou à répondre aux questions de Marie même si elles étaient pertinentes. Elle lui parlait souvent sur un ton désagréable pour ne pas dire irrespectueux. Madame LEGENTIL portait mal son nom. On avait des difficultés à croire qu'elle était mariée tant son style ressemblait à celui d'une vieille fille. Âgée d'une quarantaine d'années, elle en paraissait une dizaine de plus. Il faut dire que ses cheveux gris, coupés très courts, durcissaient encore davantage ses traits qui n'avaient rien d'harmonieux et d'avenant. Ses nombreuses fausses couches et ses difficultés à pouvoir adopter un enfant européen, de préférence, avaient aspiré le peu d'humanité et de tolérance qu'il lui restait. Même si elle faisait parfois des efforts, lorsqu'elle pensait avoir « dépassé les bornes », le naturel revenait vite au galop. Un véritable enfer pour son entourage qui tournait au moins sept fois sa langue dans sa bouche avant de lui susurrer la phrase souhaitée, avec douceur et diplomatie, tout cela afin d'éviter de lui déplaire ou de provoquer chez elle la moindre réaction agressive ou suffisante. Marie aurait rêvé de la présenter à sa mère pour voir le cocktail explosif que cela pouvait donner. Elles se ressemblaient tellement qu'il était impossible qu'elles arrivent à s'entendre.

Heureusement, ses deux consultants, contrairement à ce qu'elle craignait, rivalisaient de gentillesse et de patience avec elle. Jean-Paul, le plus nerveux et le plus dynamique en apparence, lui expliquait tout ce qu'il faisait et les ficelles du métier. Il voulait absolument faire d'elle « une véritable collaboratrice, une partenaire ». Il l'emmenait en rendez-vous, la faisait participer à des campagnes de publicité, lui racontait tout de sa vie privée afin qu'elle comprenne mieux son agenda tantôt rempli de rendez-vous de visites, tantôt agrémenté de séances chez le coiffeur, d'après-midi au golf ou de rancarts en fin de journée dans des bars branchés parisiens. Elle devait jongler tout le temps pour résoudre tant ses affaires professionnelles que ses problèmes personnels.

Quant à Renaud, son autre collaborateur, il n'avait rien à voir avec cet énergumène. Il était en fait tout l'opposé. Ce brun

Il faut que je vous parle d'elles

de taille moyenne, en ménage avec une hôtesse de l'air, avait de petites lunettes rondes et un air renfrogné. Il parlait peu, réfléchissait beaucoup et restait souvent pensif à son bureau pendant de très longues minutes à regarder tantôt son écran d'ordinateur, tantôt les luminaires encastrés dans le faux-plafond. Une fois par jour environ, il se tournait vers Marie et lui disait :

— Marie, je vais avoir une signature demain, nous devons préparer le bail et faire les factures ensemble. Vérifiez, s'il vous plaît, si le mandat est bien à jour. Vous êtes prête, oui ? Alors, mettons-nous au travail !

Le lendemain, il revenait les mains dans les poches, comme si de rien n'était, et déposait discrètement les règlements sur le casier de Marie prévu à cet effet afin qu'elle les donne, dès que possible, pour encaissement à la comptabilité. Aucune effusion de joie de sa part. Tout ceci était parfaitement normal et naturel pour lui. Jean-Paul, lui, tenait absolument à informer toute l'équipe, à la seconde près, de l'avancée de chacune de ses affaires. Il adorait faire des photocopies des divers modes de paiements qu'il avait réussi à obtenir, traites ou chèques, qu'il épinglait fièrement au tableau d'affichage situé juste à l'entrée du grand bureau où une vingtaine de personnes travaillaient dans un brouhaha incommensurable et indescriptible. Ce panneau, orné de toutes ses feuilles avec des montants plus ou moins importants qui auraient fait rêver n'importe quel ouvrier, était devenu la preuve incontestable de sa compétence, mais aussi de sa vanité. Il les admirait comme s'il s'agissait de trophées de chasse difficilement acquis et jubilait à la simple idée que cela pouvait ennuyer fortement Renaud, ce qui, à bien y réfléchir, devait être le cas.

À la fin de l'année, Marie avait trouvé ses marques. Elle arrivait à faire abstraction des remarques et du comportement de sa supérieure, s'était fait de nombreux amis parmi le personnel avec qui elle sortait le soir et parfois le week-end et commençait à adorer et à maîtriser parfaitement les tâches qui lui étaient confiées.

Début janvier, elle avait eu l'agréable surprise d'être convoquée dans le grand bureau, là où elle avait passé son premier entretien, par Monsieur de la MENARDIERE. Son Directeur lui avait avoué être très content d'elle. Il ne regrettait pas de l'avoir embauchée et pour la récompenser, il avait décidé de lui accorder une prime généreuse et une augmentation de salaire bien méritée. En sortant de l'entretien, elle sauta tel un cabri enragé dans le couloir servant d'accueil, sous les yeux atterrés de la standardiste que n'était pourtant pas « en ligne de chêne » comme disait André.

Pour fêter les bons résultats de l'année passée, un déjeuner, avec toute l'équipe, fut organisé dans un salon privé du restaurant Drouant à Paris. Tout le monde s'était mis sur son trente-et-un et Marie était particulièrement ravissante dans sa robe noire en mousseline agrémentée de quelques bijoux fantaisie couleur or. Ces accessoires donnaient à l'ensemble un charme et une élégance folle et sa tenue s'harmonisait parfaitement avec le décor sophistiqué de l'établissement.

Marie avait, en particulier, sympathisé avec un consultant dénommé Christian. Ce jour-là, il avait pris place à côté d'elle sur l'une des deux grandes tables ovales joliment décorées de fleurs. Grâce à lui, elle avait passé un très agréable moment. Ce jeune homme blond, frêle, et de surcroît extrêmement drôle, vivait depuis deux ans avec son amie qu'il avait connue à dix-sept ans au lycée tandis que Marie entretenait depuis un an de courtes relations avec des hommes rencontrés au hasard. À chaque fois, elle sortait peinée et marquée par ces échecs répétés et ces histoires sans lendemain. À croire que les hommes sérieux étaient une race en voie d'extinction.

Avec Christian, tout était simple, léger. Ils passaient leur temps à plaisanter et à chahuter lorsqu'ils se croisaient dans les couloirs. Parfois, il l'emmenait en rendez-vous pour « rentrer » un bien immobilier qui pourrait intéresser Jean-Claude ou Renaud. C'est lors d'une de ces sorties, en plein mois de juillet, que l'impensable s'était produit. Ce jour-là, ils devaient visiter une confiserie, « l'Otarie Gourmande », que le propriétaire souhaitait mettre en vente très rapidement. Après s'être goinfrés de dragées et de chocolats de toutes sortes sous les yeux amusés et approbateurs du vendeur, ils avaient réintégré la voiture dont la température était devenue insupportable. Christian, « en nage », proposa à sa collègue de s'arrêter dans un café pour se désaltérer ce qu'elle accepta bien volontiers. Avant d'y arriver, ils passèrent devant le domicile de Marie et c'est tout naturellement et sans maîtriser les mots qui sortaient de sa bouche qu'elle lui proposa :

— Tu vois, j'habite juste ici, dans la petite rue. Si tu veux, on peut vite fait boire un verre chez moi ? Christian fit demi-tour et se gara juste devant le petit immeuble en briques. Il monta silencieusement les quelques marches derrière Marie jusqu'à la porte d'entrée de son appartement situé au premier étage. Ce n'est qu'une fois à l'intérieur que tout changea. Lorsque Marie tendit un grand verre d'eau bien fraîche à Christian avec du sirop de menthe, son doigt effleura le sien et son cœur se mit ridiculement à battre la chamade. Des gouttes de sueur perlaient sur son front. Elle sentait sa chemise à fleurs dans les tons bleu foncé et marron se coller davantage contre sa peau à chaque respiration. Sa jupe droite cintrée dont la doublure en nylon était presque trempée commençait à tourner le long de ses hanches fines. Son chemisier collait tellement sa peau qu'elle avait l'impression que l'on ne voyait plus que sa poitrine, pourtant ni trop petite, ni trop volumineuse : idéale en quelque sorte. Elle était littéralement subjuguée par les magnifiques yeux bleu gris et le visage presque enfantin de cet homme qu'elle se mit soudainement à trouver très séduisant bien qu'il ne soit pas du tout son genre. Elle préférait les beaux bruns ténébreux.

Lorsqu'il posa lentement son verre sur la table et qu'il se dirigea doucement vers elle, elle se sentit défaillir. Il ne fallait pas céder, il était pris et elle-même fréquentait un garçon depuis plus d'un mois. Il fallait se montrer forte et raisonnable. Mais, il sentait si bon et sa peau était si douce. Ses lèvres étaient chaudes et humides et il embrassait tellement bien. Comment le repousser à cet instant présent ? C'était au-dessus de ses forces. Il lui enleva ses vêtements sans aucune difficulté avec une agilité faite de douceur et d'infini respect. Elle décida d'en faire de même avec les siens et découvrit son corps qu'elle n'aurait jamais imaginé si musclé. Il lui prit la main pour gagner la chambre à coucher dont les volets étaient entrebâillés depuis le matin, elle fut rassurée par cette légère pénombre qui donnait une atmosphère irréelle et tellement intime à cette situation si inattendue.

Leurs corps s'entremêlèrent pour ne former plus qu'un. Elle n'avait jamais ressenti un tel bien-être, une telle osmose avec quelqu'un. C'est comme si elle l'avait toujours attendu, toujours souhaité dans sa vie. Elle priait pendant que son désir ne cessait de grandir pour que cela ne s'arrête jamais. Le plaisir qu'elle venait de connaître était nouveau, tellement puissant et épanouissant qu'elle faillit pleurer. Lorsqu'ils recommencèrent quelques minutes plus tard, après un bref câlin dans les draps en soie, ce fut encore plus intense, un peu plus brutal, plus passionné. Elle se retint pour ne pas hurler. L'immeuble était vraiment silencieux en ce milieu d'après-midi et les murs si fins, comme du papier à cigarettes, elle ne voulait surtout pas que l'on n'entende qu'elle, que ses cris, que son orgasme. Finalement, sa volonté se brisa et ce qu'elle ressentit l'emporta sur son éducation et la bien séance.

Lorsqu'il fallut se résigner à se lever, Christian l'enlaça de ses bras protecteurs devant la grande glace de l'armoire qu'elle avait héritée de Madeleine et il lui susurra à l'oreille :

— Regarde comme nous sommes beaux ! On va vraiment bien ensemble finalement, tu ne trouves pas ? Tu es si jolie et je t'aime tellement. Qu'allons-nous faire ?

Des petites larmes coulèrent sur les joues empourprées de la jeune femme alors Christian la serra encore plus fort contre lui. Il embrassa ses magnifiques cheveux couleur ébène d'un brillant éclatant dans l'obscurité de la pièce. Ils sentaient bon le shampoing à la lavande. Il s'enivra de cette senteur pendant qu'elle s'étourdissait de l'odeur de ce corps si doux, qu'elle désirait encore, mais qui lui serait bientôt interdit à jamais, elle le savait déjà.

Après de longs moments d'intimité et quelques paroles raisonnables, ils décidèrent de rester chacun avec leur partenaire pour ne pas les faire souffrir, pour ne pas se faire souffrir. Ils se promirent de rester amis comme avant. Sauf, que plus rien ne serait jamais plus comme avant parce qu'il l'aimait et qu'elle l'aimait et que dorénavant, lorsqu'ils se regarderaient, lorsqu'ils se parleraient ou se toucheraient, le souvenir de cette merveilleuse après-midi remonterait à la surface, inexorablement.

Dans la voiture, sur le chemin du retour, ils restèrent silencieux. De temps en temps, Christian prenait sa main dans la sienne et la regardait en arborant un sourire ravageur qui la faisait littéralement fondre. Marie aurait voulu que ce moment dure éternellement. Lorsqu'ils passèrent la porte du bureau, ils eurent l'impression que tous les regardaient, qu'ils avaient deviné qu'ils s'étaient désirés, qu'ils s'étaient étreints. Mais, il n'en était rien. Tous deux surent rester discrets.

Après les vacances d'été, l'histoire de Marie avec son amoureux ne dura pas plus d'une semaine. Ils se quittèrent sans cri ni chagrin insurmontable. Normal, ils ne s'aimaient pas, ils s'appréciaient, tout simplement.

Christian continua sa petite vie tranquille, mais ses relations avec son amie n'étaient plus vraiment au beau fixe. De petits nuages venaient obscurcir cet horizon déjà ébréché par un coup de foudre. Aussi, au lieu de s'éloigner de Marie pour éviter la tentation et la douleur du souvenir, il devint encore plus proche, plus intime avec cette jeune fille qu'il trouvait si pétillante, si attirante et tellement… À chaque repas entre collègues, il s'installait systématiquement à côté d'elle. Il ne pouvait s'empêcher de la taquiner à longueur de temps, de la frôler, de la toucher. Lorsqu'il l'embrassait le matin, il s'attardait plusieurs fois sur cette joue qui lui était si familière, si chère. Elle continuait à frémir à chacun de ses contacts et mettait quelques secondes avant de recouvrer tous ses esprits.

Souvent, elle surprenait ses beaux yeux posés sur elle, comme une caresse, le souffle du vent, mais dès qu'elle relevait la tête, il lui faisait un clin d'œil avant de retourner à ses occupations. Leur amitié était une évidence pour tous les employés de l'agence, mais pouvaient-ils s'imaginer que ces deux-là, un jour, avaient franchi le pas qui les avait menés à la passion ? Comment pouvaient-ils savoir que, pendant des jours et des jours, malgré leur décision hâtive, mais réfléchie, ils avaient continué à se poser en leur for intérieur cette question cruciale : « Avons-nous le droit de tout remettre en question, de faire du mal à deux personnes pour vivre une histoire peut-être sans lendemain ? » Même si cela la faisait souffrir, et Christian aussi visiblement, elle adorait cette proximité, cette relation indéfinissable entre l'amitié, la complicité et l'amour. À plusieurs reprises, ils faillirent succomber, mais un je ne sais quoi les avait maintenus dans le droit chemin. Mais quel chemin ? Celui qui mène où exactement ?

Début décembre, à sa grande surprise, Marie fut convoquée par Jean-Claude dans la grande salle de réunion :

— Marie, je viens d'avoir une très grosse promotion, je vais devoir intégrer notre agence de Montrouge pour la diriger. Je veux absolument vous emmener avec moi ! Acceptez ! Nous ferons de grandes choses ensemble, vous verrez, ce sera très intéressant et j'ai renégocié votre salaire, vous allez être contente !

Pourtant, ses émotions étaient partagées entre une joie folle de partir pour découvrir un autre secteur, d'autres gens, pour ne plus voir cette personne qu'elle aimait tant et qu'elle côtoyait malgré elle à longueur de journée et le fait de le perdre définitivement. Cette perspective lui était insupportable. Elle ne savait pas comment lui annoncer qu'elle avait décidé de partir, mais il fallait faire vite. Jean-Claude ne savait pas garder un secret, c'est du moins ce qu'elle pensait.

Bien évidemment, elle ne pouvait pas refuser une telle opportunité, c'était inespéré pour elle au bout d'un an et demi d'ancienneté seulement. Ces autres collègues allaient être vertes de jalousie, mais tant pis, ce qu'elle voulait, elle, c'était ne plus souffrir et avancer.

Après réflexion, il l'avait vraiment surprise, Jean-Claude, avec cette annonce. Elle avait bien remarqué quelques « blancs » dans son agenda ces derniers temps, quelques messes basses avec son Directeur, mais jamais elle ne se serait attendue à une telle nouvelle. Comme quoi, il savait se montrer discret quand il le voulait.

La réaction de Christian confirma les sentiments qu'il lui portait. Lorsqu'il apprit que, début janvier, elle ne serait déjà plus là, il blêmit puis l'enlaça dans ses bras en lui murmurant :

— Je suis très content pour toi, sur un ton qui était loin d'être convaincant. Qui était le plus lâche, lui qui hésitait à quitter une vie installée dans la routine malgré sa jeunesse ou bien elle qui n'osait pas le bousculer pour qu'il accepte de tout quitter pour vivre une nouvelle aventure ?

Renaud, quant à lui, surprit tout le monde par son attitude. Marie pensait qu'il serait certes un peu fâché qu'elle parte avec son rival Jean-Claude, celui qui l'agaçait tant, mais jamais elle n'aurait imaginé que cette mutation le contrarierait autant. Avant son départ, il insista pour emmener son assistante en rendez-vous à la stupéfaction générale. Jamais, il n'avait fait une telle proposition à quiconque. C'était une première et Marie en fut touchée.

Ils partirent donc le matin de bonne heure malgré un temps morne et pluvieux. La journée se passa si mal que Renaud ne renouvela plus jamais l'expérience avec aucune secrétaire de toute sa carrière.

Tout d'abord, une fois garé devant le local à visiter, il voulut être galant et fit le tour de sa voiture pour lui ouvrir la porte. Malheureusement, le sol en terre battue était tellement ramolli par la pluie qu'à peine arrivé à la hauteur de Marie, il trébucha et tombât sur son postérieur tout en restant accroché à la poignée de la portière. Furieux et vexé, il se releva très vite et pesta tout en demandant à Marie de sortir du véhicule. Elle avait envie de rire tant la situation était cocasse, mais se retint, car il paraissait très en colère, pour ne pas dire extrêmement contrarié. Il se sentait vraiment ridicule. Marie tenta de le rassurer :

— Surtout ne touchez à rien Renaud, attendez que cela sèche, ensuite vous pourrez brosser la terre et cela partira tout seul. On ne verra plus rien. Il bougonna à nouveau, car son beau costume et plus particulièrement le bas de son pantalon était couvert de taches brunâtres du plus mauvais effet. Marie se blottit dans le col de son doux manteau en laine pour cacher les expressions moqueuses de son visage.

À midi, il l'invita à déjeuner dans un très sympathique restaurant italien au cadre fort agréable. Renaud eut la malheureuse idée de prendre des pâtes à la sauce bolognaise, elle se contenta d'une escalope milanaise avec des frites et haricots verts. Au moment où il passa commande, elle se dit en son for intérieur : « Tu n'aurais pas dû, Renaud, tu risques de tacher à nouveau tes magnifiques vêtements de marque ».

Cela ne rata pas. À la deuxième bouchée, trois grosses éclaboussures de couleur rouge vinrent s'agripper sur sa belle chemise blanche DIOR et sa superbe cravate bleu ciel KENZO. Il pesta une nouvelle fois et se précipita dans les sanitaires pour nettoyer le tout tandis que Marie se cacha dans sa serviette cette fois pour pouffer de rire. Décidément, cette journée était surprenante pour ne pas dire hilarante.

Lorsque l'après-midi toucha presque à sa fin, Renaud parut plus détendu. Il avait mis la musique dans sa belle voiture noire avec toit ouvrant afin que le chemin du retour soit le plus agréable possible. C'était sans compter sans le retour de la pluie et le chauffeur d'un camion de livraison qui, venant de la droite, eut la mauvaise idée de brûler le feu rouge et percuta de plein fouet la portière avant gauche de leur véhicule, là où se trouvait Marie. Choquée, elle n'osa même pas descendre pour voir l'étendue des dégâts. Elle ne rit pas cette fois-ci, du moins pas sur le coup, mais bien plus tard, en repensant à la scène, et surtout à la totalité de cette journée. Pour l'instant, elle était juste affairée à regarder si elle n'était pas blessée. Elle inspectait, apeurée, ses bras, ses jambes et son visage dans la glace du pare-soleil. Apparemment, elle n'avait rien, physiquement du moins. Renaud dut se dépêcher de remplir le constat avec le livreur, sur le capot de son véhicule, car les gouttes d'eau devenaient de plus en plus grosses et nombreuses. Une fois installé devant son volant, les cheveux dégoulinants, les vêtements trempés, il se lamenta une énième fois en imaginant ce que sa compagne allait dire lorsqu'il serait rentré chez lui.

— La portière est complètement défoncée, c'est un miracle que vous n'ayez rien eu. Il aurait plus manqué que cela ! Déjà

Il faut que je vous parle d'elles

que ma copine va me tuer quand je vais lui raconter l'accident. On devait partir demain matin en week-end. Elle ne va jamais vouloir prendre la route dans une voiture en aussi mauvais état. C'est la catastrophe !

De retour au bureau, tout le monde compris à son air bougon qu'il s'était passé quelque chose. Avant même que les questions fusent, Renaud déclara d'un ton ferme presque menaçant :

— C'est la dernière fois que je demande à une assistante de m'accompagner à un rendez-vous ! Je crois que je n'ai jamais rien vécu de pire depuis ma naissance. On ne m'y reprendra plus !

Christian, inquiet, questionna du regard une Marie qui hésitait entre adopter une moue boudeuse ou esquisser un large sourire tellement la situation lui paraissait amusante. Finalement, pour elle, cela resterait un bon souvenir, pour Renaud une mauvaise expérience, c'était une certitude.

Fin décembre, les fêtes de fin d'année furent plus intenses que les autres années.

Dans sa société, les festivités s'accumulèrent entre les repas par équipes, les invitations individuelles, les pots de départ de Marie, Jean-Claude et de trois autres collègues qui étaient également mutés vers d'autres missions au siège et en province. L'ambiance fut très conviviale et fit un peu oublier à Marie qu'elle devait quitter cette agence dans laquelle elle avait fini par trouver sa place et ces gens qu'elle appréciait beaucoup pour la plupart.

Son cœur se serra très fort lorsqu'elle rendit la clé d'accès au parking à son Directeur et qu'elle prit son petit carton avec ses affaires personnelles sous le bras. Elle n'arrivait pas à croire que le lundi suivant elle ne reviendrait pas ici, qu'elle ne serait plus parmi eux, les cadeaux et les fleurs qu'elle emportait ce soir-là en témoignaient.

Christian préféra aller visiter un bien au fin fond des Hauts de Seine tout l'après-midi, cela lui éviterait de dire au revoir à « sa petite foldingue », comme il l'appelait.

Marie pleura dans l'escalier qui la menait au premier sous-sol. Une fois passée la porte du garage, elle réalisa qu'elle partait à nouveau pour une nouvelle vie. Une existence différente, sans son ami, sans son confident et surtout sans celui qui avait été, un jour, un si merveilleux amant.

Elle prit rapidement ses marques dans l'agence de Montrouge, mais le trajet depuis son logement de Drancy devint très vite contraignant et épuisant. Elle commença à évoquer le problème avec Jean-Claude qui comprit très bien la situation. Il lui conseilla d'envisager la vente de son appartement et d'entamer des démarches auprès du 1% patronal pour obtenir un logement à faible loyer, à proximité de son nouveau lieu de travail.

Grâce à son aide et à sa ténacité, Marie obtint, en à peine un mois, un accord pour la location dans une ville voisine d'un magnifique F2 de soixante mètres carrés, avec une grande terrasse plein sud faisant à peu près la moitié de la surface totale de l'appartement. Il se trouvait au premier étage d'une résidence de bonne facture, récente et idéalement située dans une petite rue calme, pas très loin du marché et de l'artère principale : le rêve ! Le tout avec dressing, arrière-cuisine, parking et cave à un prix défiant toute concurrence, que demander de plus ? Même sa mère fut séduite, malgré la distance qui l'éloignait encore davantage de sa fille. Marie signa rapidement la promesse de vente de son deux pièces qui, refait à neuf et décoré avec goût très récemment, était idéal pour un jeune couple qui souhaitait s'installer. L'appartement trouva donc preneur sans problème au prix demandé par Marie (valeur d'achat + plus-value + montant des travaux), à peine trois semaines après la signature du mandat. Tout s'organisait parfaitement. Dans les années quatre-vingt, les logements corrects ayant des prix raisonnables se vendaient bien et dans des délais raisonnables. Ce déménagement était impératif et salutaire, car Marie faisait beaucoup d'heures supplémentaires. Elle était là très tôt le matin, avant tous les autres, et partait souvent très tard le soir. Elle était célibataire, personne ne l'attendait à la maison.

Effectuer deux heures de transport par jour, dans les embouteillages, la fatiguait énormément et la rendait parfois irritable. Déjà qu'elle n'était pas du matin ! Le réveil était toujours difficile pour elle et cela, depuis qu'elle était toute petite. André l'avait bien intégré et s'était résigné, lorsqu'elle habitait chez lui, à ne lui adresser la parole qu'après lui avoir posé son grand bol de chocolat et, plus tard, de café noir avec des tartines au beurre. Au bureau, c'était la même chose.

Elle avait une équipe d'une vingtaine de collaborateurs et cinq assistantes, dont une dactylo. Elles étaient de tous âges et toutes un peu singulières, mais Marie avait appris à s'adapter à tous les cas, à toutes les personnalités.

Sabrina, une femme blonde, ronde et joviale, d'une trentaine d'années avait la particularité d'avoir vécu dans les colonies. Elle s'était retrouvée, adolescente, à Paris, suite à un soulèvement populaire qui avait fait perdre à son père tout son capital, dont les trois usines qu'il faisait fonctionner à plein rendement, à l'origine de sa fortune. Elle se lamentait souvent sur la perte de statut social qu'elle avait subi, était un peu lente, ce qui énervait Jean-Claude, mais toujours de bonne volonté, ce qui compensait largement son empathie envers elle-même et les autres.

Christine et Sabine avaient à peu près le même âge que Marie, l'une était blonde, l'autre brune, l'une vivait en ménage, l'autre était sur le point de se marier. Minces et coquettes, elles travaillaient bien surtout quand Jean-Claude était là, mais assez peu finalement, car elles parlaient souvent chiffons et se racontaient en détail tout au long de la journée leurs jeunes existences.

Marie-Chantal, elle, avait la quarantaine, un mari, une fille. Munie d'un physique quelque peu ingrat, elle était extrêmement jalouse de tout et de tout le monde : la peste du bureau en quelque sorte, une de plus.

Quant à Régine, la Dactylo, il était impossible de la décrire. Ni moche, ni jolie, ni grosse, ni maigre, elle aurait pu passer inaperçue si elle n'avait eu ce petit quelque chose qui laissait penser qu'elle avait une multitude de personnalités qui se bousculaient dans son cerveau avec les dégâts que cela pouvait occasionner. C'était souvent confus dans sa tête, et plus les tâches qu'on lui confiait étaient compliquées, plus il fallait prévoir un laps de temps plus large pour l'explication et des mots les plus simples possible pour qu'elle puisse arriver à les assimiler. Sur son bureau, elle avait positionné face à elle une photographie de son mari, de dos, en bleu de travail, sur une échelle, un pinceau à la main. Il devait être en train de repeindre le plafond de leur chambre à coucher : cela avait dû être un moment important pour elle ou peut-être était-ce l'image la plus flatteuse de lui qu'elle ait en sa possession ? Qui peut le savoir ?

En tout cas, peu importe qui arrivait la première, elle savait qu'il fallait, avant d'aller dire bonjour à Marie, effectuer certaines tâches impératives. Elle devait préparer le café dans la petite cuisine prévue pour l'étage, le poser ensuite délicatement et en silence à côté de l'écran de Marie avec une petite sucrerie achetée à tour de rôle par chaque assistante, y compris Marie bien entendu, et enfin lui faire deux bises, une sur la joue gauche puis une sur la joue droite. Ensuite, tout le monde se mettait au travail dans la joie et la bonne humeur.

Vers neuf heures, une Marie toute souriante venait soit pour leur parler travail, soit pour demander de leurs nouvelles si elle voyait que quelque chose n'allait pas. Cela pouvait paraître curieux pour ne pas dire despotique, mais finalement, toutes les filles s'étaient pliées à ce rite sans rechigner, voire même avec plaisir. Quoi de mieux que de démarrer la journée avec un petit déjeuner sans être harcelée avant même d'avoir déposé son vêtement et son sac sur le portemanteau ?

Côté cœur, Marie enchaînait toujours à un rythme lent des histoires sans avenir. Elle se demandait si elle finirait par dénicher « le grand amour », celui auquel ne croyait plus sa mère, mais dont toutes les jeunes filles de son âge rêvaient. Elle commençait à désespérer de le trouver un jour. Un vendredi soir, elle avait rencontré un véritable apollon à l'entrée de la boîte de nuit le Métropolis, à Rungis où l'avaient entraînée quelques copines. Juste au moment où elle était en train de payer sa place, il lui avait demandé de ressortir avec lui pour aller dîner au restaurant et boire un dernier verre chez lui. Comme cela, sur un simple regard. Elle n'en revenait pas.

Les amies qui l'accompagnaient en restèrent interloquées, mais la poussèrent tout de même à accepter cette surprenante et soudaine invitation, quitte à se priver de sa présence.

Marie, après un moment d'hésitation, s'était finalement éclipsée pour passer une jolie soirée sans lendemain avec ce garçon d'une beauté presque apocalyptique, en tout cas trop beau pour être vrai ou du moins pour partager sa vie tout entière. Il resterait un joli souvenir, un joli trophée.

Peu de temps après, un collègue qu'elle connaissait depuis plusieurs mois, Pascal, avait su la séduire malgré ses bonnes résolutions de ne plus jamais fréquenter une personne de la société. Leur relation amicale, au départ, s'était transformée au fil des mois en une histoire passionnée, voire passionnelle.

Ils avaient même tenté d'emménager ensemble, mais bizarrement « trop d'amour tue l'amour ». Les crises de jalousie de ce garçon, « largué » il y a un an par sa compagne qu'il fréquentait depuis plusieurs années, n'avaient fait que fragiliser davantage Marie, marquée malgré son jeune âge, par de nombreuses épreuves. Elle aurait souhaité une relation emplie de douceur et de bien-être. Ce ne fut pas le cas. Son caractère trop indépendant et jugé trop sérieux exaspérait ce Méditerranéen qui ne pensait qu'à s'amuser et à profiter de la vie. Il ignorait qu'elle devait faire face non seulement aux crises devenues de plus en plus fréquentes et violentes de sa mère, mais aussi à la santé de plus en plus fragile de son grand-père qui peinait à atteindre ses quatre-vingt-dix ans. Parfois, après une dispute avec Édith, elle arrivait chez Pascal en pleurs et mettait plusieurs heures avant de pouvoir prononcer le moindre mot. C'était comme si un bouchon s'était enfoncé au fond de sa gorge et qu'elle n'arrivait plus à respirer. Tout cela finalement avait eu raison de leur relation. Marie sortit de cette histoire, une fois de plus, dévastée.

Elle approchait à grands pas de la trentaine, adorait les enfants et rêvait d'en avoir au moins deux ou trois. Elle avait trop souffert d'être fille unique. Elle commençait à croire que sa mère avait raison : « Les hommes et les femmes ne sont pas des êtres complémentaires, ils sont incompatibles et incapables de vivre ensemble. L'homme a été créé pour faire du mal à la femme et pour l'assouvir. » Il fallait se faire une raison : la vie de couple ne semblait pas être faite pour elle. Elle finirait seule, désabusée et aigrie comme Édith.

Pour se changer les idées, après sa rupture, Marie accepta de partir quelques semaines à Courchevel avec deux amies, Isabelle et Fabienne qui devait retrouver sur place un copain de longue date accompagné de ses collègues.

Le séjour commença mal, car le studio loué et payé assez cher par les trois filles devait dater de la dernière guerre. Les placards de la cuisine ne tenaient que grâce à une seule vis et les lits superposés ne l'étaient plus. Le deuxième avait été déposé soigneusement à côté de l'autre sur la moquette qui n'était pas « de toute première fraîcheur » comme dirait André, à en juger par les nombreuses taches que les femmes de ménage aujourd'hui appelées joliment « les techniciennes de surfaces » n'avaient pas réussi à faire disparaître. En résumé, il valait mieux passer tout son temps sur les pistes et dans les bars-restaurants de la ville que dans cet univers glauque et inhospitalier.

Marie adorait le ski. Elle y allait depuis ses onze ans grâce à la société de sa mère qui allouait plusieurs appartements à leur personnel lorsqu'il le désirait dans une petite station savoyarde. Pendant des années, elles allèrent donc dans ce village situé dans la vallée de la Maurienne.

Malgré sa petitesse, son domaine skiable, lui, était d'une grande qualité surtout lorsque la neige y était abondante. Une skieuse de renom, née à proximité, venait régulièrement s'y entraîner, toutes les pistes avaient donc été développées et améliorées de façon à répondre à ses exigences et impératifs.

Marie y était allée tantôt avec son oncle, sa tante et sa cousine, tantôt avec les « petits enfants » par alliance de « tata Cocottes », leurs parents et parfois leurs amis. Elle aimait bien lorsqu'ils étaient tout un groupe, au moins il y avait de l'animation. Elle gardait un excellent souvenir de ces journées ensoleillées et amicales, emplies de soleil parfois trop brûlant et dévastateur pour sa peau fragile. Elle adorait ces fins d'après-midi embaumées de vins chauds et de chocolats pris à la terrasse des cafés, en bas des pistes. Mais elle préférait par-dessus tout, ces soirées passées à manger de la raclette ou de la tartiflette dévorées avec enthousiasme sans se soucier des kilos pris, dans l'un des appartements réservés ou dans les restaurants typiques de la région. Sans oublier ces odeurs de bois, si envahissantes et si prenantes, que Marie adorait particulièrement et qui lui rappelait les moments passés en Bretagne près de la cheminée de Plouezoc'h, lorsqu'il faisait un peu frais.

Même les voyages de quatorze heures, parfois plus, pour arriver dans ce petit village où la modernité n'avait pas réussi à s'incruster ou pour repartir sur Paris, pas encore bloquée ou saturée aux heures de pointe, n'avaient pas réussi à décourager Édith. Les départs échelonnés par zone n'exis-taient pas encore ce qui fait que tout le monde prenait la route en même temps, le plus souvent vers les mêmes destinations : la montagne l'hiver, le midi l'été, ce qui créait des embouteillages monstrueux.

Il y avait toute une ambiance rustique dans ce bourg où il n'y avait que très peu de commerces : un boucher, une supérette, un marchand de souvenirs et deux magasins de location de matériel de ski.

Marie et Édith passaient une semaine entière sans téléphone, sans télévision, entièrement ou presque coupées du monde. Elles devaient prévoir chaque jour de la monnaie pour aller dans la seule cabine téléphonique du village appeler André qui refusait toujours systématiquement de les accompagner :

— Je n'aime pas le froid et je n'aime pas la neige ! Vous allez faire les fous toute la journée sur les pistes et moi je risque de m'ennuyer. En plus, il manquerait plus que je me casse le coccyx comme tous les vieux avec toutes ces plaques de verglas partout. Je préfère rester chez moi, avec mon chien à regarder tranquillement mes émissions préférées et à faire mes mots croisés plutôt que de risquer d'attraper mal en vous attendant à longueur de temps.

Pourtant, ces vacances à la neige avaient au moins séduit André sur un point : grâce à l'altitude élevée de Lanslevillard, sa fille avait enfin réussi à arrêter de fumer DÉFINITIVEMENT !

Il s'inquiétait beaucoup de la voir enchaîner cigarette sur cigarette à longueur de journée, et ce depuis des années.

Dans chaque pièce de la maison, Édith avait disposé des pots en étain remplis de « cette drogue nocive » comme l'appelait son père. Elle en avait même mis dans les toilettes au cas où, et André avait fini par comprendre pourquoi cet espace était souvent occupé de nombreuses minutes lorsqu'Édith s'y rendait. Malgré la petite fenêtre ouverte, une forte odeur de tabac avait fini par s'imprégner dans l'atmosphère, le papier et la peinture. À la montagne, Édith avait très vite ressenti une forte gêne respiratoire, et ce, dès sa descente du train, à Modane. Impatiente, elle allait allumer sa première cigarette depuis des heures, sur le quai de la gare, quand elle faillit s'étouffer. En l'écrasant sur le bitume, elle pensa que cela était dû au fait qu'elle était très fatiguée pour ne pas dire épuisée. Il fallait absolument qu'elle profite de son séjour pour se reposer et qu'elle s'habitue rapidement au climat de la région. Mais une fois arrivée à la location, elle revécut la même expérience sur le balcon de l'appartement. Une quinte de toux la prit au point qu'elle faillit vomir ses tripes : « Tant pis, se dit-elle, je refumerai une fois revenue à Paris. » Durant la semaine, son addiction ne lui manqua pas trop, mais elle était tout de même impatiente de pouvoir retrouver ces petites pour ne pas dire mauvaises habitudes. C'était sans compter sur le sort qui avait décidé de s'acharner sur elle.

Devant la porte de sa maison, une fois descendue du taxi, Édith s'assit sur sa valise pour savourer sa première cigarette depuis au moins sept jours, quand elle faillit perdre connaissance. Sa fille la rattrapa de justesse avant qu'elle n'atteigne le sol. Édith eut beaucoup de mal à reprendre ses esprits, mais une fois entrée chez elle, elle prit tous les pots en étain et les vida dans la poubelle. À compter de ce moment, c'était décidé, non seulement elle n'allumerait plus aucune de « ces saloperies », mais en plus, elle empêcherait quiconque d'en fumer chez elle ! À quarante ans, elle était enfin devenue raisonnable, mais sur sa radio de ses poumons, des papillons dus aux ravages du tabac étaient devenus détectables ; il fallait juste qu'ils ne deviennent pas, avec le temps, incontrôlables et nocifs.

Cet hiver-là, c'était la première fois que Marie partait en vacances d'hiver sans sa famille et, même si ses copines étaient faciles à vivre, elle éprouvait au fond d'elle-même une certaine solitude, une infime appréhension qui réussissait malgré tout à lui gâcher cette liberté toute nouvelle.

En fait, au fil du temps elle s'était aperçue qu'elle n'était jamais vraiment heureuse, où qu'elle soit, quoi qu'elle fasse. À chaque petit changement ou évènement particulier de sa vie, elle ressentait ce pincement au cœur qui l'oppressait, un certain malaise indéfinissable. Cette impression étouffante d'être incapable de gérer les situations nouvelles lui empoisonnait son existence et l'empêchait de se libérer complètement, de lâcher prise.

Pourtant, l'après-midi dans le train fut plutôt agréable. Marie, Isabelle et Fabienne dormirent les trois quarts du temps ce qui réduisit considérablement le temps de trajet. L'état du studio l'avait légèrement contrarié, mais c'était déjà oublié.

Le premier soir, les trois copines se firent belles, ce qui n'était pas franchement difficile, avant de rejoindre l'ami de Fabienne dans une crêperie en bas des pistes. Lorsqu'elles arrivèrent, une quinzaine de personnes vinrent les accueillir, dont Kevin, un garçon déjà très bronzé. Svelte, au sourire ravageur, les cheveux bruns coupés très courts et légèrement ondulés, il paraissait être quelqu'un d'agréable, de sûr de lui en toute circonstance, tout le contraire de Marie. Peu importe, elle adorait cela chez un homme.

Il faut que je vous parle d'elles

Kevin s'installa à la grande tablée juste en face de Fabienne, avec qui il semblait très lié, et à gauche de Marie. Tout le repas, Kevin alterna les plaisanteries et anecdotes avec sa meilleure amie, Fabienne et les questions sur son travail ou sa vie privée avec Marie, cette jeune fille qu'il trouvait si jolie avec ses cheveux ébène jusqu'aux épaules ressemblant à une poupée de porcelaine du début du siècle. Il était fasciné, car elle paraissait si réservée, si mystérieuse, tout le contraire des femmes qu'il avait rencontrées jusqu'à présent. Marie était si près qu'il pouvait sentir son parfum, de marque assurément, aux fragrances puissantes, chaudes, sensuelles, aux accords orientaux et épicés qui libéraient toutes leurs gourmandises. Il aurait voulu la dévorer toute entière. Pendant tout le dîner, il rêva de frôler son genou, si proche du sien, mais celui-ci lui paraissait si inaccessible qu'il se garda bien de le faire. Fabienne semblait à la fois gênée et amusée par le comportement de Kevin comme si elle savait déjà qu'il était séduit par Marie, celle qui était devenue depuis plusieurs mois sa copine, mais aussi son alliée dans le travail.

Fabienne, grande, brune aux cheveux longs et au corps élancé, avait l'habitude de s'habiller de façon peu conventionnelle. Son look n'était pas considéré comme suffisamment distingué par ses collègues, tant masculins que féminins, dont certains jugeaient « sa dégaine » peu compatible avec l'image que voulait véhiculer la société, cette société dans laquelle Marie et Fabienne travaillaient toutes deux, pas dans le même service, mais au même étage. Quand Fabienne avait une jupe trop courte, un chemisier trop transparent ou échancré, les insultes fusaient derrière son dos, juste après son passage, juste assez fortes pour qu'elle puisse les entendre et que cela puisse l'atteindre, pas trop tout de même pour ne pas être considérées comme du harcèlement.

Pourtant, Marie, qui n'attachait aucune importance aux styles vestimentaires et à l'apparence physique (seule la saleté pouvait éventuellement l'interpeller), était persuadée que les trois quarts des hommes qui se moquaient de son amie ne rêvaient en fait que d'une chose : « se la faire » comme ils disaient. Parfois, Fabienne courait pleurer, profondément vexée et peinée, dans les sanitaires des femmes et n'en ressortait que lorsque Marie avait réussi à la persuader qu'elle était en fait une très jolie femme qui attisait les jalousies et que les autres n'étaient que des C…

À la fin de cette soirée plutôt réussie bien que personne ne se connaisse vraiment, tout le monde s'embrassa pour se dire au revoir et se promit de se retrouver dès le lendemain, vers 15 heures, en bas des pistes. Ce qui fut le cas. Kevin parut content de revoir Marie, mais Fabienne accapara tout l'après-midi celui pour qui elle avait assuré ne ressentir aucun sentiment amoureux. Cela contraria légèrement Marie qui décida finalement de profiter de cette belle journée ensoleillée et de faire abstraction de ce comportement peu cohérent. Le seul moment d'intimité qu'eurent les deux jeunes gens, séduits l'un par l'autre, se passa à la terrasse du café situé en haut de la station.

Marie et Kevin s'assirent à l'écart des autres sur deux transats, toujours sous le regard observateur de Fabienne, installée sur une chaise près du comptoir, et qui ne les quittait pas des yeux. Ils burent chacun un vin chaud à la cannelle qui embaumait l'espace où ils s'étaient isolés, malgré la légère brise qui s'était installée. L'un proche de l'autre, ils étaient comme groggy. Était-ce l'alcool ou déjà l'amour qui pointait le bout de son nez ?

À dix-sept heures, à l'arrêt des remontées mécaniques, le petit groupe regagna les différents chalets réservés pour se réchauffer, prendre une douche ou un bain selon les cas, et surtout pour revêtir des vêtements du soir, plus seyants et plus élégants.

Pendant le dîner, une fois encore très sympathique et convivial, il fut décidé qu'ils iraient tous dans la boîte de nuit située juste à côté du restaurant. Kevin, cette fois-ci, s'était installé à table juste en face de Marie de façon à pouvoir admirer son visage juvénile et joliment maquillé. Il n'arrêtait pas de la fixer ce qui sembla énerver davantage Fabienne que la veille au soir.

À la fin du repas, le temps s'était considérablement refroidi. La neige commençait à tomber et même si le trajet à faire n'était que de quelques mètres, Kevin tendit immédiatement son écharpe à Marie pour qu'elle n'attrape pas mal. La jeune femme en fut touchée et le rouge de ses pommettes, dû aux coups de soleil pris dans la journée, devint encore plus intense. Il n'y avait pas grand monde lorsqu'ils arrivèrent, juste un groupe ou deux près du bar et un couple avec des amis près de l'entrée. Ils s'installèrent sur les banquettes rouges au fond de la salle plongée dans le noir et uniquement éclairée par quelques petites lampes rondes de toutes les couleurs qui clignotaient dans tous les sens, et commandèrent à boire des bières pour certains, du whisky ou du champagne pour les autres. Marie alterna danses et pauses alcoolisées toujours accompagnée de Kevin qui ne semblait pas vouloir la quitter. Lorsqu'il l'enlaça pour l'embrasser sur le confortable

Il faut que je vous parle d'elles

canapé en tissu, elle ne fut pas vraiment surprise et profita de ce moment avec délectation. Elle ne prêta donc pas attention à la bande de copains qui venait d'entrer dans la salle et au jeune homme blond qui la dévisageait. Ce n'est que lorsqu'elle se dirigea vers les toilettes qu'elle les remarqua. Quand elle poussa la porte pour retourner se déhancher sur la piste, elle heurta de plein fouet une personne qu'elle ne reconnut pas tout de suite :

— Pascal ? Mais qu'est-ce que tu fais là ? »

Comme il était beau, le teint hâlé, les cheveux éclaircis par le soleil. Elle était suffisamment près pour pouvoir sentir l'odeur de sa crème après-soleil et admirer à nouveau le bleu limpide de ses yeux. Tout à coup, elle eut mal, très mal. Son cœur se serra comme pris dans un étau. Elle découvrit qu'elle n'était pas guérie et que leur rupture n'avait pas encore été totalement digérée, assimilée tant par son corps que par son esprit.

— Je suis en vacances depuis le début de la semaine avec des amis à 1850 mètres. Et toi, qu'est-ce que tu fais là ? qui est ce mec avec qui tu discutais tout à l'heure ?

Et voilà, cela recommençait et en même temps, cela lui prouvait qu'il s'intéressait encore un peu à elle. Tout n'était pas perdu. « Tout n'est pas perdu : mais ressaisis-toi ma belle ? Tu délires ou quoi ? » se dit-elle en son for intérieur.

Si elle avait été toute seule, elle se serait mis des gifles. Elle était folle de croire qu'ils pouvaient recommencer leur histoire. La continuer comme avant : le voulait-elle vraiment ? Et lui ? C'était une certitude : elle se faisait des idées. Il n'avait pas répondu à son dernier appel téléphonique et cela faisait plusieurs semaines qu'ils ne s'étaient pas revus.

Marie lui répondit en essayant de ne laisser paraître aucune émotion particulière :

— Je suis ici pour trois jours avec Fabienne, Isabelle et mon copain, le jeune homme brun là-bas, dit-elle en le montrant du doigt. Nous repartons demain soir par le train.

À sa grande surprise, Pascal parut contrarié par cette nouvelle, perdu dans ses pensées à cet instant. Il chercha Kevin du regard. Marie en profita pour s'éclipser sans un mot, juste avant que les larmes ne montent à ses paupières et que le flot de son chagrin ne se déverse sur ses joues en feu.

Après sa disparition, Pascal resta figé devant la porte des toilettes et ne regagna la piste que quelques minutes plus tard. À peine eut-il mis un pied sur la scène que Fabienne se rua sur lui :

— Marie vient de me dire que tu étais là, c'est fou cette coïncidence ! Qu'est-ce que tu es bronzé ! Tu es là depuis longtemps ? Tu restes jusqu'à quand ?

Marie les observa un moment, le plus discrètement possible, dans les bras de Kevin qui discutait de la situation en Bosnie-Herzégovine avec un de ses amis tandis que la chanson « Don't let the sun go down on me » d'Elton John et George Michael venait de commencer. Elle s'efforçait d'écouter leur conversation et d'y participer, mais ne pouvait s'empêcher d'espionner Fabienne qui papillonnait avec insistance autour de Pascal. À ce moment-là, le mot amitié n'avait plus guère de signification pour sa collègue. Fabienne roucoulait installée sur un pouf à proximité de Pascal, exhibant ses longues jambes dont les cuisses n'étaient dissimulées que par un tout petit morceau de tissus. Marie ressentit cette attitude comme une trahison. Il fallait qu'elle s'en aille, et vite, car elle

commençait à étouffer. Elle murmura alors à l'oreille de son nouvel amoureux :
— Et si on partait ? Tu veux bien ?
Kevin acquiesça de la tête. Elle le prit par la main et se dirigea vers le coin de la pièce où se trouvaient les deux « infidèles » :
— Nous rentrons nous coucher, je dors dans le studio de Kevin ce soir. Fabienne, à demain, Pascal, au revoir.
Kevin eut l'impression qu'il avait manqué un épisode d'une série qu'il ne suivait pas avec assiduité, mais il était trop abreuvé d'alcool et trop fatigué pour chercher à comprendre ce qui venait de se passer. Un léger signe de la main de Fabienne, une bise sur la joue imbibée de crème après-soleil d'Isabelle et un « À demain » à tous les autres leur permit de quitter tout ce petit monde avec politesse et une discrétion relative.
Dans la rue, il faisait un froid glacial. De microscopiques flocons venaient fouetter leurs visages à peine calfeutrés, comme s'ils cherchaient à tout prix à les ralentir, à les empêcher de faire une bêtise. Les toits des maisons commençaient à blanchir tandis que le sol craquelait sous le poids des après-skis des deux amoureux. Heureusement, Marie avait conservé l'écharpe de Kevin et il eut la bonne idée de la serrer très fort contre lui pendant tout le trajet. Le visage de la jeune femme s'engouffra dans ce cou qui sentait bon l'eau de toilette. Ils arrivèrent finalement assez vite au chalet, gelés mais soulagés.
Le studio que Kevin partageait avec quatre autres compagnons était plus récent que le leur, mais on voyait que seuls des garçons l'occupaient. Des vêtements traînaient sur le sol,

la vaisselle n'était pas faite depuis… on ne sait pas trop quand. Il y avait des valises et des chaussures accompagnées de leurs chaussettes malodorantes partout. Marie, assez maniaque, avait du mal à se sentir à l'aise dans cet univers presque apocalyptique. Elle n'eut pas le temps de s'attarder sur cette anomalie, sur ce détail. À peine la porte franchie, Kevin l'entraîna au fond de la pièce, vers la terrasse. Il tira rapidement les doubles rideaux occultants.

Lorsqu'il lui ôta ses vêtements, Marie pensa qu'il venait de dépasser le mur du son tellement son agilité et sa force étaient impressionnantes. Avec une brutalité presque animale, il prit d'assaut sa bouche sans qu'elle puisse réagir et la pénétra sans qu'elle puisse comprendre vraiment ce qui venait d'arriver. Elle eut juste le temps de lui murmurer :

— Attention, je ne prends pas la pilule en ce moment, tu as un préservatif ?

Il lui répondit simplement ce qui finit de la déconcerter :

— Ça ne fait rien, j'adore les enfants »

Leurs ébats furent brusques, sans aucune douceur ni volupté, sans véritables contacts tendres, sensuels. Les mains de Kevin ne servirent qu'à maintenir au sol les bras de Marie qui avait du mal à respirer tant leurs baisers étaient ininterrompus et intenses. Heureusement, cette étreinte prit fin rapidement et Marie sortit de ce combat amoureux comme sonnée. Elle venait de perdre un match en un seul round par KO. Elle était au tapis et ses illusions sur les hommes venaient à nouveau d'en prendre un coup. « Cette histoire » allait-elle s'en relever ? Il fallait qu'elle arrête de réfléchir sinon elle risquait de pleurer. Elle se pelotonna dans le sac de couchage installé par terre pour essayer de s'endormir jusqu'au petit matin aux côtés de Kevin, assoupi de fatigue. Elle ne se tourna pas vers lui pour pouvoir le regarder dormir comme elle adorait le faire lorsqu'elle vivait avec Pascal.

Quoi de plus beau que l'être aimé dormant dans vos bras ou à quelques centimètres de vous ? De pouvoir observer la moindre de ses respirations, le moindre grain de sa peau ? De sentir son odeur et ces fragrances si particulières de deux personnes qui se sont aimées avec passion toute une nuit ?

Elle préféra regarder le magnifique paysage enneigé par l'entrebâillement des voilages uniquement éclairé par quelques réverbères, et attendre le lever du soleil, moment qu'elle choisirait pour partir de l'appartement sur la pointe des pieds.

Dans leur studio, Fabienne et Isabelle étaient déjà réveillées lorsque Marie rentra au petit matin. Elles préparaient le petit déjeuner dans la cuisine ouverte, peu utilisée pendant leur séjour. Au moins, elles n'auraient pas à faire le ménage avant de partir. Il manquerait plus que l'appartement soit rendu plus propre à leur départ qu'il ne l'était à leur arrivée ! Car comme disait André : « Il n'y a pas marqué pigeon sur mon front ! » Lorsque Marie s'arrêta devant le plan de travail, les deux amies la regardèrent d'un œil interrogateur :

— Alors, comment ça s'est passé ? Vous l'avez fait ? demanda Fabienne, impatiente de savoir si Marie avait réussi à séduire celui qui semblait si important à ses yeux.

— Oui, et vous, comment s'est terminée la soirée ? Marie voulait absolument éviter de donner des détails sur cet « échange » tellement peu romantique.

— On est resté dans la boîte jusqu'à quatre heures environ. Comme il n'y avait plus trop d'ambiance, on a préféré rentrer. Tu ne sais pas ? Fabienne a embrassé Pascal sur la bouche et elle a fini assise sur ses genoux jusqu'à ce que l'on parte ! Incroyable non ? dit Isabelle toute en joie.

Formidable ! pensa Marie au fonds d'elle-même, « je me tape son copain, qu'elle voulait absolument me présenter, et en retour, elle flirte avec l'homme que j'ai aimé pendant plus d'un an ! Quelle S...... ! »

Marie répondit à Isabelle par un petit mouvement de tête approbateur puis se précipita dans la salle de bains dont elle ferma la porte à clé.

« Cet endroit est pour moi et rien que pour moi ». Il fallait absolument qu'elle prenne une douche, qu'elle se pomponne, qu'elle se parfume. Elle voulait effacer les traces physiques de cette nuit folle, mais elle s'aperçut que ses poignets étaient encore légèrement rosés. L'étreinte de Kevin avait été encore plus brutale et intense qu'elle ne le pensait.

Marie enfila rapidement sa tenue de ski et prit vite fait un café avant de rejoindre ses deux amies qui l'attendaient, déjà prêtes et apprêtées, dans le couloir.

C'était leur dernière journée. Ce soir, il faudrait prendre le train pour rentrer sur Paris. Elles devaient donc en profiter au maximum d'autant que le soleil était d'un jaune éclatant et la neige d'un blanc immaculé et étincelant.

Lorsque le petit groupe se rejoignit en bas des pistes, Marie s'attendait à y voir Pascal, Fabienne aussi certainement étant donné la petite moue qu'elle fit à la vue des jeunes gens. À son arrivée, Kevin embrassa Marie sur la bouche et ils partirent tous skier avec bonne humeur et entrain pour l'après-midi. Kevin, qui skiait « comme un dieu », semblait virevolter comme une plume sur des nuages, que les pistes soient bleues, rouges ou noires. Il était beau dans sa combinaison kaki qui aurait pu le faire passer pour un militaire en villégiature ou un chasseur alpin et son teint mat, dû à des origines espagnoles, était accentué par les couleurs prises ces derniers jours. Lorsqu'ils s'arrêtèrent à la terrasse du café pour boire un dernier verre, il demanda à Marie de s'asseoir sur ses genoux. Marie observa Fabienne qui semblait un peu taciturne. Elle décida d'aller lui parler :

— Tu pensais que Pascal nous rejoindrait pour notre dernière journée ?

— Je lui ai posé la question ce matin avant de le laisser devant la porte de notre chalet, mais il m'a répondu qu'il ne le souhaitait pas. Je crois que c'est à cause de toi. Tu sais, je l'aime bien. Au bureau, je l'ai toujours trouvé craquant, mais je suis persuadée qu'il ne veut pas être avec moi à cause de toi. » Fabienne tourna la tête pour que son amie n'aperçoive pas l'émotion qui commençait à la submerger.

— Tu te fais des idées ! lui répondit Marie. Il n'y a plus rien entre nous. Nous nous sommes séparés et il m'a certifié qu'il ne reviendrait jamais. Tu as donc le champ libre, je t'assure !

Fabienne ne sembla pas convaincue. Marie l'était-elle elle-même ? Qu'avait-il bien pu lui dire pour qu'elle ait un tel ressenti à leurs sujets, sur leur histoire ?

Lorsqu'il fallut fermer les valises, descendre pour ne pas rater la navette et retrouver Kevin et deux de ses amis en bas de l'escalier, le cœur de Marie se serra une nouvelle fois. Jamais elle n'aurait cru pouvoir être aussi triste de quitter ce piteux appartement et cette station bien trop grande et fréquentée à ses yeux.

Devant l'arrêt de bus, Kevin chahutait dans la neige avec ses copains, radieux, épanoui.

De quatorze à dix-sept heures, il avait dévalé les pistes telle une fusée aérodynamique sans se soucier des difficultés de Marie pour le suivre, ce qu'elle avait renoncé à faire finalement. Inutile de se casser une jambe pour rester avec lui, ce n'était pas le moment. En cette période, il y avait toujours beaucoup de travail et en plus, Jean-Claude comptait sur elle pour lancer une nouvelle compagne publicitaire un peu particulière : décidément elle adorait ce qu'elle faisait et avait bien fait de suivre cette voie plutôt qu'une autre.

Le chauffeur de la navette se gara juste au moment où Marie embrassait langoureusement son amoureux. Leurs adieux ne furent donc pas plus romantiques que leur nuit d'amour. Ils eurent à peine le temps de se dire : « on se revoit, à Paris » et d'échanger leurs numéros de téléphones sur un minuscule bout de papier que déjà les portières du car se refermaient.

Marie regarda par la fenêtre les chalets s'éloigner petit à petit ainsi que cette petite silhouette de couleur verte qui bougeait dans tous les sens : la bataille de boules de neige avait dû reprendre de plus belle. Elle n'eut des nouvelles de Kevin que le mercredi suivant. Fabienne accentuait son angoisse en lui demandant tous les matins s'il l'avait appelée.

Contrairement à ce qu'elle pensait, ils se revirent plusieurs fois, d'abord chez lui, dans le douzième arrondissement où il avait acheté un F2, assez sombre, mais bien arrangé. Puis, il vint plusieurs fois chez elle, dans son bel appartement avec terrasse. Un soir, elle le trouva à la porte, car, commercial dans une grande société spécialisée dans la reprographie, il avait des horaires flexibles et pouvait même travailler de chez lui lorsqu'il le souhaitait. Dans un petit coin de son appartement, il avait installé à côté d'un petit bureau, un fax et un mini-

Il faut que je vous parle d'elles

photocopieur. Elle avait donc décidé de lui donner une clé de chez elle, ce serait plus pratique pour lui. Il l'accepta avec joie.

Un soir, après le dîner, Kevin se confia sur ce qu'il avait fait jusqu'à présent, sur sa famille, ses amis, son parcours professionnel. Il lui raconta qu'il avait vécu quatre ans avec une certaine Sophie, dont une photographie était toujours épinglée sur un des murs de sa chambre. Elle ne ressemblait en rien à Marie : les cheveux châtain clair frisés encadraient un visage un peu rond presque enfantin parsemé de taches de rousseur. Rien à voir avec la belle tignasse noire coupée en dégradé de Marie et son visage fin et lumineux orné de grands yeux très expressifs, presque envoûtants. Ils s'étaient séparés d'un commun accord, comme on dit souvent pour ne pas s'avouer son propre échec, et il avait mis presque un an à effacer les cicatrices de cette blessure.

Il lui avoua que désormais, il souhaitait trouver une femme qui puisse partager sa vie et lui donner des enfants. Il était à la recherche d'une certaine stabilité, d'un équilibre : il espérait le trouver auprès de Marie. La jeune femme fut flattée par cette déclaration qui semblait sincère. Elle ignorait encore que sa désillusion serait encore plus grande que les fois précédentes.

Un vendredi, Fabienne l'interpella dans le couloir de son bureau :

— Kevin t'a dit, on sort tous ensemble samedi soir. On doit les rejoindre dans un bar du douzième et ensuite on ira en boîte pour fêter l'anniversaire d'un copain.

Non, Kevin ne lui avait rien dit, mais peu importe, ce serait sympa de retrouver les camarades de ski. Marie aurait dû se méfier, car Fabienne lui demandait souvent si ça se passait

Il faut que je vous parle d'elles

bien avec son copain, s'il était gentil avec elle, s'ils étaient heureux ensemble. Marie soupçonnait Fabienne de téléphoner très régulièrement à Kevin et même de le voir lorsqu'elle n'était pas là. Après tout, ils avaient été amis avant qu'il ne la rencontre et peut-être même amants. C'est grâce à elle si elle l'avait rencontré et appris à l'aimer chaque jour davantage.

En y réfléchissant bien, leur union était une amourette d'arrangement. Même si leurs relations sexuelles s'étaient adoucies, elles étaient finalement assez rares et Marie n'y trouvait que peu de plaisir. Kevin le ressentait-il ? Elle n'en savait rien. Elle essayait juste de donner le change et de profiter de cette relation à deux, calme, sans réels battements de cœur, sans disputes, sans réconciliations, sans rien en fait. Elle ne lui avait parlé ni des colères ni des fréquentes vexations de sa mère. Kevin ignorait tout de sa vie ou presque. Il ne savait d'elle que ce qu'il avait vu ou appris lors de leur séjour à la neige. Il ne savait que ce que Fabienne lui racontait lorsqu'ils se voyaient ou se parlaient au téléphone, ce qui arrivait visiblement souvent.

Difficile pour Marie de trouver sa place au milieu de cette amitié datant de plusieurs années. Fabienne souhaitait-elle vraiment que Kevin se mette en couple avec celle qu'elle avait choisie pourtant pour lui ? N'avait-elle pas réalisé finalement qu'elle ne voulait le partager avec personne ?

Le vendredi soir, Kevin informa Marie qu'il ne pourrait pas passer à son appartement pour la voir, mais qu'ils se retrouveraient plutôt samedi soir, vers onze heures trente, dans la boîte de nuit où il était chargé d'organiser la soirée pour son ami qui fêtait ses vingt-cinq ans.

Elle fut un peu déçue, mais profita de ces instants solitaires pour regarder un bon film tout en mangeant un plateau-repas plutôt sympathique, composé de plein de mets qu'elle affectionnait particulièrement : tarama et toasts passés au grille-pain, viande froide mayonnaise avec salade de riz et sorbet au citron pour finir.

Marie n'était pas très rassurée de prendre sa voiture le lendemain soir, car elle avait toujours peur de se perdre dans Paris : elle lisait mal les plans et n'avait aucun sens de l'orientation, surtout la nuit. Le GPS était loin d'être répandu comme dans les années deux mille. Elle rejoignit finalement sans encombre ni problème Fabienne et Isabelle dans un pub, à proximité de l'appartement de Kevin. Elles burent plusieurs Monaco (boisson composée de bière, sirop de grenadine et limonade), parlèrent avec deux amis de Kevin qui habitaient à proximité et partirent vers onze heures pour une fête qui s'annonçait mémorable. Fabienne n'était pas comme d'habitude. Elle semblait tendue presque mal à l'aise et Marie s'en aperçut immédiatement. Elle fut donc prise d'une certaine appréhension dès le début de la soirée, celle-ci ne fit que s'accroître au fil des heures.

Arrivées dans le quartier, impossible de trouver une place pour se garer. Fabienne, qui connaissait visiblement bien le coin, indiquait du doigt à Marie des rues où elle serait peut-être susceptible de trouver un emplacement. Marie était perdue, elle ne savait plus où elle était. Elle décida de prendre un post-it dans la boîte à gants et nota rapidement le nom de l'avenue où elles étaient. Elle essaya de trouver des repères de façon à pouvoir recouvrer, au petit matin, son ami 8 Citroën.

Malgré cela, elle continuait à appréhender cet anniversaire.

— Ne t'inquiète pas Marie, essaya de la rassurer Fabienne,

de toute façon nous repartirons ensemble et je sais parfaitement où nous sommes garées !

C'était sans compter sur ce qui allait se passer plus tard. Dans la boîte de nuit, il faisait très sombre. Il y avait plusieurs personnes assises sur les banquettes que Marie ne connaissait pas. Fabienne et Isabelle la laissèrent là, plantée comme une plante verte, devant la porte d'entrée, à côté du vestiaire. Au bout de plusieurs minutes, elle vit arriver une silhouette légèrement désarticulée qui déambulait sans aucune grâce sur la moquette rouge de l'établissement. Ce n'est que lorsqu'il fut à quelques centimètres d'elle qu'elle le reconnut.

Kevin était saoul, complètement saoul comme peut l'être un clochard ivrogne. Il n'était même pas minuit et il pouvait à peine marcher et parler :

— Ah, c'est toi. T'es venue ? Il se pencha pour l'embrasser. Elle se laissa faire sans conviction d'autant qu'une odeur d'alcool envahit avec violence ses narines pourtant d'habitude peu réceptives. Pendant une heure, il papillonna de fauteuil en fauteuil, de canapé en canapé, parlant aux uns et aux autres, titubant à droite puis à gauche. Il avait l'air bien, comme un poisson dans l'eau, tandis que Marie s'ennuyait mortellement. Elle connaissait peu de gens et n'avait pas le moral, car elle se sentait extrêmement seule et abandonnée. Même ses deux amies semblaient faire comme si elle n'existait pas, comme si elle n'était pas là.

Tout à coup, elle eut envie de vomir. Elle se dirigea vers les toilettes et dégurgita son dîner dans le lavabo. Lorsqu'elle sortit, nauséeuse, elle trouva Kevin vautré sur le canapé qui se trouvait là.

— Il faut qu'on parle, réussit-il à balbutier. Je sais que je t'ai

Il faut que je vous parle d'elles

ignorée toute la soirée, mais tu sais, après avoir bien réfléchi, je crois qu'on n'est pas fait l'un pour l'autre. T'es pas la femme de ma vie, c'est Sophie, la femme de ma vie ! Toi, t'es qu'une pâle imitation. Ça ne marchera pas, j't'aime pas !

Ça avait le mérite d'être clair et concis. Marie respira profondément pour retenir sa colère et les larmes qui menaçaient de sortir de ses yeux interloqués par tout ce qui venait d'être dit en si peu de mots. Comment pouvait-il lui parler ainsi ? Même Édith n'avait jamais été aussi brusque, aussi imprévisible, aussi crue dans ses propos et Dieu sait pourtant qu'elle avait souvent dépassé les bornes.

Marie n'était pas préparée à une telle révélation, à une telle haine dans le regard de cet homme qu'elle avait tenue tendrement dans ses bras.

— Je ne comprends pas, hier encore tu me disais que tu étais heureux avec moi, que tu voulais fonder une famille. Tu as toujours refusé que je prenne la pilule ou de mettre un préservatif. Tu m'as dit que tu voulais avoir des enfants AVEC MOI ! Comme j'ai été naïve ! J'ai du retard, je suis peut-être enceinte et toi, tu me jettes en m'insultant et en me disant des ignominies. C'est vrai, je ne ressemble pas à Sophie, je ne suis pas Sophie, mais ce n'est pas pour cela aussi que tu m'as choisie ? Je suis moi et tu envisageais la vie avec moi, rappelle-toi ! Que s'est-il passé pour que tu changes ainsi ? C'est tes amis qui t'ont monté la tête, c'est Fabienne ou encore Rémi, ton copain, celui qui ne m'aime pas ? On devait finir la soirée ensemble, tu devais me raccompagner. Je ne sais même pas où je suis. Maintenant, je ne souhaite qu'une chose, c'est partir même si je vais être incapable de retrouver ma voiture toute seule !

Elle se mit à pleurer, désespérée et complètement déconcertée par son regard tellement plein d'indifférence.

— Tu sais quoi, je m'en fous que tu sois enceinte et je m'en fous que tu te perdes dans Paris. Vous pouvez même mourir toi et ton gosse, je m'en moque complètement !

Elle se leva calmement, comme droguée, le visage décomposé, blême, dont le maquillage commençait à dégouliner le long de ses joues, juste au moment où Fabienne apparut dans l'embrasure de la porte. « Mais qu'est-ce qui vous prend ? on vous entend vous disputer de l'autre pièce ? »
Marie hésita entre le frapper, lui répondre et partir en courant. Incapable de prononcer le moindre mot, elle se dirigea vers le vestiaire, prit les affaires qu'elle avait déposées il y a une heure et demie à peine et sortit dans la rue pour prendre l'air, enfin ! Fabienne n'essaya même pas de la rattraper ; elle préféra s'asseoir à côté de son ami qui, pratiquement assoupi, avait déjà complètement oublié la scène qui venait d'avoir lieu. À sa grande déception, Fabienne ne sut donc rien de ce qui s'était passé sur ce divan.
Marie aspira à pleins poumons cet air si pur de début de journée, lorsque la ville est endormie et que la circulation est quasi inexistante. Elle attendit quelques secondes, le temps de reprendre un peu ses esprits, puis courut comme une folle, en pleurs pour essayer de retrouver son véhicule. Il lui était difficile de se remémorer les repères qu'elle avait essayé de mémoriser avant d'avoir avalé deux cocktails et pris une grande gifle (morale) dans la figure. Ses yeux, embués de larmes et de rimmel, distinguaient mal le nom des rues indiquées sur les plaques quand tout à coup, elle reconnut une

boutique de vêtements qu'elle avait remarquée juste après s'être garée. Sa voiture lui apparut tel un miracle presque auréolée d'une lumière jaune intense qui n'était en fait que celle du lampadaire qui se trouvait juste à côté. Elle faillit hurler de joie quand elle réalisa soudain qu'elle allait pouvoir enfin rentrer chez elle. Des gens, heureux d'avoir passé une bonne soirée, contrairement à elle qui venait sans doute de vivre la pire de sa vie, devaient dormir à poings fermés dans leur lit douillet. Elle s'installa immédiatement derrière son volant, perdue dans ses pensées, et poussa un cri presque bestial, celui qu'aurait pu pousser un animal blessé avant de mettre la clé dans le contact et de démarrer pour fuir cet enfer. Elle mit du temps pour retrouver son chemin, mais lorsqu'elle réussit à atteindre le périphérique tout devint plus facile. Elle poussa un grand soupir de soulagement lorsqu'elle arriva enfin dans le parking de sa petite-copropriété et monta les escaliers quatre à quatre pour trouver refuge au plus vite dans cet appartement qu'elle aimait tant.

Marie pleura toute la journée de dimanche et décida de décrocher son téléphone pour ne pas être ennuyée. Comme Fabienne laissa plusieurs messages sur le répondeur, Marie finit par le débrancher définitivement en fin de journée.

Le lundi matin, elle avait une sale tête. Si elle ne s'était pas reconnue dans la glace de sa salle de bains, elle aurait pu croire qu'il s'agissait de quelqu'un d'autre. Son visage était bouffi et ses yeux gonflés. Elle faillit prendre peur.

Tant pis, elle multiplierait les couches de fond de teint et forcerait sur le fard à paupières quitte à ressembler à une drag queen. Il fallait absolument qu'elle ne laisse rien paraître de sa meurtrissure. Il fallait qu'elle oublie tout, mais c'était comme si on l'avait roué de coups, comme si elle était passée sous un rouleau compresseur, elle avait même des difficultés à marcher tant la douleur était intense à l'intérieur de son corps.

À peine arrivée au bureau, Fabienne se précipita pour essayer de lui parler. Marie la stoppa, net, d'un geste de la main :

— Je n'ai rien à te dire sur ce qui s'est passé samedi soir, cela ne regarde que moi et « ton copain ». Je te demande juste un service, ne t'en mêle pas, ne prends pas parti, car je t'aime bien et ton « amitié » m'est précieuse. Je veux juste que tu l'appelles pour moi, car je ne veux plus ni l'avoir au téléphone ni le revoir. Demande-lui de te redonner la clé de mon appartement. Quant à ses affaires, je les déposerai au standard demain, il pourra venir les chercher. Ah, pour finir, ne m'en parle plus jamais OK ! Et tes amis, dorénavant, garde-les pour toi ! Sur ce, elle tourna les talons et repartit travailler.

Marie dut insister plusieurs fois auprès de Fabienne pour pouvoir récupérer son bien, mais à force de persévérance elle obtint satisfaction. La clé de son F2 fut déposée à l'accueil quelques jours plus tard. Elle était rassurée, elle ne risquait plus de le voir débarquer chez elle à l'improviste pour une explication qu'elle ne souhaitait pas avoir avec cet être dont elle voulait oublier l'image et le nom à jamais.

Elle avait beau se dire qu'il ne savait plus ce qu'il disait l'autre soir, qu'il était trop saoul pour comprendre la portée de ses mots d'une violence extrême qu'il avait prononcés pour ne pas dire « crachés » à la figure de sa compagne. Tout ceci était impardonnable et avait eu des effets trop dévastateurs sur cette jeune fille déjà fragile pour que quoi que ce soit puisse être réparé, à défaut pardonné.

Fabienne n'était plus « une amie », elle était devenue une simple collègue comme les autres. À compter de ce jour, la vision de l'amitié pour Marie changea du tout au tout. Une nouvelle barrière entre elle et les autres venait de s'édifier à jamais. Pour l'ouvrir dorénavant, il faudrait beaucoup de patience et de persévérance.

Marie souffrait beaucoup. Elle dormait mal, était « blanche comme un linge » comme disait André, « elle ne se sentait pas dans son assiette » depuis plusieurs jours et n'arrivait pas à avaler la moindre nourriture.

Fabienne semblait s'inquiéter pour elle, mais c'était un peu tard. Pour qu'elle ne lui pose plus de questions, Marie lui avait confié qu'elle avait appelé un ex-petit ami le lendemain de sa rupture avec Kevin, qu'ils s'étaient revus, qu'il l'avait beaucoup aidé et qu'ils étaient dorénavant ensemble. Tout allait donc bien pour elle. Fabienne pouvait être rassurée et désormais, la laisser tranquille.

Un mois plus tard, sa santé ne s'améliorant pas, Marie se décida à aller voir son médecin qui lui prescrivit une prise de sang complète. Il rajouta sur l'ordonnance un test de grossesse, car les symptômes évoqués pouvaient laisser penser qu'elle pouvait être enceinte depuis plusieurs semaines. Marie ne fut pas étonnée lorsque, le soir même, les résultats furent positifs. Elle attendait bien un bébé.

À aucun moment, elle n'envisagea de ne pas mener à terme ce qui était pour elle une bénédiction. Il n'était pas question de répéter sa douloureuse expérience qui lui avait fait perdre son petit garçon, Yann, il y a quelques années de cela. Fini les histoires d'amour compliquées et sans lendemain, c'était décidé, elle finirait seule comme sa mère, sans mari ou compagnon de route. Le plus dur, serait d'annoncer la nouvelle à Édith et à son grand-père. Quant à ce qu'en penseraient les autres, elle s'en fichait complètement ou presque.

Au bureau, Marie ne parla de rien avant trois mois, date à laquelle elle devait commencer les diverses formalités administratives, mais elle commençait à avoir un petit ventre qu'il devenait difficile de cacher. Elle, qui portait d'habitude des vêtements plutôt moulants qui mettaient en valeur son anatomie, avait été obligée d'acheter des chemises un peu plus amples et moins près du corps. Lorsqu'elle annonça l'heureuse nouvelle, tous furent surpris. Elle leur confirma dans la foulée qu'elle était en couple depuis plusieurs semaines avec un de ses ex-compagnons et qu'ils avaient décidé de refaire leur vie ensemble. Depuis sa première expérience professionnelle, elle avait appris à mentir avec conviction et persuasion, il fallait bien que cela lui serve un jour ! Comme Marie était quelqu'un de très secret, qui parlait peu de sa vie privée et qui ne recevait pratiquement jamais d'appels personnels, aucun d'eux ne mit en doute ses révélations. Seul Jean-Paul, son Directeur, sembla surpris et surtout pris d'une jalousie soudaine, car, marié depuis plus d'un an à une de ses collaboratrices, il essayait désespérément d'avoir son premier enfant, ce que Marie n'ignorait pas. Il avait longtemps espéré conquérir sa secrétaire et même l'emmener jusqu'à l'église malgré leur différence de statuts. Il était un des héritiers d'une famille italienne très fortunée à l'origine de nombreux brevets automobiles qui leur avaient fait gagner suffisamment d'argent pour faire vivre plus qu'aisément les générations actuelles comme celles à venir. Mais Marie continuait obstinément à vouloir le vouvoyer malgré leur complicité professionnelle. Elle lui avait bien fait comprendre, dès le début de leur collaboration, qu'il ne se passerait jamais rien entre eux. Jean-Claude avait donc fini par se faire une raison et avait épousé une jeune consultante très ambitieuse, d'origine portugaise, de condition modeste, mais qui avait COMME DIRAIT UNE NOUVELLE FOIS ANDRÉ « les dents qui rayaient le parquet ».

Un jour, peu de temps avant son mariage, la future jeune épouse s'était penchée vers Marie pour lui murmurer à l'oreille :

— Tu vois, c'est moi qui l'ai eu finalement !

Marie se contenta de la regarder droit dans les yeux. Avec une totale indifférence, et d'un ton tout à fait neutre, elle lui répondit :

— Félicitations ! Tous mes vœux de bonheur »

Fin de la discussion.

Marie fut invitée à l'église puis à la réception donnée le soir dans un magnifique château du 18ème siècle réservé spécialement pour l'occasion, suffisamment grand pour recevoir les deux cents invités conviés. C'était en septembre, il faisait un temps magnifique, Marie était toute bronzée, reposée, elle revenait d'un mois de vacances en Bretagne.

Elle avait acheté pour l'occasion un magnifique tailleur cintré bleu électrique qui la mettait parfaitement en valeur et qui laissait entrevoir un body en dentelle du plus bel effet. Elle fit sensation. Une fois la réception terminée, elle s'éclipsa pour rejoindre Pascal dans son appartement. Elle ne savait pas encore que dix mois plus tard, sa vie serait complètement

« chamboulée » : ils ne seraient plus ensemble et elle serait enceinte d'un autre.

Lorsqu'Édith apprit que sa fille attendait un bébé et que cette fois-ci elle allait vraiment être grand-mère, elle ne fit aucun commentaire, car Marie fut très claire et déterminée lorsqu'elle expliqua la situation :

— J'ai quelque chose à vous apprendre qui ne va pas vous faire plaisir. Je vais avoir un enfant, mais j'ai découvert que le père était un mufle et je ne veux plus entendre parler de lui. Je vais donc élever ce bébé toute seule : j'espère que vous serez à mes côtés pour m'aider. Être en couple, ce n'est pas fait pour moi, l'amour non plus d'ailleurs. Il faut se faire une raison. Ma vie se limitera donc à cette bénédiction de Dieu. Je suis très heureuse. Soyez-le pour moi s'il vous plaît !

Les larmes ne jaillirent pas de ses yeux comme elle l'aurait pensé. André assis à la table de la cuisine épluchait stoïquement ses pommes de terre pour la purée du soir. Il ne leva même pas la tête. Une légère tristesse se lut l'espace d'un instant sur son visage ; Édith, elle, retourna chercher la vaisselle pour mettre la table. La vie reprit son cours normal.

À trois mois et demi, Marie commença à ressentir de légères douleurs dans le ventre. Le médecin lui prescrivit du Spasfon et lui accorda quinze jours de repos ce qui déplut considérablement à son Directeur. Peu importe, l'enfant passait avant tout. Trois semaines plus tard, de violentes contractions la saisirent au travail en plein milieu de l'après-midi. Lorsqu'elle appela son gynécologue obstétricien, il lui demanda de venir immédiatement à son cabinet pour une consultation. Le chauffeur de la société vint la chercher et fut chargé par la Direction de la déposer jusqu'à la porte du médecin. Le verdict tomba : Marie risquait une ouverture du col de l'utérus ce qui pouvait mettre en danger ce petit être inattendu, mais finalement tant désiré. Moralité : interdiction de retourner travailler jusqu'à nouvel ordre, le moins de contrariétés et de stress possibles, une alimentation équilibrée et un alitement presque permanent. Le rêve en quelque sorte pour une première vraie grossesse.

Comme elle le craignait, Marie ne put jamais retourner au bureau. Trois menaces de fausses couches, quatre hospitalisations et une paralysie faciale trois mois avant la date d'accouchement prévue vinrent ternir cette période qui aurait dû être la plus heureuse de sa vie. Impossible de retourner vivre chez elle non plus, de quitter son lit sauf pour se laver ou aller aux toilettes, de faire des courses pour le bébé. Elle dut emménager chez sa mère et confectionner son trousseau de naissance en commandant dans les catalogues par correspondance disponibles à l'époque.

Édith, par contre, rayonnait de bonheur et faisait tout pour faire plaisir à sa fille. André était aux petits soins pour sa petite fille chérie et depuis qu'il savait que ce serait un garçon, il était « heureux comme un pape ». La dynastie serait perpétuée et leur nom de famille pourrait perdurer malgré les nombreux décès masculins de ces dernières années.

Grâce à une volonté de fer et à la venue deux fois par jour d'un kinésithérapeute, le matin de bonne heure et le soir vers dix-huit heures, Marie, avait réussi à récupérer la presque totalité de ses capacités et une apparence tout à fait descente après sa paralysie. Pour y arriver, à force de courage et de nuits blanches, elle passait son temps à articuler les paroles des chansons qui passaient en boucle dans son walkman.

Il faut que je vous parle d'elles

Une semaine avant l'accouchement, elle avait eu l'autorisation de son médecin d'enlever cette ventouse horrible qu'elle devait mettre sur son œil gauche pour éviter qu'il ne s'assèche. Sa bouche n'était presque plus de travers et ses phrases étaient à nouveau compréhensibles pour son entourage. Elle voulait tant être belle pour accueillir son petit-garçon. Elle ne voulait pas qu'il pleure d'effroi en découvrant une mère ressemblant à un extra-terrestre.

Comment oublier le matin où, atterrée, elle avait vu pour la première fois dans la glace de la salle de bains d'Édith le côté gauche de son visage complètement déformé, impassible et inexpressif ? Elle avait tout de suite compris qu'il se passait quelque chose de grave. Impossible de crier ou d'appeler André, impossible de fermer son œil qui s'obstinait à rester immobile comme celui d'une poupée dont le mécanisme oculaire n'était cassé que d'un côté. Son généraliste était persuadé qu'elle avait une tumeur au cerveau ce qui impliquait un accouchement prématuré, mais son obstétricien refusa obstinément cette éventualité. Il était trop tôt et la paralysie faciale lui semblait plus probable.

Il avait raison, car lorsque Marie perdit les eaux, un mois et demi plus tard, juste après le Premier de l'an, ses beaux traits étaient à nouveau détendus, fins et lumineux malgré la fatigue. Sa bouche avait repris sa place au milieu de ce visage rond presque enfantin et ses phrases étaient redevenues audibles même pour André en dépit de sa légère surdité.

Malgré un accouchement très difficile, en siège, son fils prénommé Thomas ne pleura pas lorsqu'il finit par pointer, à quatorze heures trente, le bout de son nez. Il émit juste un petit cri histoire de dire : « je suis vivant » puis il partit à la nurserie pour les premiers soins.

Marie voulait qu'il soit fier d'elle et surtout qu'il la trouve jolie. Ce fut certainement le cas, car lorsque les infirmières installèrent le bébé dans la couveuse, juste à côté de la couche provisoire de sa mère, il n'eut de cesse de se contorsionner pour se positionner face à elle. Il tapait frénétiquement avec ses petits doigts fraîchement sortis de son ventre contre les parois transparentes en plastique du berceau. Il voulait attirer l'attention de cette ravissante jeune femme qu'il ne connaissait pas encore. Il devait attendre encore un peu avant de pouvoir se blottir dans ses bras et retrouver son odeur.

Alors, elle prononça tout doucement et avec tout l'amour qu'elle avait en elle :

— Bienvenue, mon amour, bienvenue dans ma vie Thomas : je t'aime ».

« Un grand amour, c'est la seule défense contre toutes les attaques diverses faites au cœur »

(Henri-Frédéric AMIEL)

Après son accouchement, Marie resta une semaine chez Édith pour se reposer et profiter de son expérience de mère. Édith lui donna des conseils précieux notamment pour que Thomas puisse faire ses nuits rapidement ce qui lui serait fort utile lorsqu'elle retournerait travailler. Sur un petit carnet, dès la maternité, elle lui avait demandé de noter les heures de chaque biberon. Marie devait ensuite les décaler de 5 minutes chacun si bien qu'à trois mois, Thomas arrivait à faire ses nuits de 23H-6H du matin. Un vrai bonheur !

André était fou d'amour pour son arrière-petit-fils qu'il trouvait très beau avec ses minuscules cheveux noirs plantés comme du gazon, en brosse, sur le dessus de son crâne, son teint légèrement mat et ses immenses yeux marron foncé. Il avait tout pris du côté de Kevin, et rien du côté de sa mère, c'était une évidence.

André se faisait parfois disputer par Marie, car dès que la jeune maman avait le dos tourné, il en profitait pour aller le voir en catimini dans son couffin dans la chambre du rez-de-chaussée et le réveillait presque systématiquement. Il faut dire que le joli bambin avait le sommeil très léger : rien que de poser un verre sur la table suffisait à le sortir de ses rêves de bébé. En même temps, Marie fut surprise de découvrir que ce monsieur de quatre-vingt-sept ans passés était un peu jaloux d'un nourrisson de quinze jours à peine qui attirait immanquablement l'attention de tous. Son visage adoptait alors une moue inconnue jusqu'à présent et il faisait parfois la tête comme un enfant lorsque les gens oubliaient de lui demander s'il allait bien pour se diriger directement vers la couche du nouveau-né.

À part cela, il régnait dans la maison une harmonie presque surnaturelle, en tout cas, peu habituelle. Marie était enfin « presque heureuse ».

Mais le bonheur existe-t-il vraiment ? Peut-être une seconde ou deux, mais pas plus, c'est du moins ce que pensait Marie qui n'avait jamais réussi à dépasser ce record.

Fin janvier, la jeune maman décida de partir quinze jours en Bretagne chez Yvonne avec Édith, pour profiter du bon air iodé et se ressourcer. Les paysages bretons et de mer bleu foncé lui manquaient énormément. De plus, elle pourrait en profiter pour présenter son fils à René et Marie-Thérèse ainsi qu'à leur famille, oncles, cousins, grand-tantes… Ils avaient tous été séduits par Thomas et tout particulièrement Marie-Thérèse qui trouvait qu'il était étonnamment éveillé pour son âge. Elle ne cessa d'admirer ses grands yeux de couleur foncée cernés de longs cils de la même teinte et le surnomma « Daoulagad du am eus », ce qui veut dire en Breton : « j'ai les yeux noirs »

Elle trouvait qu'en l'espace de cinquante ans, les bébés avaient beaucoup changé. À peine nés, ils tenaient leur tête presque droite et leurs yeux étaient grands ouverts déjà prêts à découvrir ce monde où tout évolue si vite. Fini les langes si contraignants, vive les couches si pratiques. Sans parler de tout ce matériel comme les stérilisateurs ou les chauffes biberons : quel bonheur !

Ce fut donc un vrai séjour cocooning même si le temps était souvent froid et trop pluvieux pour sortir un bambin si jeune de la maison. Un temps à ne pas mettre un chien dehors (comme dirait André). Marie en profita donc pour faire des grasses matinées entrecoupées de pauses biberons et de bons petits déjeuners avec crêpes, pain beurre salé et un grand bol de café bien chaud, apportés par Denise dans l'annexe de l'hôtel qu'Édith avait pris l'habitude de réserver depuis qu'Yvonne l'avait entièrement rénovée.

En fin de matinée, dans la petite kitchenette astucieusement aménagée, Édith préparait des repas confectionnés avec soins, souvent sophistiqués, car c'était une excellente cuisinière. Les après-midis s'écoulaient lentement, mais gentiment. Toutes deux restaient le plus souvent au coin du feu, s'imprégnant de cette bonne odeur de bois brûlés si particulière et enivrante, presque rassurante. Souvent, elles regardaient la télévision tout en mangeant des gâteaux bretons accompagnés de thé avec des rondelles de citron ou à lire un bon livre commencé à leur arrivée.

Marie avait décidé de crocheter, pour le futur baptême de son fils, de minuscules napperons blancs qu'elle comptait agrémenter de tulle. Elle les garnirait ensuite de dragées de la même couleur et de billes sucrées argentées et fermerait le tout avec un ruban en satin bleu ciel ce qui serait du plus bel effet. Le tout aurait une apparence sobre, mais peu commune par rapport à tout ce qui se faisait dans ce domaine à cette époque. Chaque jour, elle en confectionnait un ou deux selon son courage ainsi elle serait prête pour l'évènement qu'elle comptait organiser mi-juin. Elle inviterait son oncle et sa tante, Julie et son compagnon, ses cousins et leurs trois enfants ainsi que la grand-mère. Ce serait une belle journée ensoleillée. Elle ferait confiance à sa mère pour que le repas du midi, comme celui du soir, soient sublimissimes, et dresserait la table pour le dîner sur sa grande terrasse pour que tous puissent profiter de ce temps magnifique et de la tiédeur de la fin de soirée.

Marie détestait être ou faire comme tout le monde. Édith lui avait appris à coudre pour qu'elle puisse se confectionner ses propres vêtements, mais ce ne fut pas une révélation. Par contre, elle se prit de passion pour le crochet et le tricot. Elle réalisa rapidement qu'elle était capable de réaliser n'importe quel modèle ou presque. Pour chaque occasion particulière, elle aimait créer quelque chose de spécial avec tout et n'importe quoi : pour les quatre-vingts sans d'André, ce fut des cartons d'invitation peints à la main, pour ses trente ans, des fleurs en tissus dont les feuilles étaient réalisées avec des dragées enroulées de papier crépon vert.

Plus tard, pour le baptême de sa fille Emma, elle décora un magnifique berceau ancien, acheté dans une brocante, dont la poupée en porcelaine, allongée sur du tulle d'un blanc immaculé, était cernée de petits ballotins entièrement confectionnés par Marie, dans les tons blancs, rose pâle et bordeaux.

Avant de repartir de Plouezoc'h, Édith avait insisté pour inviter sa fille dans un très bon et très chic restaurant de la région réputé pour son cadre agréable et ses menus riches et raffinés à la fois. Il était fréquenté principalement par des hommes d'affaires et Marie eut peur que Thomas ne perturbe leurs repas. Il n'en fut rien. Elle l'installa près de la fenêtre, contre le mur, juste à côté d'elle et, bercé par la musique classique diffusée par petites touches légères, Thomas dormit tout le repas qui dura tout de même plus de deux heures. Il ne bougea pas d'une oreille, dans son transat recouvert d'une jolie et soyeuse couverture en laine. Au moment du dessert, il se décida tout de même à ouvrir un œil. Marie fit immédiatement signe de la main au serveur qui se précipita dans leur direction :

— Pouvez-vous me faire tiédir ce biberon, s'il vous plaît ?

— Bien entendu, Madame, je reviens tout de suite, répliqua le jeune homme à la tenue impeccable.

Quelques secondes plus tard, Marie prit le joli poupon dans ses bras pour qu'il puisse à son tour prendre son repas devant les yeux médusés des clients des tables voisines.

— C'est incroyable, je n'avais même pas remarqué qu'il y avait un bébé dans la salle ! Il est vraiment sage, on ne l'entend pas, s'exclamèrent plusieurs personnes en les regardant avec émotion comme s'ils s'émerveillaient devant le tableau de Gutav Klimt « La mère à l'enfant ».

Ces vacances décidément furent idylliques et Marie en garda un très bon souvenir. Elle avait retrouvé toutes les forces nécessaires pour reprendre son travail, avait pratiquement perdu les dix-neuf kilos pris pendant sa grossesse alitée et avait réussi à dénicher une nourrice d'une cinquantaine d'années, très sympathique, à juste cinq minutes en voiture de son appartement.

Sa chambre était suffisamment grande pour y installer le lit et la table à langer de Thomas sans que cela la prive d'un espace agréable. Elle n'avait donc pas besoin de déménager ce qui l'arrangeait puisqu'elle adorait ce grand appartement de soixante mètres carrés avec terrasse, au milieu de la verdure. De plus, la gardienne de la résidence avait gentiment accepté de venir faire le ménage et le repassage, une fois par semaine, pour une somme très raisonnable, ce qui facilita grandement la vie de la jeune maman et lui donna plus de temps pour se consacrer à sa progéniture.

Seul petit bémol dans le tableau, son Directeur, Jean-Claude. Il lui laissa entendre qu'il risquait, l'année suivante, d'obtenir une nouvelle promotion, au siège de la société, à Paris. Il était inconcevable pour lui qu'elle ne le suive pas dans ses nouvelles fonctions, pourtant à plus d'une heure de trajet de son domicile actuel. Effectivement, l'annonce fut faite devant les employés et la direction dès la fin du mois de décembre et Marie accepta avec un léger pincement au cœur ce nouveau poste toutefois accompagné d'une augmentation conséquente qui lui permettrait de vivre plus aisément. Même si Marie n'avait pas suivi les projets qu'elle avait longtemps rêvés et envisagés, Édith était fière du parcours professionnel réalisé par sa fille unique ces dernières années. En à peine quatre-ans, elle avait gravi plusieurs échelons, multiplié par trois son salaire et dirigeait maintenant plusieurs secrétaires chargées de la seconder auprès de son manager et de son équipe.

La plupart du temps, Marie prenait la voiture avec son fils pour passer le week-end chez Édith et André. Elle savait que son grand-père se fatiguait de plus en plus, qu'il voulait de moins en moins partir de chez lui et qu'il se plaignait souvent des ravages de la vieillesse. Dès qu'il voyait Thomas, son visage s'illuminait et il était heureux. C'était le soleil de sa vie, sa joie de vivre. Mais, le dimanche soir, lorsqu'ils repartaient chez eux, le regard d'André perdait de son éclat et il retombait dans une sorte de mélancolie qui le rongeait jour après jour.

Marie était la seule autorisée à couper les cheveux de son grand-père (du moins le peu qu'il lui en restait) et à faire certaines courses pour lui comme aller lui acheter des cadeaux pour telle ou telle personne, ou lui choisir de nouveaux chaussons chez les cordonniers-marchands de chaussures installés juste en face de son pavillon. Toutes les raisons étaient bonnes pour faire venir chez lui sa petite-fille adorée et son bébé.

Les quatre frères qui avaient repris la cordonnerie de leur père, qui, lui-même, l'avait hérité du sien, étaient très sympathiques. Leur grand-père avait confectionné des escarpins et chaussons pour la plupart des grandes vedettes des années folles comme Mistinguett qui avait, paraît-il, de très belles « gambettes » comme Marie (selon André). Ils fabriquaient la plupart de leurs modèles et avaient des articles de belles factures et de grande qualité.

Ils appréciaient beaucoup André qu'ils avaient souvent vu du temps où il prenait soin d'Alexandre et plus tard dans leur boutique, pour acheter des chaussures lorsqu'il acceptait

Il faut que je vous parle d'elles

encore de sortir de chez lui. Désormais, André se contentait de leur faire signe de la main ou de papoter de temps en temps avec l'un ou l'autre des frères de sa fenêtre de cuisine qui donnait directement sur la rue.

À la fin de sa vie, parler à ses voisins proches était devenu une de ses rares distractions en plus de la télévision, des mots croisés et du journal « l'Humanité », quotidien communiste, qu'Édith dont les idées étaient toutes autres pour ne pas dire radicalement opposées, allait lui chercher à reculons chaque matin chez le buraliste avant de partir au travail.

Lorsqu'elle le rapportait à son père, couché sur son lit et déjà chaussé de ses magnifiques lunettes dorées, elle ne manquait pas de lui lancer une petite phrase assassine :

— Il va falloir que tu penses à t'abonner à ce foutu journal. Il paraît qu'ils peuvent maintenant te le livrer dans la boîte aux lettres comme n'importe quel courrier et ça ne coûte pas tellement plus cher. Moi, j'ai trop honte d'aller acheter « ce torchon » ; ils doivent penser que c'est pour moi, ce n'est pas possible. Non, mais, tu te rends compte !

André la regardait s'énerver, impassible et paré de son plus beau sourire, ne pensant qu'à l'instant où elle lui tendrait à contrecœur sa distraction de la matinée.

Depuis son dernier problème cardiaque, plus question de porter des objets lourds, de jardiner, ni de faire du vélo, tout cela lui était désormais interdit. André se plaignait donc souvent :

— Du coup, il ne me reste plus grand-chose ! Je ne sers plus à rien ni à personne, je ferais mieux d'en finir. Ma vie est foutue de toute façon ! ce qui peinait à chaque fois sa fille et sa petite-fille.

L'un des quatre frères cordonniers, Joël, habitait sur place avec ses deux fils, Jean, d'une vingtaine d'années, et Denis né deux ans avant Marie, dans la même clinique qu'elle (premier point commun). Ils avaient été scolarisés dans la même maternelle, mais elle ne s'en souvenait pas, Denis non plus, et avaient fréquenté la même école primaire, Marie était dans celle des filles et Denis dans celle des garçons. Un grand mur et une grille les séparaient. Ils ne s'étaient donc jamais rencontrés, même pas lors des récréations ou des sorties d'école.

La première fois qu'elle le vit, ce fut lorsqu'elle vint habiter juste en face de chez lui, à la mort d'Alexandre. Denis avait quatorze ans. Il semblait d'une timidité maladive, et ressemblait déjà énormément à Richard Gere, qui venait d'avoir un petit rôle dans la comédie musicale triomphale : Grease et qui embrasserait plus tard une très belle carrière internationale.

À chaque fois que la belle adolescente se rendait dans la boutique, à la demande de sa mère ou de son grand-père et que le jeune garçon était là, il regardait immanquablement ses pieds jusqu'à ce que Marie passe la grille de leur maison pour rentrer chez elle. Elle trouvait cela très drôle et prenait un malin plaisir à faire durer ce moment si particulier pour voir jusqu'à quel point il était persévérant dans cette attitude pour le moins curieuse, pour ne pas dire franchement étrange. On aurait dit qu'il s'était donné un point d'honneur à ne jamais la regarder comme si sa vision pouvait avoir une incidence sur lui ou sur son avenir.

Un jour, elle s'était retrouvée avec Denis dans la salle d'attente de son docteur, à deux pas de chez eux. Le hasard voulu que le seul siège libre se trouva juste à côté de lui. Amusée par la situation, elle s'y installa de façon élégante et sensuelle comme elle savait si bien le faire malgré la jeunesse de ses seize ans.

Emmitouflé dans son gros blouson de couleur foncée et couvert par son bonnet bleu marine en laine, de style breton (encore un autre point commun), il semblait perdu dans ses pensées. Le cabinet était bondé et le temps d'attente s'annonçait très long. Pour pouvoir entendre le son de sa voix, elle se tourna vers lui pour lui demander s'il avait l'heure. Il ne lui ferait tout de même pas l'affront d'ignorer sa question ? Il ne leva pas la tête, ne la regarda pas dans les yeux, mais lui répondit tout simplement :

— Je ne porte jamais de montre, désolé. Comme elle s'y attendait, sa voix était agréable à entendre, ni trop grave, ni trop aiguë, juste ce qu'il faut. Elle allait parfaitement avec son physique à la fois très mâle, mais encore juvénile.

Le médecin l'appela juste avant elle et une fois la consultation terminée il partit, comme les autres patients, par la porte de derrière. Une fois à la maison, elle s'empressa de raconter la scène à André qui en fut amusé :

— Il ne t'a rien dit d'autre ? Décidément, il est vraiment sauvage ce garçon. Dommage, vous auriez pu être amis.

Pendant les années qui suivirent, Marie n'eut plus l'occasion d'entrer en contact avec cet ovni d'un autre monde. Ils n'allèrent ni dans le même collège ni dans le même lycée, Édith ayant demandé une dérogation afin que sa fille n'intègre pas les établissements proches de leur nouveau domicile, réputés mal fréquentés.

Plusieurs fois, Denis la vit dans la rue avec Rémi, puis avec

Daniel, mais jamais elle ne l'aperçut avec une fille, sauf peut-être un soir lorsqu'ils avaient une vingtaine d'années. Il restait très discret. Les seules fois où Marie pouvait l'apercevoir étaient lorsqu'en tout début d'après-midi il rentrait chez lui à vélo, en coureur professionnel. Cette tenue lui allait à merveille et il avait autant d'allure que pouvait en avoir Eddy MERCKS du temps de sa splendeur.

Doté d'un corps de rêve et d'une taille parfaite pour un homme (un mètre quatre-vingts), à la fois svelte et musclé, Denis avait de longs bras, des jambes bronzées et le teint parfois brûlé par le soleil et le vent. Ses cheveux noirs et épais encadraient son visage fin dont les traits étaient extrêmement séduisants. Apparemment, Denis aimait le cyclisme et le pratiquait tous les jours, de façon assidue c'est du moins ce que lui racontait André lorsque Marie venait le voir le samedi. Son grand-père avait fini par surnommer ce jeune homme passionné « Pédalo » en raison de sa façon presque aérienne et totalement décontractée de rouler. Marie trouvait que cela lui allait à merveille.

André, qui ne prenait pas particulièrement soin de son vieux vélo, ne comprenait pas pourquoi ce jeune garçon passait un temps fou à préparer le sien avant de partir courir. Il ignorait à cette époque que Denis ne faisait jamais rien à moitié et que lorsqu'il se lançait dans quelque chose il s'évertuait à tout faire correctement et se donnait à fond.

La plupart du temps, le dimanche, lorsque Marie déjeunait chez sa mère, le père de Denis, Joël, se garait devant leur maison pour défaire le précieux matériel installé sur la galerie de son véhicule. Ensuite, Denis prenait dans le coffre de la voiture, un magnifique bouquet qu'il avait remporté à la sueur de son front et grâce à la force de ses jambes et mollets de tailles impressionnantes. Il devait gagner souvent, car il revenait fréquemment avec des fleurs qu'il offrait la plupart du temps soit à sa mère Marianne soit à sa nièce, Lucile.

Le frère de Denis, Jean, était parti de chez ses parents à l'âge de vingt ans. Il avait rencontré, dans une boîte de nuit, dans le midi, lors d'un déplacement professionnel, une femme de dix ans son aînée, divorcée et mère de deux enfants avec qui il s'était marié et avait eu, peu après, la petite Lucile. Après l'achat d'une grosse brasserie en province, qu'il tenait avec son épouse, il n'avait plus beaucoup de temps à consacrer à sa progéniture qui passait donc toutes les vacances et « tous ses arrêts maladie » chez ses grands-parents. Joël et Marianne, qui n'avaient pas réussi à avoir de fille, étaient heureux d'accueillir dans leur maison cette ravissante fillette aux cheveux châtains, bouclés, que Marianne gâtait de façon presque éhontée et habillait comme une petite poupée.

Marie admirait cette famille qui semblait si nombreuse et si soudée. C'était tout ce qu'elle n'avait pas eu le bonheur de connaître bien qu'elle ait été très entourée par la famille de son oncle et surtout par Madeleine qui lui procurait toute l'affection dont elle manquait. Marie aurait tant voulu que cette femme formidable puisse connaître ses enfants.

Adulte, Madeleine et André lui manquaient terriblement et particulièrement à chaque anniversaire, chaque Noël, à chaque évènement important de son existence. Au cimetière, elle ne trouvait aucun réconfort, aucune paix intérieure. Impossible de parler à son grand-père tant aimé, de réaliser qu'il était là, six pieds sous terre. Cela devait être dû aux circonstances de sa mort, si soudaine, si brutale.

Un matin, Édith l'avait appelée à son travail ce qui arrivait rarement. Elle était très perturbée presque essoufflée. Édith réussit simplement à prononcer ces quelques mots à sa fille :
— Il faut que tu viennes vite, très vite, à l'hôpital Avicennes. Il a fait un malaise. Il a juste eu le temps de m'appeler. Les pompiers sont venus très rapidement, mais ils disent que c'est grave, très grave. J'ai prévenu ton oncle. Nous t'attendons là-bas. À tout de suite.

Ce message lui fit remonter à la mémoire le jour où sa mère lui avait téléphoné, au milieu de l'après-midi alors qu'elle triait des papiers dans la bannette sur son bureau. C'était pour lui annoncer que René, après plusieurs mois de grandes souffrances, avait succombé au cancer des os qui le ravageait.

Marie s'était alors écroulée en larmes, la tête la première dans le casier en plastique qui, de ce fait, lui avait légèrement coupé le cuir chevelu. Elle n'avait pu retenir le cri presque animal qui s'échappait contre sa volonté de sa bouche malgré la présence d'une trentaine d'employés qui la regardait avec effroi. Après quelques secondes, le temps d'accuser le coup qui venait de lui être porté au cœur, elle qui aimait tant René, presque autant que son propre grand-père, elle courut se réfugier dans les sanitaires pour laisser échapper toute sa tristesse, tout son désarroi sans aucun témoin. Son Directeur, touché par sa peine, avait exceptionnellement pénétré dans cette pièce, normalement uniquement réservée aux femmes, et, sans un mot, l'avait prise dans ses bras pour lui apporter le réconfort dont elle avait tant besoin en cet instant.

Lorsque sa mère l'avait informée, début février, du malaise d'André, la situation était différente. Elle n'était plus seule.

Il faut que je vous parle d'elles

Elle avait Denis dans sa vie depuis plusieurs mois, depuis fin juin plus exactement. S'étant résignée à ne plus avoir d'homme dans sa vie et à élever seule son fils avec l'aide de sa mère et de son grand-père, elle n'aurait jamais imaginé pouvoir rencontrer, un jour, par hasard celui qui allait devenir « l'Homme de sa vie », « son âme sœur ».

Une amie qui devait se marier en juillet voulait acheter de la vaisselle pour la cérémonie du lendemain. Pendant l'heure du déjeuner, elle avait entraîné Marie dans une boutique de porcelaine dans le centre-ville. À sa grande surprise, Marie découvrit que Marianne, la voisine de sa mère, tenait ce magasin. Celle-ci la reconnut de suite.

Marianne était une belle femme d'une cinquantaine d'années. Blonde, les traits déjà marqués par le temps, elle semblait plutôt joviale et avenante. Une vraie commerçante. Elle demanda à Marie de patienter quelques instants, car elle voulait absolument lui présenter son fils qui était au téléphone dans l'arrière-boutique :

— Vous connaissez Denis ? Non ? Vous ne l'avez jamais vu dans la cordonnerie de mon mari ? Quel dommage ! Attendez quelques instants comme cela vous pourrez faire sa connaissance.

La mère de Denis entama ensuite un monologue composé d'une multitude de questions sous le regard amusé de la collègue de Marie qui en profita pour s'éclipser discrètement après avoir payé le plat à poisson qu'elle venait d'acheter. Après un temps qui lui parut une éternité, le jeune homme brun apparut enfin dans l'embrasure de la porte. Vêtu d'un pull rouge et d'un jean noir, le tout agrémenté de chaussures en cuir, il était encore plus beau que dans ses souvenirs.

Il faut que je vous parle d'elles

Lorsqu'il s'approcha d'elle pour lui tendre la main, elle sentit ses jambes trembler. Une légère décharge électrique traversa son corps tout entier : cela ne lui était jamais arrivé.

Curieusement, son regard d'un brun intense se plongea dans le sien et ils se parlèrent de banalités pendant plusieurs minutes sans se quitter des yeux un seul instant comme s'ils s'étaient toujours connus. Ce garçon qui lui avait paru si timide, si sauvage, pendant toutes ces années était en fait un homme sûr de lui et d'un charisme impressionnant, presque incroyable.

Lorsqu'ils se quittèrent, elle en fut toute émue, car dans cinq jours, elle partirait en Bretagne pour ses vacances d'été. Édith et son fils étaient déjà sur place depuis une quinzaine de jours. Marie partirait en voiture les rejoindre après avoir passé la nuit chez André, car cela lui semblait plus pratique. Il était donc fort probable qu'elle ne reverrait plus celui qui venait de faire battre son cœur à cent à l'heure, tel un bolide de formule un, la laissant littéralement clouée sur place. Contre sa volonté, elle s'en trouva toute bouleversée.

« Ressaisis-toi Marie, tu ne vas pas encore tomber dans le panneau ! Ce garçon n'est pas pour toi. Aucun garçon de toute façon n'est pour toi ! En plus, il n'y a aucune chance pour qu'il te téléphone ou que tu le revois alors : oublie-le ! »

C'était compter sans la persévérance de ce jeune homme. Elle avait complètement oublié qu'elle lui avait indiqué où elle travaillait ne se rappelant que son beau sourire et ses belles dents blanches ; il lui était donc facile pour lui de trouver le numéro de téléphone du standard de sa société. Il lui suffisait de regarder dans l'annuaire. Lorsque l'hôtesse l'informa :

— J'ai un appel personnel pour vous, vous le prenez ?

Il faut que je vous parle d'elles

Marie ne pensa pas une seconde à lui.

— Bonjour, c'est Denis, le fils du cordonnier, vous vous rappelez ? Vous faites quoi ce midi, je voudrais vous inviter à prendre un verre au café, juste à côté du marché, vous connaissez ?

Bien sûr qu'elle le connaissait et bien évidemment qu'elle s'y rendrait, car, depuis la veille, elle ne pensait plus qu'au quart d'heure qu'elle avait eu le bonheur de passer avec lui.

Elle avait beau tout faire pour essayer de reprendre ses esprits, l'image de cet homme si beau, si souriant emplissait sa tête tout entière. Elle adorait son prénom qui lui allait à merveille et ses origines italiennes qui se voyaient tellement tant son physique était empli de soleil et de méditerranée. Elle l'imaginait d'une gentillesse et d'une patience extrême, passionné et déterminé, avec une mentalité de sportif sérieux et accompli. Il semblait être l'homme rêvé pour une fille comme elle, à cette époque, si fragile, si instable et anxieuse. Elle ne s'était pas trompée : il était tout cela à la fois.

Ensuite, tout alla très vite.

Comme prévu, ils burent un café le lendemain à la terrasse de la brasserie du centre. Il faisait un soleil de plomb en cette fin du mois de juin ce qui permit à Marie de pouvoir garder ses belles lunettes de soleil de marque sur ses yeux. Elle put ainsi le scruter à loisir, des pieds à la tête, tout le temps de leur rendez-vous sans qu'il ne s'aperçoive de rien. Un vrai bonheur, un vrai régal ! Ils échangèrent leurs numéros de téléphone personnels avant de s'embrasser sur la joue pour se dire au revoir. Il sentait bon. Elle aurait voulu que leurs peaux se frôlent une nouvelle fois, mais il n'en fut rien. Le lendemain soir, Denis, qui était au courant de son départ imminent pour

Il faut que je vous parle d'elles

la Bretagne, l'invita à dîner. Elle accepta bien qu'il ne lui reste que peu de temps pour faire ses valises. Avec un bébé, il y avait beaucoup de choses à prévoir et surtout il fallait penser à ne rien oublier. Il lui proposa de se rejoindre dans Paris après le travail. Avant de rejoindre le restaurant où Denis avait réservé une table, ils se promenèrent sur les Quais profitant des derniers rayons du soleil de la journée et de cette atmosphère si particulière des journées d'été. Marie était ravissante et rayonnante avec sa petite jupe bleu marine à fleurs évasée et son chemisier blanc entièrement transparent dans le dos. Denis, lui, était venu en costume ce qui lui donnait une élégance folle. Lorsqu'elle aperçut leurs reflets dans la vitrine d'une boutique, elle trouva ce couple vraiment très beau et bien assorti. Après le dîner où ils passèrent leur temps à se poser des questions sur leur vie respective, leurs goûts, leur travail, et autres sujets anodins, ils allèrent se rafraîchir sur la place qui se trouvait juste à côté. Une brise légère effleurait leur visage et les gens qui flânaient autour d'eux avaient l'air heureux qu'ils soient en couple ou entre amis. La magie des beaux jours semblait être contagieuse.

C'est à cet endroit-là que Denis choisit de poser doucement ses lèvres sur les siennes tout en l'attirant doucement tout contre lui. Elle faillit chavirer. Ils se dépêchèrent de rentrer pour faire l'amour. Dans la voiture, pendant tout le trajet, Denis tint sa main dans la sienne avec une douceur qui n'était pas habituelle à la jeune femme. Il avait des mains magnifiques avec de longs doigts de pianiste. À chaque feu rouge, il se penchait pour l'embrasser tendrement et elle se mit à rougir à chaque fois. Marie le trouvait vraiment charmant et attentionné, prévenant, plein d'attentions et de délicatesse, mais elle avait peur de ne pas être à la hauteur. Cela faisait plusieurs mois qu'elle n'avait pas eu de relations sexuelles avec un homme et ses dernières expériences n'avaient pas été très concluantes, c'est le moins que l'on puisse dire.

Arrivés à la maison, lorsqu'ils entrèrent dans sa chambre d'adolescente après avoir monté les escaliers sur la pointe des pieds pour ne pas réveiller André, elle n'eut plus le temps de se poser de questions.

Denis lui enleva ses vêtements avec douceur et agilité puis l'attrapa fermement, mais sans aucune brusquerie. Elle se trouva très vite enveloppée toute entière par son corps si fin et si svelte. Telle une feuille enroulée autour d'une brindille, il se fondit en elle et ils ne formèrent plus qu'un. Les narines de Marie pourtant si peu réceptives aux odeurs furent tellement imbibées par son parfum si délicat et sensuel qu'elle faillit perdre connaissance.

Ils firent l'amour plusieurs fois avant de se dire au revoir sur le pas de la porte. Ce fut un véritable délice malgré son appréhension. Ils se promirent de ne pas se perdre de vue, de s'appeler très souvent. Lorsqu'il fut parti, des larmes coulèrent sur les joues de Marie, des larmes à la fois de joie et de tristesse. Le lendemain matin, vers cinq heures, elle prendrait la route pour retrouver sa mère et son fils à Plouezoc'h. Le jour suivant, Édith la laisserait seule avec Thomas dans l'annexe d'Yvonne pour rejoindre André à Paris. Marie serait plus de trois semaines à espérer que l'homme qu'elle venait d'étreindre avec passion ne l'oublierait pas, à espérer qu'il continuerait à s'impatienter de la revoir.

Le premier soir, Denis l'appela pour savoir si elle était bien arrivée et si son bébé avait été heureux de la revoir. Elle fut très touchée par cette attention et par sa façon de parler de son fils, si naturellement, sans aucune appréhension, sans aucune réticence. Elle avait toujours pensé que Thomas serait un obstacle pour retrouver l'amour si toutefois un jour il lui arrivait de le vouloir. Beaucoup d'hommes ont déjà du mal à aimer leurs propres enfants, alors ceux des autres, c'est une autre histoire.

Denis aurait pu faire comme si son fils n'existait pas ou prendre ses jambes à son cou pour fuir une situation qu'il n'avait jamais vraiment souhaitée ou envisagée surtout à trente-deux ans.

Lorsque son frère Jean avait annoncé qu'il avait rencontré une femme plus âgée avec deux enfants en bas âge, ses parents avaient eu du mal à comprendre leur fils de seulement vingt ans. Mais Jean semblait si déterminé, si heureux avec celle qu'il nommait « la femme de sa vie » qu'ils acceptèrent finalement assez bien cet état de fait.

Ils n'ignoraient pas que leur petite voisine, Marie était maman d'un petit garçon. Il la voyait parfois le week-end se promener avec lui et sa mère dans les rues avoisinantes. Ils demandèrent juste à leur fils de ne pas se précipiter et de bien réfléchir.

Plus les jours passaient, plus les deux amoureux se téléphonaient et plus ils s'appréciaient, se manquaient, se désiraient. Aussi, quand Denis proposa à Marie de la rejoindre pour le week-end de quatre jours du Quatorze Juillet, elle ne put cacher sa joie. Il arriverait par le train, en fin de matinée à la gare de Morlaix. Elle laisserait Thomas à Yvonne qui adorait cet enfant toujours sage comme une image. Ainsi, elle pourrait profiter pleinement de leurs retrouvailles. Lorsqu'elle aperçut Denis, sur les marches du wagon, des frissons parcoururent son corps tout entier. Elle était déjà toute bronzée, car le temps avait été plus que clément jusqu'à présent et elle avait revêtu une jolie robe particulièrement seyante. Denis lui fit un large sourire qui lui prouva qu'elle avait fait le bon choix.

Sur le chemin qui les ramenait à l'hôtel, Marie fut toute intimidée et émue de l'avoir, là, assis juste à côté d'elle, son genou frôlant le sien, sa main si longue et si belle posée sur sa cuisse d'un brun lumineux ressemblant à du chocolat au lait. Marie avait toujours eu un joli bronzage et il la mettait particulièrement en valeur, surtout celui de la Bretagne, ni trop clair ni trop foncé, mais d'une intensité si particulière, empreinte de cette brise venant de la mer et effleurant la peau comme une caresse, comme celle de Denis.

Lorsqu'elle récupéra Thomas chez Yvonne, elle l'avait déjà fait manger. Marie n'avait plus qu'à le coucher, comme chaque jour, jusqu'à seize heures environ pour la sieste. Denis avait pris un encas en fin de matinée dans le train quant à Marie elle n'avait faim que de son corps : elle en fut rassasiée.

Pendant plus de trois heures, ils firent l'amour, d'abord avec avidité et violence comme s'ils ne s'étaient pas revus depuis un siècle au moins, puis avec douceur et volupté, une volupté qui l'avait amenée pour la première fois jusqu'à ce fameux orgasme dont elle avait si souvent entendu parler, mais dont elle ignorait tout jusqu'à présent.

Décidément, ce garçon avait le don de faire naître en elle des sentiments inconnus : le manque, le bonheur et ce frisson suprême si indéfinissable, si intense et en même temps si mystérieux. C'était la première fois qu'elle avait un homme avec elle à demeure vingt-quatre heures sur vingt-quatre. Elle trouva cela à la fois agréable et déroutant, parfois même contraignant, dérangeant. Depuis qu'elle était partie de chez Édith et André, elle avait toujours dirigé sa vie toute seule, sans s'occuper des autres, sans faire de concessions.

Désormais, il fallait tenir compte de l'autre, de ses souhaits, de ses manies, de ses défauts et de ses envies : tout cela était totalement nouveau pour elle. Denis était l'inverse d'Édith. Il ne supportait aucune obligation horaire hormis celle qu'il s'infligeait lui-même comme par exemple aller courir en vélo chaque jour, deux cents kilomètres au minimum.

Il n'avait effectivement pas de montre comme il le lui avait indiqué dans le cabinet médical, quelques années plus tôt. Il avait donc du mal à comprendre les obligations inhérentes à un enfant de dix-sept mois : prendre ses repas à midi et pas à treize heures puis à seize et vingt heures, dormir au moins trois heures l'après-midi, de préférence à l'hôtel. Toutes ces petites contraintes imposées par un nourrisson risquaient de l'énerver et de le décourager à continuer cette relation naissante. Ce fut leur seul sujet de discorde.

Au bout d'une semaine, lorsque Denis décida de repartir, elle en fut très affectée. La petite annexe lui semblait terriblement vide sans lui. Lorsqu'elle découvrit qu'il avait oublié un tee-shirt dans son lit, sous l'oreiller, elle le saisit pour enfouir son visage dans ce tissu imbibé de son odeur. Elle en sortit toute groggy, la tête submergée par les souvenirs de ces jours passés ensemble, si agréables, si intenses. Finalement, ils se téléphonèrent tous les soirs, à tour de rôle, jusqu'au retour de Marie sur Paris et leurs retrouvailles furent chaleureuses pour ne pas dire torrides : aucune déception à l'horizon.

Marie le trouva toujours aussi beau, agréable et patient. Son cœur battait la chamade à chaque fois qu'elle le voyait ou le touchait : une vraie adolescente. Mais ce qui l'émouvait surtout, c'était sa gentillesse avec Thomas. Avec lui, il était vraiment attentionné, toujours prêt à le porter pour soulager Marie, à s'en occuper.

Il essayait d'apprivoiser ce petit être aux réflexes presque animaux qui n'avait connu que la tendresse de sa mère. Pour le jeune bambin, c'était toute autre chose. Méfiant, presque inquiet, les yeux presque noirs et le regard perçant, Thomas ne semblait jamais à son aise dans les bras de cet homme en pleine force de l'âge, si différent de ceux qu'il voyait habituellement.

André se disait trop vieux pour le porter et se contentait de le tenir assis entre ses jambes. Les autres « mâles » de la famille avaient déjà les tempes grisonnantes, seuls les cousins de Marie auraient pu servir de référence de père pour cet enfant, dépourvu durant les premiers mois de son existence, de présence masculine quotidienne.

Désormais, il fallait partager sa mère, accepter qu'elle passe moins de temps avec lui et qu'il ne soit plus le seul objet de toutes ses attentions.

Seule certitude, Marie adorait son fils. Si elle ne l'avait pas trouvé très beau à la naissance du fait de son accouchement difficile et d'une jaunisse, quelques mois plus tard il était devenu un magnifique bébé que les gens regardaient souvent dans la rue. Cet été-là, une femme l'avait trouvé tellement « trognon », avec son petit tee-shirt blanc et sa salopette dans les tons pastel qu'elle avait demandé à Marie la permission de lui toucher ses petits-pieds restés nus.

Pourvu de splendides cheveux noirs et épais comme sa mère (et son père accessoirement), il avait aussi en permanence un teint cuivré, doré qui lui donnait toujours bonne mine même lorsqu'il était malade. Marie le bombardait de photos, dans toutes les positions, dans toutes les tenues vestimentaires et rangeait le tout précautionneusement dans des albums qui commençaient à envahir le buffet de son appartement. Pour le premier enfant, les parents procèdent souvent ainsi, pour le deuxième, ils se calment un peu. Pour le troisième, les photographies se font encore plus rares…

Marie, secrète et réservée même avec ses proches, attendait le bon moment pour parler de son histoire d'amour à Édith et André, même si ceux-ci se doutaient que quelque chose avait changé dans sa vie.

En octobre, le jeune couple s'était séparé quatre jours après s'être violemment disputé au sujet des arrivées tardives de Denis. Si Marie refusait dorénavant d'être tributaire des obligations horaires, elle acceptait difficilement que Denis arrive pour dîner tantôt à vingt heures tantôt à vingt et une heures trente en fonction de son emploi du temps et cela sans la prévenir auparavant par téléphone. Difficile de réaliser un repas réussi dans ces conditions. Elle ne supportait pas de faire brûler le plat préparé avec amour, mis trop tôt dans le four ou sur la gazinière. Cela la rendait de très mauvaise humeur. Dans une vie de couple, il faut faire des concessions, mais apparemment, elle n'était pas encore prête à en faire. Son éducation stricte avait pris le dessus sur son esprit rebelle et cela ne pouvait que lui jouer des tours.

Pendant les jours où Denis ne donna pas signe de vie, elle

déprima profondément. Elle était persuadée qu'il ne la rappellerait plus jamais et qu'elle devrait à nouveau apprendre à vivre sans lui alors qu'elle ne rêvait que d'une chose, le persuader de venir s'installer dans son appartement ce qu'il avait refusé de faire jusqu'à présent.

La boule qu'elle avait au creux de son ventre ne partit que lorsque Denis la rappela, un soir, comme si de rien n'était.

Lorsque la nourrice qu'elle avait trouvée à côté de chez elle lui annonça qu'elle devait arrêter son activité et qu'elle ne pourrait plus garder Thomas pour la nouvelle année 1995, Marie en profita pour chercher un logement plus près de son travail et un nouveau mode de garde.

Denis la pressait de toute façon de déménager depuis plusieurs semaines. L'appartement de son amie était très beau certes, mais il lui fallait plus d'une heure et demie pour la rejoindre ce qui était contraignant en plus de ses horaires pour le moins chargés.

Elle n'avait réussi à trouver qu'un F2 beaucoup plus petit que son autre logement, sans terrasse ni espaces verts, mais à deux rues de sa société. Grâce à un commerçant du quartier, elle avait pu faire connaissance avec une assistante maternelle qui lui parut plutôt sympathique. Thomas avait l'air de s'y plaire, il ne pleurait pas le matin pour s'y rendre et n'était pas particulièrement pressé d'en partir lorsqu'elle venait le chercher, c'était plutôt bon signe. Quel bouleversement dans sa vie : plus besoin de se lever à l'aube, de se dépêcher pour récupérer sa voiture pour amener Thomas chez sa nourrice, de reprendre la voiture pour se rendre jusqu'à la gare, d'attendre le bon train en direction de Paris (faire en sorte de ne surtout pas le rater), de courir dans les couloirs du métro pour pouvoir arriver enfin, presque deux heures plus tard, à son travail. Cela devenait épuisant à force même si Thomas faisait ses nuits depuis longtemps.

Marie avait joliment décoré son nouvel appartement, mais avait dû sacrifier quelques meubles, car elle avait perdu plus de quinze mètres carrés. Il était un peu sombre et bruyant, mais Denis était satisfait par ce changement qui lui facilitait grandement la vie.

Négociateur immobilier la semaine, y compris le samedi, Denis partait faire des courses cyclistes le dimanche et parfois le lundi. De temps en temps, il était invité sur des organisations et restait parfois loin de Marie plusieurs jours. Ses absences entretenaient son amour pour lui, car cette impression de manque était exaltante et les retrouvailles brûlantes. Marie avait du mal à s'habituer à ce style de vie plein d'imprévus et de surprises bonnes ou mauvaises. Elle avait souvent peur qu'il lui arrive quelque chose sur la route et guettait le moindre de ses appels. Denis, lui, ne comprenait pas son inquiétude et ne pensait pas toujours à téléphoner pour la rassurer. De peur de le perdre, elle s'était peu à peu résignée à se taire et à ne plus montrer son agacement.

Lorsque début février, Édith appela Marie en pleurs pour lui annoncer qu'André avait fait un malaise, que les pompiers étaient présents et qu'ils n'allaient pas tarder à l'emmener à l'hôpital, elle appela tout de suite Denis qui proposa de venir immédiatement la chercher. Ce vendredi-là, le patron de Marie l'autorisa à partir en tout début d'après-midi sans aucun problème et lui proposa même de prendre quelques jours si nécessaires. Il savait qu'André était plus qu'un père pour elle et avait de la peine de la voir si émue, les larmes au bord des yeux. Ce n'est que dans la voiture de Denis, une petite Austin mini rouge, qu'elle réalisa qu'elle pouvait ne plus jamais revoir André vivant ; elle fut parcourue d'un frisson, saisie d'une douleur presque insupportable. Denis posa sa main sur la sienne et lui fit un sourire timide : elle alla mieux quelques instants.

À l'hôpital, Édith et son frère Frédéric étaient déjà là, dans le couloir avec sa cousine Julie qui, visiblement, venait juste d'arriver elle aussi. Apparemment, la situation était grave. « Pourvu qu'elle ne soit pas désespérée » se surprit à prier Marie, elle qui ne priait que très rarement.

Denis était resté sur le parking, car même si Édith n'ignorait plus son existence, elle n'avait rien fait pour faire sa connaissance. Denis était patient en toute circonstance, pour celle-ci également. Il ne voulait pas brusquer les choses. Il fallait laisser faire le temps.

Faute de place, André avait été laissé dans le couloir des urgences sur un brancard, recouvert uniquement d'une fine couverture en laine. Il était blanc et semblait endormi, comme figé. Édith et Frédéric étaient assis l'un à côté de l'autre face à l'accueil et le souci se lisait sur leurs visages. Autour d'eux, un bruit étourdissant les empêchait presque de se parler. Un homme voulait absolument être hospitalisé, car il avait faim et il voulait pouvoir se reposer. Il n'avait nulle part où dormir. Un infirmier, visiblement agacé, lui demanda de partir :
— Nous n'avons déjà pas de place pour « les vrais malades », ce n'est pas pour en donner une à quelqu'un qui a déjà été hospitalisé la semaine dernière alors qu'il n'avait rien qui le nécessitait vraiment !

Lorsqu'un médecin demanda enfin à Édith et Frédéric

d'entrer dans son bureau, l'attente devint interminable pour Marie et sa cousine. Pendant ce temps, deux personnes en blouse blanche vinrent chercher André qui disparut dans un ascenseur dédié uniquement au personnel de l'hôpital. Édith réapparut dans l'embrasure de la porte rouge et bouffie, les traits marqués par le chagrin. Frédéric la tenait par l'épaule et semblait la soutenir tant son désarroi était grand. Elle avait toujours vécu avec son père, depuis sa naissance, et n'avait jamais vraiment envisagé son existence sans lui. En mauvaise santé, rongée par le cholestérol, le diabète et la tension, sans oublier une dépression chronique, Édith ne pensait pas avoir une espérance de vie aussi élevée que celle d'André, qui devait fêter avec la famille ses quatre-vingt-neuf ans ces prochaines semaines.

Édith eut du mal à articuler ses mots :

— Le docteur nous a dit qu'il n'y a plus d'espoir. Il ne se réveillera pas. Ils l'ont installé dans une chambre au sous-sol, si vous voulez le voir, je vous accompagne, puis elle fondit en larmes et se blottit contre son frère pour se cacher. Lorsque Marie entra dans la chambre d'André, après avoir erré un long moment dans les couloirs ressemblant à un labyrinthe, son moral dégringola d'une échelle de moins dix à moins cent.

Les murs de la chambre étaient d'une couleur bleu ciel délavé. Il n'y avait pas de salle de bains, juste un minable lavabo en porcelaine blanche où un cafard semblait avoir pris ses quartiers, visiblement en quête d'eau fraîche. L'unique fauteuil, d'un marron déprimant, était éventré et laissait entrevoir sa garniture et ses ressorts. Un vrai cauchemar.

Marie ne reconnut pas André tant il avait déjà changé. Il

tirait légèrement la langue et respirait avec difficulté. Elle se pencha pour l'embrasser et réalisa à cet instant présent qu'il les avait déjà quittés pour d'autres cieux, mais elle n'en dit rien à Julie. C'était le dernier baiser qu'elle lui donnerait, elle s'attarda un long moment sur sa joue comme pour arrêter le temps, au moins le ralentir. Quand elle relèverait la tête, elle n'aurait plus de contact physique avec lui, plus jamais. Un infirmier voulut se montrer rassurant :

— Vous pouvez lui parler, vous savez. Il vous entend peut-être et cela pourrait l'aider à se réveiller.

Furieuse, Marie ne put se contenir et lui répondit aussi froide qu'un glaçon du Pôle Nord :

— Il n'y a aucun risque. Si jamais il ouvre les yeux et qu'il voit cette pièce miteuse, il les refermera aussitôt et se laissera mourir, c'est certain ! Elle quitta rapidement la pièce, car elle avait l'impression d'étouffer. Elle caressa l'épaule de sa mère et partit de l'établissement sans dire un mot, à grandes enjambées.

Denis accompagna Marie chez la nourrice pour récupérer Thomas, mais celle-ci ne répondit pas. Pourtant, ils entendaient du bruit venant de l'intérieur de l'appartement. Après avoir crié :

— Ouvrez, s'il vous plaît, je suis la maman de Thomas, il faut que je vous parle ! c'est urgent, ouvrez non d'une pipe (comme disait souvent André) ! La porte finit enfin par s'entrebâiller. Le fils de la nourrice, à peine âgé de douze ans, sembla surpris de la voir et de sa petite voix lui annonça une nouvelle qui finit de faire chavirer son cœur déjà ébranlé par le coma de son grand-père adoré :

— Ma mère est partie faire des courses, elle ne va revenir

qu'en fin de journée, vers dix-sept heures trente.

Sur la table de la cuisine, des restes de spaghettis à la sauce bolognaise et des pots de yaourt laissaient sous-entendre que les quatre enfants avaient, aujourd'hui seulement, du moins elle l'espérait, dû se contenter de ce repas succinct. Thomas était assis avec les autres dans le salon et regardait sagement la télévision. À ses yeux tirés, Marie en conclut qu'il n'avait pas dû faire de sieste. Excédée et au bord des larmes à nouveau, elle étreignit son fils dans ses bras et le serra très fort tout contre elle comme s'il était le dernier rempart contre son chagrin immense. Comme il sentait bon, comme il était rassurant, apaisant. Comme elle l'aimait ! Elle prit congé du jeune garçon en lui demandant d'informer sa mère qu'elle était furieuse et qu'elle la rappellerait plus tard lorsqu'elle serait calmée et moins occupée.

Quelle journée horrible ! Décidément, tout semblait s'écrouler autour d'elle. Elle savait déjà que plus rien ne serait comme avant. « Avant », lorsqu'André l'écoutait, lorsqu'il lui souriait et qu'il lui racontait les potins du quartier, lorsqu'il prenait sa défense face à une Édith surexcitée. Elle le revoyait narguer sa fille en suçant et triturant pendant des heures un noyau de cerise, trouvé soit dans le jardin de Madeleine l'été, soit dans un bocal de fruits à l'eau de vie l'hiver, ce qui avait le don de l'exaspérer et de la rendre furieuse, et son sourire ravageur et lumineux lorsqu'elle lui disait :

— Tu vas me le jeter à la poubelle ce foutu noyau, oui ou non ? Tu vas finir par t'abîmer toutes tes dents !

Elle repensa aussi à la dernière fois où elle l'avait vu conscient et se mit cette fois à pleurer sans pouvoir s'arrêter. C'était le week-end dernier, sa mère et elle s'étaient disputées pour une raison dont elle n'avait gardé aucun souvenir. Elle avait fondu en larmes et s'était assise sur les escaliers menant à l'étage pour reprendre ses esprits avant de repartir chez elle avec Thomas.

André l'avait surprise, le maquillage dégoulinant sur son joli minois avant qu'elle ne l'essuie à toute vitesse d'un revers de manche. Elle ne voulait surtout pas qu'il la voie ainsi et lui faire de la peine, mais une fois de plus, c'était raté. Elle lui avait alors posé un baiser sur sa joue témoin de toute une vie, chaque ride correspondant à un évènement important de son existence, avant de s'éclipser avec son fils sans dire au revoir à une Édith encore dans tous ses états. En fermant la porte principale, elle venait de tourner une page de sa vie, mais à ce moment-là elle ne le savait pas encore. Elle ne verrait plus jamais André dans cette maison.

Une fois Thomas récupéré, Denis lui proposa d'aller prendre quelques affaires chez elle avant de la conduire chez sa mère afin qu'elle ne reste pas seule en ces instants si difficiles. Denis était vraiment gentil et compréhensif. Il avait patienté deux heures dans son Austin à lire un journal et à écouter la radio sans se plaindre une seconde. Ensuite, il avait fait plusieurs allers-retours en voiture avant d'assurer un rendez-vous qu'il avait pris à dix-neuf heures dans le douzième arrondissement de Paris pour vendre un appartement dont il venait d'obtenir le mandat. Denis voulait absolument réaliser la transaction avant ses collègues comme cela il pourrait encaisser les honoraires à la fois du vendeur et de l'acheteur. Thomas semblait surpris et perdu. Il ne comprenait pas pourquoi sa mère était venue le chercher si tôt, pourquoi elle avait l'air si triste et surtout pourquoi Denis était là, en cet instant précis.

Tout cela n'était pas normal.

Lorsqu'elle revint chez sa mère, il régnait dans la maison une atmosphère étrange, un silence impressionnant, comme si le temps s'était arrêté. Frédéric prit congé pour rentrer chez lui consoler sa femme et sa fille. Édith était comme droguée, absente et lente. Elle était méconnaissable comme si elle avait pris un coup de massue sur la tête et qu'elle n'arrivait pas à s'en remettre. Marie décida de lui préparer son dîner, mais elle ne voulut rien manger et monta directement se coucher malgré la présence réconfortante de son petit-fils. Marie n'insista pas pour la retenir.

Le samedi, tous se relayèrent au chevet d'André sauf Marie qui devait garder Thomas. Édith rentra épuisée de l'hôpital et monta directement dans sa chambre, sans un mot.

Le dimanche matin, à neuf heures, alors qu'Édith et Marie prenaient leur petit déjeuner dans la cuisine, le téléphone sonna. Édith livide, le regard figé sur le visage de sa fille, lui demanda de sa voix frêle de bien vouloir aller décrocher. Après plusieurs secondes, Marie se dirigea vers la chambre de son grand-père où se trouvait le combiné :

— Bonjour Madame, je suis au regret de vous annoncer que votre grand-père est décédé cette nuit. Son cœur s'est arrêté. Il n'a pas souffert. Mes condoléances.

Comme au moment de la mort de Madeleine, Marie fut incapable de pleurer. Elle ne voulait pas que son fils, déjà très perturbé par la situation, la voie s'effondrer. Il fallait être forte pour lui, mais aussi pour sa mère, incapable de réagir et de s'occuper de quoi que ce soit. Plus tard, Édith lui reprochera à maintes reprises cette attitude qu'elle ressentit comme de l'indifférence et de l'insensibilité, pire encore de l'ingratitude.

Le lendemain, Frédéric accompagna sa sœur pour toutes les démarches administratives. Elles furent grandement facilitées, car tout avait été préparé minutieusement par André durant son vivant. Dans une petite boîte en fer, cachée sous son armoire, Édith trouva comme évoqué à une ou deux reprises, les papiers des pompes funèbres (contrat signé, choix du cercueil et de la cérémonie…), la liste avec les adresses des personnes à qui il fallait envoyer un faire-part, et, sur un tout petit bout de papier, écrit de sa main tremblante, le détail des vêtements qu'il souhaitait porter ainsi que le type de fleurs qu'il désirait. Même pour sa mort, il s'était voulu discret et prévoyant, histoire de n'ennuyer personne.

Le patron de Marie lui avait accordé plusieurs jours de congés ce qui lui permit de rester avec Édith jusqu'à l'enterrement. Ce fut une cérémonie simple, à l'image de cet homme qui avait pourtant eu une vie riche. Étaient présents, toute la famille, du moins ce qu'il en restait, quelques amis et beaucoup de voisins dont la mère de Denis et un de ses oncles, celui avec qui André parlait le plus souvent.

Ce jour-là, Édith fut particulièrement renfermée et peu aimable avec tous y compris sa fille. Elle ne voulut ni réception ni repas avec les personnes qui avaient eu la gentillesse de s'être déplacées. Le soir, seuls Frédéric, sa femme et sa fille ainsi que les cousins purent rester dîner chez elle. Marie avait organisé un repas froid de façon à ce qu'il n'y ait rien à préparer.

Le lundi suivant Marie devait reprendre le travail, mais comme elle n'avait pas encore trouvé de nouvelle nourrice ce fut Édith qui garda Thomas. Elle redoutait le jour où elle devrait avouer à sa mère qu'elle souhaitait regagner au plus vite son appartement et reprendre sa vie d'« avant », notamment avec Denis. Édith semblait s'habituer à sa présence et aurait bien voulu garder sa fille et son petit-fils à demeure ad vitam aeternam c'était une évidence.

Quand Marie osa aborder enfin le sujet, Édith se mit en colère et la jeta presque dehors. Ce n'était pas le moment de lui parler de Denis, cela n'aurait fait qu'aggraver les choses. En plus du chagrin d'avoir perdu sans aucun doute l'être qu'elle aimait le plus au monde, Marie devait continuer à élever son fils avec le sourire pour ne pas le perturber davantage tout en gérant le désarroi et la dureté de sa propre mère. Elle ne voulait pas « la laisser tomber » comme lui reprochait souvent Édith lorsqu'une crise de larmes la submergeait, mais elle devait persister sur le chemin qu'elle avait commencé à emprunter depuis peu, celui de son indépendance et de la sérénité. Elle ne désirait pas reprendre le flambeau de sa mère : ce qu'Édith avait fait pour André, cet homme charmant et facile à vivre, Marie ne souhaitait pas l'envisager avec une mère difficile, instable et colérique. Elle devait réussir à garder Denis et à construire une vie de couple riche et épanouie : un vrai challenge pour elle.

Passer toute sa vie ou du moins la plus grande partie de son existence avec un seul homme tout en aidant son fils à grandir dans les meilleures conditions et peut-être avoir d'autres enfants était son vœu le plus cher. En résumé, elle devait absolument arriver à réaliser tout ce dont elle avait envie sans devoir en rendre compte à Édith et être jugée constamment par elle pour chaque parole, fait ou geste.

Grâce à une connaissance, Marie réussit finalement à trouver une place, pour la rentrée de septembre, dans une école privée à dix minutes en voiture de chez elle. Thomas étant né en début d'année, la Mairie avait refusé de l'inscrire en école publique, car il n'avait pas trois ans révolus. Un vrai casse-tête chinois. Le coût financier de cet établissement était plutôt élevé pour une mère célibataire, mais Édith lui proposa d'en payer une partie. Pour son petit-fils, elle aurait fait n'importe quoi. Elle avait été enchantée de pouvoir visiter l'école avec sa fille par un beau jour du mois de mai et d'apprendre que Thomas intégrerait dès fin août, une classe de seulement vingt-quatre élèves avec une maîtresse confirmée plus une stagiaire à mi-temps.

Tout était réuni pour que Thomas puisse s'épanouir dans les meilleures conditions. En attendant, il irait chez la mère de Denis, jusqu'aux prochaines grandes-vacances.

Ce qui est le plus dur lorsque l'on perd un être cher c'est la première fête des Pères, les premières vacances, le premier anniversaire et surtout le premier Noël.

Ne plus avoir à se dire cette phrase « Qu'est-ce que je vais bien pouvoir lui offrir, il a déjà tout ! », reflet d'une certaine corvée et devenue si douloureuse parce qu'impossible désormais à réaliser.

Une fois sa période de déni passée, Marie, bien qu'elle ait parfaitement réalisé l'étendue de cette absence irrévocable, ne fut submergée ni par la colère ni par des émotions négatives qui auraient pu accroître son désespoir. La présence de Denis et de Thomas atténua considérablement cette phase de dépression presque obligatoire avant l'acceptation définitive de ce deuil si douloureux. Elle ne voulait garder en elle que les beaux moments passés avec André. D'ailleurs, y en avait-il eu des mauvais ? À part les fois où il l'avait vu pleurer, elle n'en trouvait pas d'autres.

Elle aurait pu lui en vouloir de ne pas avoir pris plus souvent sa défense lorsqu'Édith était injuste ou trop brutale avec elle, mais André avait toujours tenu à laisser sa fille élever la sienne comme elle l'entendait. Ne pas intervenir pour ne pas provoquer de conflits nouveaux, encore plus dévastateurs, était une de ses règles qu'il s'était imposée au fil des ans.

Marie, les mois suivant le décès d'André, eut des relations plus que difficiles avec Édith. Impossible d'évoquer le moindre sujet avec elle sans qu'elle ne se mette dans tous ses états et inenvisageable de lui parler de Denis, son visage se fermant irrémédiablement, ses yeux se durcissant à la seule évocation de son prénom. Sa mère lui laissait souvent des messages d'une violence verbale extrême sur le répondeur et il arrivait souvent, lorsque Marie prenait le courage de la rappeler, qu'elle lui raccroche au nez au milieu d'une phrase. Ce qui empêchait toute forme de dialogue. Ce n'était plus un mur qui s'était construit entre elles, mais une véritable forteresse avec des donjons redoutables et des douves infranchissables.

Denis conseilla à Marie de ne pas insister. Ils avaient toute la vie pour faire connaissance ; sa mère finirait bien par comprendre qu'elle avait de la chance de l'avoir pour gendre.

Les vêtements d'André restèrent plusieurs années, pendus au portemanteau de l'entrée et rien ne fut bougé d'un millimètre dans sa chambre du rez-de-chaussée. Lorsqu'Édith demanda enfin à Marie si elle souhaitait garder un souvenir de son grand-père, Marie évoqua tout de suite sa montre, celle qui n'avait pas de valeur particulière, mais qu'il portait à son poignet tous les jours. Sa mère refusa net et l'informa que celle-ci revenait de droit à son oncle Frédéric. Édith proposa à Marie de prendre l'allogène blanc qu'elle lui avait acheté pour ses quatre-vingts ans :

— Il ira parfaitement chez toi, quant à la télévision, je vais la donner à ta cousine, elle va en avoir besoin pour son nouvel appartement.

— Merci maman, c'est trop gentil de me redonner un objet que je lui avais offert, un objet si impersonnel, bien qu'utile, puisqu'il devait lui servir à ne pas s'abîmer les yeux lorsqu'il lisait tard le soir dans son lit !

Décidément, non seulement, sa mère refusait ou au mieux critiquait les cadeaux que sa fille avait gentiment choisis, que ce soit pour elle ou pour André, mais, en plus, toutes les occasions étaient bonnes pour la blesser et lui faire de la peine encore et encore.

Marie finit par se dire : « Ce n'est pas grave Marie si tu n'as pas pu avoir sa montre, celle qu'il préférait et qu'il mettait tout le temps. Heureusement, il te reste tout un tas de cassettes vidéo, films tournés principalement ces deux dernières années. Il faudra juste qu'un jour tu trouves le courage d'ouvrir ce carton de quarante centimètres sur trente, rempli de souvenirs avec des moments intimes et heureux passés avec lui. » Pour le moment, c'était trop douloureux. Ce qu'elle ignorait c'est qu'elle mettrait bien plus de deux ans avant d'ouvrir le fameux paquet si précieux à ses yeux et à son cœur. Le carton serait bougé d'appartement en appartement en fonction de ses déménagements successifs et laissé dans un coin, bien au chaud jusqu'à ce que la peine ait complètement disparu, à condition qu'elle disparaisse un jour.

Une page de sa vie venait de se tourner à nouveau, plus exactement un chapitre de son existence oscillant entre l'enfance, l'adolescence et l'apprentissage de sa vie de femme.

Dorénavant, elle voulait une maison, un chien (ce sera moi) et d'autres enfants, un subtil et joli mélange d'elle et de Denis. Elle devait réussir sa vie d'amante, de mère, de fille et sa carrière professionnelle. Un vrai exercice de force en somme pour une jeune femme si frêle, si fragile.

Elle voulait pouvoir porter des vêtements ou prendre des initiatives quitte à faire des erreurs sans recevoir de remarques désobligeantes de qui que ce soit. Il fallait que dorénavant la vie soit plus clémente avec elle, mais cela dépendrait aussi beaucoup d'elle, elle le savait. Elle ne réalisait pas encore qu'être une femme accomplie puisse être un vrai travail de force, avec beaucoup d'heures supplémentaires, peu ou pas de RTT, de congés payés. Un emploi à plein temps en quelque sorte, un contrat qu'elle espérait à durée indéterminée avec comme prime de fin d'année beaucoup de joies et de satisfactions.

Denis était l'homme de sa vie à n'en pas douter et sa vie de femme ne faisait que commencer. À elle de la réussir et de tout faire pour trouver enfin « le bonheur ».

Je voulais écrire ce livre pour tous ceux qui ont traversé le vingtième siècle avec élégance, passion et générosité malgré les difficultés de la vie et la folie meurtrière des hommes.

Pour tous ces animaux que j'ai tant aimés, qui m'ont supportée et aidée à mieux vivre ma solitude d'enfant unique.
Ils m'ont tellement donné aveuglément, sincèrement, sans rien attendre en retour, sinon un peu de tendresse et un toit pour s'abriter des aléas de leur simple existence de chien que je ne pouvais décemment pas raconter cette histoire sans leur consacrer au moins ces quelques lignes.
Avec eux, ni disputes, ni déceptions, ni trahisons, que de l'amour et de la compassion.
Par ce récit, je pardonne à ma mère de ne pas m'avoir acceptée telle que j'étais.
Je voudrais tant, aujourd'hui, à l'aube de ses jours tourmentés, qu'elle ne m'en veuille plus de ne pas avoir compris plus tôt le combat qu'elle a mené, jour après jour, pour être une femme libre et indépendante.

Enfin, grâce à ce récit, j'ai pu me libérer des blessures du passé, de celles de mon adolescence tout d'abord, profondes et encore suintantes, mais aussi de celles de ma vie de femme, nombreuses et douloureuses dans ce monde qui se veut paritaire et qui reste pourtant si peu équitable.

Peut-être à travers ce livre comprendrez-vous qu'être une épouse, une amante, une mère, une employée modèle, en ces temps modernes et si difficiles, est loin d'être aisé.

J'espère surtout que ce livre permettra à mes enfants de poser quelques instants leurs téléphones portables pour prendre le temps d'en savoir un peu plus sur leurs ancêtres, sur la vie avant l'informatique et la technologie, et sur moi qu'ils trouvent souvent si secrète et réservée.

Peut-être pourront-ils enfin comprendre pourquoi je suis ainsi, pourquoi je suis moi et quels rôles importants ont eu Odette, Agathe, Madeleine, Édith et toutes ces femmes à l'origine de notre histoire.

Table des matières

« Il reste toujours quelque chose de l'enfance, toujours… » ... 7

« L'enfance a ses odeurs » 13

« Le rire dans l'enfance est toujours près des larmes » 29

« L'avenir nous tourmente, le passe nous retient, c'est pour cela que le présent nous échappe » 53

« Tout est incertain dans la vie ; il n'y a de certain que la mort » 75

« Un petit chez-soi vaut mieux qu'un grand chez les autres » 107

« J'aime la Bretagne, j'y trouve le sauvage, le primitif. Quand mes sabots résonnent sur ce sol de granit, j'entends le son sourd, mat et puissant que je cherche en peinture » 149

« Ne perdez pas de temps à juger les gens, vous n'en aurez plus pour les aimer » 177

« Il faut passer du paradis des enfants au purgatoire des adultes ; Qui ouvre sur l'enfer des vieillards » 199

« Le bonheur, c'est le calme, c'est l'amitié ; l'amour, c'est la tempête, c'est le combat » 235

« Un grand amour, c'est la seule défense contre toutes les attaques diverses faites au cœur » 287

Imprimé sur papier **Clairefontaine** fabriqué dans les Vosges.

Achevé d'imprimer sur les presses de l'imprimerie
Centre Littéraire d'Impression Provençal
www.imprimerieclip.fr
contact@imprimerieclip.fr